# 통합적인 통일과 그리스도인들의 과제 II

**통합적인 통일과 그리스도인들의 과제** II

지은이 · 임성빈 외
초판 1쇄 찍은 날 · 2003년 3월 10일
초판 1쇄 펴낸 날 · 2003년 3월 18일
펴낸이 · 김승태
편집장 · 최창숙
편집 · 이연희, 이영림, 최미영
표지디자인 · 이줄희
등록번호 · 제2-1349호(1992. 3. 31)
펴낸곳 · 예영커뮤니케이션
　　　110-616 서울 광화문우체국 사서함 1661
　　　유통사업부 T. (02)766-7912 F. (02)766-8934
　　　출판사업부 T. (02)766-8931 F. (02)766-8934
　　　E-mail : jeyoungedit@chollian.net

ISBN 89 - 8350 - 255- X (03230)

값 8,000원

■잘못 만들어진 책은 언제든지 교환해 드립니다.

# 통합적인 통일과 그리스도인들의 과제 II

## 임성빈 외 지음

예영커뮤니케이션

# 서문

    21세기 한민족의 최대 과제이자 주요 과제는 역시 통일이다. 지금까지 우리의 통일 논의와 준비는 정치적인 면에 치중하여 왔으나, 최근에는 경제적인 측면에서의 관심이 고조되고 있다. 그러나 독일 통일과 그 후유증에 대한 연구들로부터 우리는 많은 교훈을 받고 있다. 예컨대 정치와 경제를 비롯한 사회 구조적인 통일도 매우 중요하지만 법 체계의 정의로운 통일도 주요한 과제이며, 무엇보다도 사람의 마음속으로부터의 통일, 즉 '사람의 통일'이 근본적으로 중요하다는 사실을 인식하게 되었다.

    이 책은 '사람의 통일'을 위한 교회의 역할과 준비에 궁극적 관심을 가지며, 그러한 통일 준비를 가능케 하는 그리스도인들의 인식 전환과 구체적 실천을 모색한다는 목적에서 착수되었다. 이러한 목적을 구체화하기 위하여 편집자는 2000년 1학기에 장신대 신대원 과정에 개설되었던 '기독교와 통일 문제'라는 세미나에 그리스도인으로서 통일 준비에 전념하고 있는 각계의 전문가들을 초빙할 기회를 가졌다.

그러나 6.15 선언 이후 급변하기 시작한 남북관계로 인하여 상당량의 원고가 수정, 보완의 과정을 거쳐야 했다. 아무도 예측할 수 없는 남북관계와 국제적 관계의 특수성으로 인하여 우리의 통일 논의와 준비는 항상 개방적이며 잠정적일 수밖에 없다는 한계를 가진다. 그러나 그리스도인으로서의 기본적인 태도와 자세와 삶에는 일정한 일관성이 존재하여야 한다. 이 책은 변화하는 정황 속에서도 일관된 그리스도인으로서의 통일 준비를 모색함에 도움을 주고자 하는 의도에서 기획된 것이다.

통일연구원을 섬기는 김병로 박사는 그리스도인 사회학자의 관점에서 오늘날의 통일 환경의 현실을 적확하게 분석한 후, 탈 분단과 통일 의식을 도모하고 남북한 민족 공동체를 형성하기 위한 사회적 환경을 조성하는 일이 매우 중요한 그리스도인들의 과제임을 일깨워 준다. 김 박사는 남북 민족 공동체 형성을 위한 사회적 과제를 제시하기 위해 먼저 남북한 통일의 토대가 되는 남북경제협력에 대한 사회적 인식 문제를 점검하고 공동체 형성을 위한 전략을 제시한다.

김 박사와 함께 통일연구원을 섬기는 허문영 박사는 정치학자로서, 동북아 체제의 성립과 한반도 통일 사이의 관계를 중심으로 통일의 국제적 성격에 대하여 논한다. 허 박사는 동북아 지역에서 발생한 소위 "4 + 2" 체제가 한반도 통일에 어떤 영향을 미칠 것이냐를 다루면서, 이러한 국제 체제를 전제로 할 때 남북 통일을 추구하는 남한 국민들이 어떤 노력을 기울여야 할 것인가를 생각하게 한다.

경상대학을 섬기는 백종국 박사는, 관점을 국내적 과제로 돌려서 남북 통일의 이데올로기성 극복과 극단적인 반공주의의 타파라는 정치 문화적 차원을 강조한다. 그는 결론적으로 한국의 기독교인들이 무엇을 할 수 있느냐를 구체적으로 모색한다. 예컨대 진실과 정의를 추구하는 정치 문화적 공헌은 기독교인들이 아니면 쉽지 않은 근본적 과제이다. 여기에 십일조의 나눔과 같은 조직적 노력을 추가한다면 남북 통일에 대한 한국 교회의 공헌은 후세에 길이 남게 될 것이라고 역설한다.

중앙대학교를 섬기는 법학자인 제성호 박사는, 독일 통일의 법 통합 과정을 참조하여 남북한의 통일도 결국 엄격한 법적 기준과 절차에 따라 이루어져야 함을 논한다. 제 박사는 먼저 분단국 법 통합의 개념을 정리한 다음, 분단국 선행 사례로서 독일이 통일을 위해 어떠한 법제적 준비를 하였는가를 검토한다. 이어서 통일 독일의 법 통합이 우리에게 주는 시사점을 도출하고, 이를 기초로 하여 향후 남북 법 통합의 방향과 과제를 제시해 준다.

연세의료원 정신과를 섬기는 전우택 박사는 통일 유형을 정치적, 군사적, 경제적 측면에서의 '땅의 통일' 과, 이질화된 사람들끼리 함께 어우러져 조화롭게 살게 되는 심리적 통합 측면의 '사람의 통일' 로 분류한다. 그는 '땅의 통일' 이 자동적으로 '사람의 통일' 로 연결되는 것이 아님을 강조한다. 전 박사는 일차적인 '땅의 통일' 후에 '사람의 통일' 이, 가급적 빠른 시간 안에 그것도 좀더 적은 갈등을 가지고 이루어지지 못한다면, 그 '땅의 통일' 마저 위험해질 수 있다는 점을 지적한다. 이러한 맥락에서 그는 '사람의 통일' 을 강조하며, 그것은 곧 '동질성 회복' 이라는 말과 같은 개념이다. 이러한 관점에서 전 박사는 남북한 사람들의 심리적 이질감 내용을 알아보고, 그것을 우리는 어떤 시각으로 보아야 하는가에 대해, 그리고 그것의 긍정적 해결을 위한 바람직한 모색을 제시한다.

한민족 복지재단 사무총장으로 섬기는 김형석 박사는, 통일은 사전 예측할 수 있는 상황에서 찾아오는 것이 아니라, 어느 날 갑작스럽게 찾아올 것이라는 점에서 그리스도인들의 통일 준비를 역설한다. 그는 이미 평화적인 방법으로 통일을 이루긴 하였으나, 사전에 충분한 대비를 하지 못한 탓으로 사회적 혼란과 경제적 손실을 겪었던 독일의 지도자들이 "통일은 도둑고양이처럼 찾아오는 것"이라고 들려주는 경고를 한국 교회들이 신중하게 받아들여야 한다고 주장한다. 이런 점에서 통일을 준비하는 한국 교회의 자세는 현재의 불확실한 남북관계에 구애됨이 없이, 마치 '신랑을 기다리는 열 처녀의 비유'(마 25:1-13)처럼 다가올 미래의 통일에 대해 철저한 준비를 서두르는 그것이 되어야 한다고 역설한다.

마지막으로 본 편집자의 글은 전우택 박사가 주장하는 바 '사람의 통일'을 위한 준비에 궁극적 관심을 가지며, 그러한 통일을 가능케 하는 방법적 돌파구로서의 문화 통합을 모색한다. 문화 통합을 위하여 요구되는 남과 북의 이질적 문화의 내용을, 남한과 북한의 현재의 문화를 구성하는 각각의 세계관에 대한 교차 비교를 통하여 분석적으로 파악한다. 남과 북 사이의 여전한 동질성에도 불구하고 필자는 남북한 문화의 이질적인 내용에 관심의 초점을 모은다. 그러한 관점으로부터 북한에서는 주체사상을, 남한에서는 포스트모더니즘과 소비문화를 비교, 분석할 것이다. 그것은 물리적 통일 후의 과제인 '사람의 통일'은 21세기 문화 안에서 일어날 과제이기 때문이다. 또한 실제적인 통일의 완성은 기성세대가 아닌 오늘의 청장년들이 한반도의 주역이 되는 시기에 이루어질 것이라는 예측에 기인한 것이기도 하다. 필자는 통일된 한반도의 진정한 하나됨을 위하여 요구되는 이질성의 극복에 우선적인 관심을 기울인다. 나아가 남과 북의 동질적 문화 내용도 새로운 세대에 적합한 문화로 변혁시켜야 한다는 과제와 이질적 문화를 통합하여야 한다는 문화 통합적 과제들을 성취함에 있어서 교회가 참여할 수 있는 역할을 논한다.

이 책의 장점은 복음적인 신앙적 관점을 유지하려고 애쓰는 각계의 다양한 전문가들이 통합적인 통일을 위한 그리스도인들의 과제를 종합적으로 모색하였다는 점에 있다. 이러한 노력은 이미 『통합적인 통일과 그리스도인들의 과제』(장신대 출판부)의 출판으로부터 시작되었으며, 이제 조금 더 구체화되고 있다는 점에서 의미를 가진다.

반면 다양한 분야에서의 접근과 강조점의 차이가 독자들의 이해에 다소 어려움을 줄 수도 있을 것이다. 다양성 속에서도 나름대로의 통합적 관점 확립을 위하여 노력하였지만, 여전히 이러한 점은 과제로 남아 있다고 볼 수 있을 것이다. 앞으로의 더욱 진전된 과제 수행을 위하여 독자 여러분들의 지속적인 관심과 지도를 바라는 바이다.

이러한 과제를 시도할 수 있도록 가르침의 기회를 허락하여 준 장로회신학대학교와, 여러 강사분들의 강의와, 옥고를 모을 수 있도록 도움을 준 김동호 목사님과 동안교회에 다시 한 번 감사를 드리는 바이다.

아무쪼록 우리들의 작은 노력이 통합적인 통일을 위한 작은 도움이 되기를 바란다.

2003년 1월 아차산 기슭에서
엮은이 임성빈

# 1장

# 민족 공동체 형성을 위한 사회적 과제

김병로 박사 | 통일연구원 선임연구위원

## I. 사회적 통일 환경의 현실

남북정상회담과 6.15공동선언으로 통일에 대한 관심과 열망이 고조되고 있으며 후속 장관급 회담, 이산가족 교류, 경의선 철도 복원 공사, 예술 및 스포츠 교류를 추진함으로써 민족의 화해와 교류 협력, 통일을 향한 민족 대변혁의 역사가 새롭게 전개되고 있다. 55년 동안 불신과 대결, 갈등의 적대적 관계를 유지했던 '한국'과 '조선'이 화해와 협력의 평화적 관계를 희망하며 남북관계를 개선키로 하였다. 남북한은 북한의 낮은 단계 연방제와 남한의 연합제 통일 방안이 공통점이 있다고 공식적으로 인정함으로써 정상회담과 장관급회담, 실무회담, 국회회담 등의 제도화를 통해 상징적인 통일인 남북연합 단계로 진입할 수 있는 가능성도 열어 놓았다.

남북한의 이러한 변화를 주시하면서 미국, 일본, 중국, 러시아 등 주변 4국도 한반도에 도래한 신질서에 대비하는 발걸음을 그 어느 때보다 분주히 옮기고 있다. 남한은 이미 미, 일, 중, 러 주변 4국과 정상회담을 실시했고, 북한도 한·중, 한·러 정상회담을 기반으로 대미, 대일 수교를 위한 접근을 가속화하고 있다. 특히 북한은 미국과 고위급 회담을 진행하는 한편, 이태리, 호주, 캐나다, 필리핀과의 수교, ARF(ASEAN Regional Forum) 가입을 비롯하여 영국, 독일, 스페인, 네덜란드, 벨기에 등 유럽 국가와의 관계 개선을 모색하는 등 적극적인 외교활동을 벌이고 있다.

남북관계와 북한을 바라보는 국민들의 인식은 정상회담과 남북예술공연, 이산가족 교류 등을 계기로 크게 변화되었다. 베를린 선언 직후 실시한 통일부의 여론조사에서 응답자의 50.2%가 북한의 정상회담 수용가능성을 부정적으로 평가하였으나, 정상회담 이후에는 북한의 합의문 이행 가능성을 긍정적으로 평가(75.0%)하는 사람들이 많았다.[1] 정상회담을 계기로 52.3%가 북한을 신뢰한다는 견해를 표명했고 김정일 위원장에 대한 인식도 '매우 좋아졌다'고 응답한 사람이 54.6%, '약간 좋아졌다'는 응답이 36.8%로 그 이전보다 높게 나타났다.[2] 중고등학생의 통일 인식도 정상회담을 계기로 29.9%가 '부정적'에서 '긍정적'으로 바뀌었음을 볼 수 있다.

그러나 이러한 국내외 정세의 급변과 통일 의식의 변화에도 불구하고 대북정책과 대북지원을 바라보는 부정적인 견해는 여전히 존재한다. 정상회담 당시에도 과연 김정일이 회담 상대자로 나오겠는가 하는 냉소적 견해도 적지 않았으며, 더러는 정상회담 때문에 당시 유행

---

1) 김현옥, "남북 정상회담의 사회적 의미", 『정상회담의 성과와 향후 과제』 (아태평화재단, 통일연구원, 한국개발연구원 공동학술세미나, 2000. 10. 25), p. 98, 108.
2) Ibid., pp. 110-111.

하던 TV드라마 '허준'을 보지 못했다고 심각하게 비판하기도 했다. 게다가 탈분단에 대한 부정적인 의견들이 특히 지역 갈등의 정치와 맞물려 있는 경우가 많아 더욱 복잡한 양상을 띠고 있다. 정부의 대북 화해 정책에 대한 반응에 있어서도 호남은 '적극 지지'가 65%인데 반해 영남은 28%에 불과하며, 정상회담에 대해서도 '성과가 없었다'는 응답이 호남은 7%인 반면 영남은 14%에 달하는 데서도 지역갈등 구조와 통일 의식이 중첩되어 있음을 알 수 있다.[3] 남북한이 6.15공동선언과 후속회담에서 경제 협력을 통해 상호간에 실질적인 이익을 창출함으로써 공동 발전을 도모하기로 합의하고 실무회담을 추진하고 있으나, 이에 대해서도 여전히 우려와 경계의 목소리가 높다.

특히 국내의 경제 사정이 악화되면서 북한에 대한 경제 지원과 협력에 대한 관심이 적어졌고 민족 공동체 형성에 대한 냉소적인 반응을 보이고 있는 것도 사실이다. 어떤 사람들은 왜 우리는 북한에 주기만 하느냐 하고 비판을 하는가 하면, 국방부의 국정감사에서는 남북한이 경의선 철도 복원 공사를 착공한 데 대해서도 "경의선 지역을 적(북한)이 장악한다면 경의선 철도 및 도로가 적의 침투로로 이용될 수 있다"고 하며 철도 복원 공사에 반대하는 우려의 목소리도 나왔으며 이러한 이유로 DMZ의 지뢰 제거를 반대하는 의견을 제기하기도 했다. 또한 '남한의 경제도 어려운데 대북지원과 투자가 말이 되느냐'는 비판의 여론이 적지 않으며, 국민들의 58.3%가 현재 남북관계의 진전속도가 너무 빠르다고 생각하고 있는 것이 현실이다.[4]

---

3) "통일 열기도 못 넘는 지역장벽", 《시사저널》 2000. 8. 24; 김근식, "남북 정상회담과 한국 민주주의의 공고화", 『정상회담의 성과와 향후 과제』, p. 25에서 재인용.
4) 《동아일보》, 2000. 10. 9; 2000. 10. 20.

이러한 사회적 통일 환경의 현실에서 탈분단과 통일 의식을 도모하고 남북한 민족 공동체를 형성하기 위한 사회적 환경을 조성하는 일은 매우 중요한 우리의 과제가 아닐 수 없다. 이 글에서는 남북 민족 공동체 형성을 위한 사회적 과제를 제시하기 위해 먼저 남북한 통일의 토대가 되는 남북경제협력에 대한 사회적 인식 문제를 점검하고 공동체 형성을 위한 전략을 제시한다. 또한 통일 과정에서 예상되는 사회 갈등을 해소하고 공동체성을 높이기 위한 사회관계 개선 문제를 논의한다. 그리고 남북의 문화적 교류를 통한 민족 공동체 의식 함양을 위한 과제를 마지막으로 살펴본다.

## II. 분단 경제의 현실과 경제 협력의 불가피성에 대한 인식 제고

### 1. 분단 경제의 취약성 극복을 위한 생존 전략

남북경제협력과 대북지원에 대한 부정적인 견해는 55년간의 분단 체제에 익숙해진 나머지 분단 경제의 현실을 직시하지 못하는 편협성에서 비롯된다. 많은 사람들은 55년간의 분단 상황에 익숙해져 남한과 남한 경제가 북한과는 관계없는 자율적이고 독립적인 것으로 생각하고 있다. 북한과 관계없이 우리만 열심히 노력하면 경제적으로도 성공할 수 있을 것으로 착각하기 쉽다. 그러나 분단 갈등 구조에서 남한경제는 북한의 '위협'에 결정적으로 영향을 받는 취약한 실체임을 인식해야 한다. 남북한의 분단 갈등 구조는 상대방 사회의 모든 영역에 직접적인 영향을 미치고 있다. 분단 구조 하에서 남한의 경제가 어떤 상황에 놓여 있는가에 대한 이해가 필요하다. 아직도 남북한은 전쟁을 일시적으로 중단한 휴전상태이고 휴전선에 2백만 명의 병력을 집결시키며 군사적으로 대치하고 있다. 이러한 군사적 대결 구조 하에서는 남한이 탄탄한 경제 기반을 구축할 수 없다.

남한의 경제가 꾸준히 성장한다고 하더라도 만약 북한이 휴전선에서 무력시위를 감행한다면 남한의 경제는 일시에 무너질 수 있는 취약한 환경에 놓여 있다. 동해안 잠수정 침투 당시에도 지역 경제에 막대한 손실을 입었으며, 서해 교전과 같은 무력충돌이 재발하여 군사적 위기가 고조되면 국가 경제를 지탱하는 외국 자본은 썰물과 같이 빠져나갈 수도 있다. 북한을 좋아하거나 싫어하는 감정적인 문제와 상관없이 북한과 협력하지 않고서는 장기적으로 남한의 경제를 안정적으로 발전시켜 나갈 수 없다.

이런 점에서 북한과 경제 협력을 통해 한반도의 평화 무드를 조성하고 안정적 경제 기반의 틀을 구축해야 한다. 북한과의 경제 협력과 대북지원을 실시함으로써 경제 공동체를 형성하자는 것은 분단 경제의 취약성을 극복하고 남한경제를 안정적으로 발전시켜 나가기 위한 생존 전략이다.

## 2. 통일 이후를 대비한 국가 발전 전략

이데올로기의 소멸과 민족의 통일은 탈냉전, 탈사회주의 국제 정세의 주요한 흐름이다. 우리가 준비를 하든, 안 하든 민족의 통일은 필연적으로 우리에게 다가올 것이다. 남북 정상회담을 계기로 통일 논의가 공론화되었고 남북한은 점차 통일의 길로 들어서고 있다. 남북한이 통일 방안에 공통점이 있다고 인정한 바와 같이 북한의 낮은 단계 연방제와 남한의 연합제 통일 방안은 심도 있게 추진될 것이다. 남북한은 EU(유럽연합), ASEAN(동남아국가연합), 독립국가연합(CIS)과 같이 외교권과 군사권을 각자가 보유하는 완전한 독립국가끼리 연합을 하는 것이다. 6개월 단위로 정상회담을 개최하고 1개월마다 장관급 회담을 실시하며 수시로 실무회담을 진행하고 국회의원 교류를 통해 이를 법적으로 뒷받침하면 형식적이나마 제도화된 연합기구를 구성할 수 있게 된다.

이와 같은 상징적인 통일은 남북한 간에 기초적 신뢰만 조성되면 언제든지 이루어질 수 있다. 연합 단계를 10여 년 혹은 일정 기간 동안 유지한 후 외교와 군사를 중앙정부로 통합하여 연방단계로 진전시키고, 궁극적으로 정치 체제를 일원화하는 통일국가 단계로 발전시켜 나갈 수 있을 것이다. 그런데 통일이라는 역사적 사건은 IMF 경제 위기가 가져다 준 충격보다 몇 배나 더 큰 위력으로 우리 사회를 변화의 소용돌이로 몰아칠 대 사건이다. 일제 식민통치와 분단, 그리고 전쟁이 20세기 우리 민족의 운명을 바꾸어 놓았다면 통일은 21세기 우리 민족 운명에 최대의 위기를 몰고 올 것이다.

남한에서 IMF 위기 하에 150만 이상의 실업자가 발생하였는데, 남북한 통합시에는 이보다 더 많은 실업자가 발생할 것으로 예상된다. 특히 북한지역에서 높은 실업률, 물가 폭등, 기업 도산 등의 문제가 발생할 것으로 생각된다. 동서독의 경우에도 구 동독사회는 시장경제 체제로 전환되는 과정에서 기존의 경제 질서가 완전히 붕괴되었고 실업률이 15-6%(130만 명)로 폭등하였다. 잠재적 실업자를 포함하면 실업률은 40%(320만 명)에 이를 것으로 보고 있다.

서독 경제력과 남한의 경제력의 차이, 동서독 간의 인구 비율(4:1)과 남북한간 인구 비율(2:1)을 비교할 때 독일 통일의 경우보다 남북한 통일이 훨씬 더 심각한 실업 문제를 야기하리라는 것은 자명하다. 현재 북한의 경제활동 인구는 약 1,100만 명이므로 실업 규모를 30%로 가정할 경우 330만 명에 이르게 된다. 공업 노동자로만 한정했을 경우는 북한의 노동력 구조가 농업 인구 30.7%, 공업 인구 37.4%(338만)로 되어 있어 약 100만 명의 도시 노동자가 실업에 처해질 가능성이 높다.[5]

또한 최근 북한의 식량난 이후 극빈 계층이 늘어난 것으로 보이는데, 현재 약 5백만 명 정도로 평가되는 북한의 극빈 계층은 정부의 지원이 없이는 생활하기 어려운 상황에 놓이게 될 것이다. 이 인구는 통일 체제에서 잠재적 장기실업자로 전락할 확률이 높다.

북한지역의 대규모 실업 발생은 북한 내 대도시나 남한의 대도시로 대거 이동하는 대량 인구이동 사태를 촉진시켜 슬럼가의 형성, 범죄 등 사회문제를 일으킬 것이다. 탈북 귀순자들의 남한 생활 적응 실태를 통해서 볼 때 실업의 문제는 단지 직업 기술과 기능의 부족으로 인한 차원을 넘어서 대인관계의 부적응, 따돌림 등 직장 조직 환경에 적응하지 못하는 것도 실업의 큰 요인임을 알 수 있다. 장기실업 혹은 대규모 실업 사태로 인한 경제적인 손실은 물론 실업이란 개념조차 없는 사회주의 국가에서 생활하던 북한 사람들은 사회관계마저 고립되어 자아 정체감을 상실하거나 무기력증에 빠짐으로 사회적 비용이 커질 것이다.

---

5) 김병로, "통일 이전에 준비해야 할 남한의 사회문제", 『백천통일논총』 1999년(통권 제3호), pp. 147-149.

통일에 따른 실업자 양산, 대량 인구이동 등의 경제적 충격을 미리 내다보며 지금부터 남북간에 경제 협력을 실시하는 것은 매우 필요하다. 남북한이 경제 공동체를 형성하여 협력 관계를 만드는 일은 통일 이후 겪게 될 경제적 혼란과 문제점을 미리 예방하기 위한 것이다. 물론 북한지역을 자유롭게 관리할 수 있는 상황이 된다면 생산 수단의 점진적 사유화, 노동시장의 잠정적 분리 등의 정책을 통해 사회적 혼란을 억제할 수 있겠지만 지금부터라도 북한과 경제 협력 관계를 구축한다면 통일에 따른 경제적 갈등을 줄일 수 있을 것이다. 향후 30년, 40년 동안 진행될 통일 대변혁과 그에 의해 파생될 경제적 문제점을 내다보며 남북한 경제를 균형적으로 발전시키기 위한 국가 발전의 대전략을 가지고 변화의 물결을 맞이해야 한다.

## 3. 보완산업간 협력

경제 공동체 형성 과정에서 논의되는 문제점 중의 하나는 '왜 남한은 북한에 일방적으로 무조건 지원만 하는가' 라는 비판이다. 남한의 경제적 형편도 좋지 않은데 북한에 '무작정 퍼 줄 수는 없다' 는 것이다. 이런 상황에서 대북지원과 경제 협력에 대한 동의를 이끌어 내기 위해서는 북한에 대해 긴급히 실시해야 하는 인도주의적 차원의 지원의 필요성을 우선 충분히 설명해야 한다. 북한 사람들이 모두 굶어 죽는 것이 아니라 5백만 명으로 추산되는 북한의 극빈 계층이 생존 능력을 상실한 것이다. 북한은 1995-1997년 사이 수십만 혹은 수백만이 기아로 인해 직접 사망했거나 질병에 시달리고 있고, 배급 없이 자체로 생존을 유지하는 사람들이 절반이 넘는 것으로 보인다. 1만 명의 탈북자와 20만 명의 '꽃제비'[6]가 발생하는가 하면 결핵 환자도 300만-400만 명에 이르는 것으로 추정된다. 따라서 극빈 계층에 대한 식량과 의약품 지원은 인도주의적 차원에서 긴급히 실시되어야 한다.

인도주의적 지원을 넘어서는 산업 교류와 협력에 대해서는 남한이 북한에 무조건적으로 지원만 하는 것이 아니라 산업 구조상 보완적 교류를 통해 공동 이익을 창출하고자 한다는 사실을 강조할 필요가 있다. 남북한의 경제 협력은 신발, 의류 등 남한의 사양 산업을 북한에 이전시키고 자동차, 전자 산업의 시장을 북한지역에 확장하여 남북한이 공동으로 경제적 이익을 도모하자는 것이다. 단기적 손실처럼 보이는 경우에도 궁극적으로 통일 비용을 절감하는 효과를 가져오기 때문에 장기적으로 이익이 된다. 따라서 남북한이 경제적으로 상호 보완적으로 발전할 수 있는 부분의 교류와 협력을 추진해야 한다.

## 4. 군비의 경제 건설 투자 전환

북한과 경제 협력을 하거나 대북지원을 실시하는 데서 장애가 되고 있는 요인 가운데 하나는 남한 내의 경제 사정이 어렵다는 것이다. 남한의 경제 형편이 어려운데 북한에 투자할 여유가 없다는 비판이다. 그러나 남한의 경제가 활성화되지 못하고, 특히 북한의 경제가 침체된 주요한 원인은 분단 구조를 유지하기 위해 과도한 군사비를 지출하고 있는 데 기인한다. 치열한 군비 경쟁으로 과도하게 지출하고 있는 군사비를 줄여 경제 건설에 대한 투자로 전환한다면 남북경제협력

---

6) 국가정보원의 국회정보위원회 보고 자료(1999. 4. 2).

재정을 마련하는 것은 그리 어려운 일이 아니다.

남북간에 평화 정착이 실현되어 남북한이 국방비 지출을 축소하면 투자를 증가시키게 되어 자본의 증가를 가져오며 병력 규모의 축소는 노동력의 증가를 가져와 궁극적으로 생산 요소 투입의 증대를 통한 생산 증가 효과를 가져온다. 남북한이 40만 명의 병력을 유지할 경우, 즉 남한이 인구 비례로 가정하여 27만 명의 병력을 유지할 경우, 국방비지출과 보유 병력의 축소만을 통해 연간 평균 4-5조 원 정도의 재정을 확보할 수 있게 된다.[7] 남북한 총 군사비 연간 230억 달러 가운데 남한만 보더라도 40억 달러 이상의 재원을 절감하여 경제 건설에 전환할 수 있다. 200만의 병력을 30-40만으로 축소할 경우 서울과 신의주 고속도로를 연간 5개 건설할 수 있다는 추계도 있다.[8] 근대화 초기인 60-70년대에는 군대가 교육, 직업 훈련 기능을 수행함으로써 근대화에 기여하였다. 그러나 현재 남북한의 군대는 비효율성이 커지고 있어 효율화를 도모하기 위한 축소가 필요하다. 통일 과정에 따르는 비용과 갈등이 많겠지만 현재 치르고 있는 분단 비용을 감안하면 통일의 편익은 훨씬 크다.

사실 국방비 지출과 병력 규모의 축소로 발생하는 편익은 통일이 가져올 유형, 무형의 편익의 일부분에 불과하다. 그렇지만 군사비를 절감하여 직접적으로 얻을 수 있는 경제적 이익은 결코 무시할 수 없을 만큼 크다. 뿐만 아니라 북한은 남한보다 군사비 부담이 훨씬 크기 때문에 군비 축소로 얻는 편익도 그만큼 더 클 것이다. 그리고 이러한

---

7) 조동호, "통일의 경제적 비용과 편익", 『분단 비용과 통일 비용』 (통일연구원 · 한국개발연구원 공동주최 학술회의 발표논문집, 1997. 6. 5), p. 99.

8) 《연합뉴스》 2000. 5. 24.

군비 축소와 병력 감축이 물가, 성장률, 국제수지, 이자율 등 남한과 북한의 경제 전반에 미칠 영향을 고려한다면 군비 및 병력 감축이 가져올 효과는 대단히 클 것이다. 통일된 남북한의 인구(노동력)는 세계 12위, 경제 20위가 되며, 군사비(병력 세계 5위, 군사비 13위)를 경제력에 활용할 경우 세계 8위권의 경제 강국으로 성장할 수 있다.

## III. 분단의 사회적 폐쇄성 극복과 열린 세계의 비전 제시

### 1. 밀폐된 생활 공간의 확장

분단으로 말미암아 남한은 지리적 밀폐 공간으로 전락하였다. 삼면이 바다이고 다른 한 면은 철조망으로 둘러싸여 있으니 지리적으로 본다면 고립된 섬이나 다를 바 없다. 지리적인 밀폐성은 우리의 경제와 사회에 막대한 피해를 주고 있다. 튼튼한 경제 기반을 갖추기 위해서는 경제권이 대륙으로 연결되어야 한다.

대륙 진출을 위한 SOC(사회간접자본) 건설은 대중국 및 대유럽 수송비 절감을 가져온다. 철도, 도로 등 사회간접자본 확충은 북한의 산업 발전뿐만 아니라 남한의 대륙 진출 교두보를 확보한다는 점에서 남북 모두에게 이득을 가져다 줄 것이다. 김일성도 사망 직전인 1994년 6월, 벨기에 노동당 중앙위원장과의 담화에서 중국쪽의 서해안 철도를 중국 상품 수송 루트로 활용하면 연간 4억 달러를 벌 수 있고, 동해안 철도를 통해 러시아나 중국 동북3성의 물자를 운송해 줄 경우 연간 10억 달러의 수익을 올릴 수 있는 등 가만히 앉아서 한해에 15억 달러의 돈을 벌어들일 수 있다며 청사진을 제시한 적이 있다. 북한 철도와 도로망의 개발, 그리고 대륙으로의 연결은 우리에게도 적지 않은 이익을 가져다 줄 수 있다. 중국과 유럽 대륙으로 수송하는 물류비를 30% 절감할 수 있고 수송 기간을 단축할 수 있다.

남북한 간에 경제 공동체를 형성하는 것은 이러한 밀폐된 삶의 공간을 대륙으로 확장시키는 것이며 닫힌 우리의 마음을 세계로 여는 것이다. 사회적으로는 분단으로 인해 밀폐공간이 되어버린 우리에게 숨통을 틔어 줄 수 있는 좋은 기회가 된다. 폐쇄적 인간관계를 규정했던 지리적 단절과 밀폐성을 극복하고 지리적 개방 체제를 만듦으로써 열린 사회관계, 개방적 사회관계로 발전시켜 나가야 한다. 끊어진 경의선 철도와 경원선 철도를 연결하고 동서해안 도로를 복원하는 사업은 지리적으로 폐쇄된 남한 사회의 삶의 공간을 대륙으로 확장시켜 준다. 좁고 답답한 삶의 공간이 대륙으로 확장되면 우리의 생활권이 아시아와 유럽 대륙으로 연결되어 경제, 사회, 문화 생활에 큰 유익을 가져다 준다.

분단의 장벽을 넘어 자동차를 몰고 평양을 지나 북경, 울란바토르, 모스크바, 파리, 제네바, 로마를 자유롭게 넘나드는 세상을 만드는 것, 이것이 바로 통일의 비전이다. 도로망이 연결되어 중국과 러시아로 진출할 수 있는 통행권이 확보된다면 우리는 자동차를 몰고 평양을 지나 북경과 모스크바, 파리, 제네바, 로마까지 마음껏 여행하는 자유를 만끽하게 될 것이다.

## 2. 배타적 사회관계의 개선

지리적 분단은 필연코 사회적 분단을 초래할 수밖에 없다. 남북 분단 체제는 남북이 서로를 극단적으로 배제하고 적대적으로 대결하며 갈등과 투쟁으로 대립하는 관계를 형성하였다. 이러한 극도의 대립과 배타적 상호관계의 외적 환경은 남북간 사회 내부에 분단 구조를 내재화하여 그 속에 살고 있는 사회 구성원들로 하여금 적대적 대립과 흑백논리, 극한 대결을 일상화, 내면화하게 하였다. 그 결과 사회관계는 폐쇄적, 배타적으로 변해버렸다. 다른 사람들을 이해하고 더불어 사는 지혜는 어려서부터 자연스런 문화 접촉을 통해 배우는데, 우리는 지리적 분단으로 인해 반세기 동안 그와 같은 기회를 갖지 못하였을 뿐만 아니라, 끊임없이 체제 경쟁의식, 배타적 감정 주입 등의 분단 구조로 인해 개개인의 인간 내면세계는 피폐화되었고 폐쇄적이고 배타적으로 변했다.

탈냉전 10년이 지난 지금 경제는 국경 없는 무한경쟁의 세계화가 가속되고, 정보화, 국제화라는 인류 역사상 최대의 변화와 혁명시대에 돌입하고 있다. 우리 민족은 일제 35년의 수탈, 분단과 전쟁으로 근대사의 한 세기를 헛된 일에 탕진하고 그것도 모자라 민족간 대결과 대립으로 내부 소모전을 벌이고 있다. 배타적 상호관계와 극단적인 대결은 민족과 사회를 파탄의 길로 빠뜨리는 악습이다. 어떤 명분과 논리도 분단 체제를 지속시키는 데 동원될 수 없다. 극단적인 배제와 대결의 분단구조는 더 이상 존속해서는 안 되며 분단 상태는 단호히 거부되어야 한다. 경제 공동체의 형성은 이러한 분단 체제에 근본적 성격 변화를 가져오며 대결과 배제로부터 상호 인정과 공존의 사회관계를 촉진한다. 배타적 사회관계를 개선하고 관용과 인정의 사회관계를 만들기 위해 경제 영역에서 교류하고 협력하는 일은 반드시 필요하다.

## 3. 불안과 불신의 해소

분단으로 말미암아 많은 사람들이 전쟁의 불안 속에 50여 년을 살아 왔다. 분단 상황으로 인한 적대관계와 체제 경쟁에서 비롯되는 전쟁가능성으로 말미암아 남북한 주민은 어느 누구도 전쟁의 공포와 불안으로부터 결코 자유롭지 못하다. 전쟁에 대한 불안심리가 오래 지속되면서 남북한 사람들의 의식 속에는 일종의 자포자기의 심리가 자리 잡고 있다. 사람들은 어려운 상황에 직면했을 때 기존의 것을 합리적 방법으로 개선하고 해결하려는 대신 '전쟁이나 확 터져' 모든 것을 파괴하고 원점에서부터 다시 시작하려는 싹쓸이 의식을 갖고 있는 것 같다. 이러한 불안의식과 자포자기 심리는 청소년들의 의식 속에도 깊게 내재해 있다. 시험 때만 되면 시험을 치르는 것이 부담되어 은근히 '이럴 때 전쟁이나 좀 터지지 않나' 라고 생각하는 것이 보통이다.

전쟁에 대한 불안의식이나 전쟁의 실제적 가능성은 분단 상태가 해소되지 않는 한 근본적으로 제거될 수 없다. 전쟁에 대한 피해의식과 불안의식, 자포자기의 심리로부터 해방되어 안정된 사회, 건강한 사회를 만들기 위해서는 분단을 극복하고 북한과 협력 관계를 유지함으로써 통일을 이루어야만 한다. 남북간 경제 협력은 바로 분단 갈등 상태를 협력 의존 관계로 전환시킴으로써 전쟁 공포와 피해망상으로부터 해방될 수 있는 첫걸음이다.

분단은 또한 불신을 증폭시켜 사회적 자본인 신뢰를 고갈시켰다. 남북한은 양자가 합의한 어떤 것도 지키지 않은 채 55년 동안 불신하고 있다. 남북한은 상대방을 믿을 수 없는 존재로 교육시킴으로써 서로에 대한 불신을 조장해 왔고, 상대방을 배타시하고 적대시하는 언행을 너무도 당연하게 여겨왔다. 남북간에 체결된 모든 합의서가 휴지조각이 되고 상대방이 약속을 지킬 것이라고 믿는 사람들을 비정상적인 사람으로 간주하는 현실에서 남북한 국민들은 어느 누구도 믿을 수 없는 불행한 상황에 처해졌다. 분단 상황으로 확대된 이러한 남북한 간의 불신은 자연스럽게 그 사회 내부의 뿌리깊은 불신으로 정착되었다.

프랜시스 후쿠야마는 사회적 자본(social capital)인 신뢰(trust)가 21세기 국가 발전의 가장 중요한 자산이라고 주장한다. 신뢰가 없는 사회는 불신으로 인해 공직자의 부패가 만연할 뿐만 아니라 부정부패를 감시하는 데 많은 비용이 소모되어 효율성이 떨어지게 된다.[9] 남북한은 불신과 대결의 오랜 지속으로 사회적 자본인 신뢰를 상실했다. 우리 사회는 IMF의 경제 파국이 아니라 사회적 자본인 신뢰의 파산 상태를 더 큰 문제로 안고 있다. 불신은 분단이 빚어낸 최대의 비극이며, 분단의 극복, 즉 통일은 최소한의 안정과 신뢰를 갖춘 우리 사회를 만들기 위한 필수 과정이다.

## IV. 통일 과정의 사회 갈등 해소를 위한 노력

### 1. 불평등 해소를 위한 경제 협력

남북한 간의 교류가 활성화되고 통일을 모색하는 과정에서 오랫동

---

9) Francis Fukuyama, 구승회 옮김, 『트러스트』 (서울: 한국경제신문사, 1997), pp. 449-450, 457. 현대 사회의 신뢰에 관한 연구는 Barbara A. Misztal, *Trust in Modern Societies* (Cambridge: Polity Press, 1998) 참조.

안 단절되었던 '한국'과 '조선'이라는 두 사회가 만남으로써 많은 혼란과 갈등이 발생할 것이다. 특히 남북한의 교류 과정에서 경제 갈등과 불평등 문제는 가장 첨예하게 대립할 것이다. 북한은 생산 수단의 사적 소유를 인정하지 않고 또 남북간 경제력 격차가 20배 이상 되기 때문에 통합된 남북한은 자산 및 소득 격차가 커져 계층간 불평등이 더욱 심화될 것이다. 현재의 경제 상태로 보더라도 통일이 되었을 경우 북한 사람들은 계층 서열에 있어서 분명히 급격한 하향이동을 경험하게 될 것이다. 1988년의 경우 북한의 소득 수준은 남한의 50% 이하에 속하였고, 1998년에는 남한의 하위 10% 이하에 머물러 있다.[10]

이와 같은 생활 수준의 격차는 남북한 주민들 간에 거리감을 느끼게 할 것이다. 특히 북한과 같이 절대적으로 빈곤한 상태에서 빈부의 격차를 크게 느끼지 못하던 사람들이 직면하게 될 엄청난 상대적 박탈감은 북한 주민들로 하여금 열등감과 좌절을 불러일으킴으로써 공동체 형성의 저해 요인이 될 것이다.

또한 교육제도와 의료보장, 연금제도, 각종 보조금제도 등 상대적으로 사회보장제도가 잘 갖추어져 있는 북한은 '돈 없이는 살기 힘든' 남한 사회에 매우 비판적 태도를 취할 가능성이 크며, 사회주의를 평등한 사회, 자본주의를 빈익빈 · 부익부 사회로 인식하고 있는 북한 사람들은 빈부의 격차가 커지는 통일에 대해 우려하는 현상도 발생할 것이다. 북한 사람들은 북한 체제의 장점으로 '무상교육과 무상치료' 등 사회복지제도를 꼽고 있다. 제도상으로 볼 때 남한의 사회보장체

---

10) Philo Kim, *Two Koreas in Development* (New Brunswick, NJ: Transaction Publishers, 1992), pp.95-100. ; 김병로 · 김성철, 『북한 사회의 불평등 구조와 정치사회적 함의』 (서울: 통일연구원, 1998), pp. 45-51.

계는 북한보다 미흡하다고 볼 수 있는데, 공동체 형성 과정에서 이를 어떻게 수용할 것인가 하는 것이 어려운 문제 중의 하나이다. 경제난으로 실제적인 혜택을 받지 못하고 있지만 교류 과정에서 북한의 제도와 비교하며 수혜 범위가 제한되어 있는 남한 사회보장제도의 현실을 비판할 가능성이 크다. 실제로 귀순자들은 "북한에서는 약이 없어서 치료를 받지 못했지 돈이 없어서 치료를 받지 못한 것이 아니다"라고 비판한다. 우려되는 것은 남한 사람들은 경제적으로 못사는 북한 사람들을 '걸인들'로 취급하지 않을까 하는 것과 이에 대해 북한 사람들 또한 남한 사람들을 돈만 많은 '저질들' 정도로 비난함으로써 사회적 갈등이 유발될 가능성이 높다는 것이다.

이런 점을 고려할 때 북한의 경제력과 소득 수준을 향상시키는 방향으로 경제 협력과 지원을 실시해야 한다. 남북간에 빈부의 격차가 더 크게 벌어진다면 같은 민족이라는 공감대를 형성하기 어렵다. 이러한 사회 갈등을 줄이고 민족 공동체를 실현하기 위해서는 생활의 근본을 이루는 경제 영역에서 협력과 공동체 형성이 필요하다. 이와 함께 북한의 사회보장제도를 흡수할 수 있도록 남한의 사회보장제도를 확대하는 것이 필요하다. 북한의 경제 규모가 크지 않고 사회복지 서비스의 질이 낮기 때문에 북한의 사회보장제도를 현행대로 유지하는 데는 사실 많은 재정이 필요한 것은 아니어서 낙관적인 측면도 있다. 남북 주민간 경제 불평등과 갈등을 최소화하고 민족 공동체의 기반을 튼튼히 구축하기 위해 지금부터 남북간 경제 협력과 지원을 실시해야 한다.

## 2. 사상이념적 갈등과 민주주의 훈련

북한 주민들이 갖고 있는 김일성주의 및 주체사상은 단순한 이데올로기를 넘어서 종교적 신앙으로 자리잡고 있다. 이데올로기가 종교화되고 지역으로 분열될 때 남북간 지역갈등은 심각해질 것이다. 수령제(민주적 중앙집중제)에 익숙한 북한 사람들은 다원적 민주주의를 혼란으로 간주하는 경향이 있다. 또 역사의식의 이질성을 내포하는 한국과 조선이라는 말 자체를 놓고 다툼이 발생할 가능성도 크다. '조선'이라고 하면 우리에게는 어쩐지 시대에 뒤떨어져 있다는 느낌과 함께 때로는 '남조선'을 연상케 하여 두려움을 주기도 한다. 마찬가지로 '한국'이라는 이미지는 북한 사람들에게 혼란스럽고 '타락한' 자본주의적 냄새를 풍기는 말이 되어 버렸다. 분단 체제하에서 받아온 역사의식과 민족의식의 차이로 인해 이질감을 느낄 수 있다. 북한은 우리 나라를 고구려-발해-고려-조선에서 공화국조선으로 이어지는 역사로 간주하고 있는 반면, 남한은 신라-고려-조선으로부터 한국으로 발전한 역사 해석을 하고 있다. 남한에서는 신라의 김유신 장군이 유명하지만 북한에서는 고구려의 강감찬이나 연개소문이 더 훌륭한 사람이다. 이와 같은 정치 사상의 차이로 인해 남북 간에 지역 갈등이 형성될 수도 있다.

북한 지역에서 제도적으로 공산주의 내지 사회주의 이념을 근간으로 하는 정당 결성을 통해 재집권을 시도할 것이며, 이는 남북간의 정치적 갈등과 극도의 사회적 혼란을 야기할 것이다. 동유럽의 경험에 비추어 볼 때 구 사회주의 정당들은 대부분 민족주의 정당으로 탈바꿈하여 재집권에 성공하였다. 한총련의 이념적 성향을 흡수하기 어려운 남한의 이념적 토양에서, 그리고 남한 내 각 정당들의 민주적 연합과 연대의 기술이 부족한 상태에서 사회주의 정치세력이 확대된다면 사회 통합시 극심한 정치적 혼란이 발생할 것은 자명하다. 또한 비제도권에서 김일성주의와 주체사상을 신봉하는 일부 집단은 극좌테러 단체를 조직하여 사회주의 이념에 충성하고자 할 것이고, 이에 대항하기 위한 남한의 극우테러집단도 생겨나는 등 극단적 이념 충돌로 인한 갈등이 증폭될 것이다. 이 같은 집단적 갈등 형태는 북한의 구체제 청산을 시도할 경우 첨예하게 가시화될 가능성이 높다.

성공적인 공동체 형성에 대비하기 위해서는 대결적 냉전문화를 청산하고 남한에서부터 다양성을 인정하는 민주주의 훈련과 공동체적 공존문화를 창출, 정착시키도록 노력해야 한다. 남한 내 각 정당들의 민주적 연합과 연대의 훈련이 부족한 상태에서 사회주의 정치세력이 확대된다면 북한 지역에서 제도적으로 공산주의 내지 사회주의 이념을 근간으로 하는 정당 결성을 통해 재집권을 실현할 수도 있음을 유념해야 한다. 따라서 북한 경제 지원에 필요한 재원 마련과 법체제 정비를 단행하고 통일 교육을 지속적으로 실시해야 한다. 더불어 사는 마음보다는 자기자신만을 생각하는 극도의 이기주의와 약육강식의 문화, 부정부패가 팽배한 작금의 현실에서 남북한 구성원들간의 인간 통합을 얘기하는 목소리는 작아질 수밖에 없다. 우리 사회 내부에 이러한 새로운 반성과 재도약이 없다면 우리가 기대하는 남북한 사회 문화 공동체의 실현은 머나먼 이상향에 불과할 것이다.

## 3. 남북간 적대의식 해소

남북간의 경제 협력과 경제 공동체 형성을 저해하는 가장 큰 사회적 요인으로는 남북간에 가로놓인 적대의식과 적대감정이다. 이러한 적대의식의 기저에는 아직도 아물지 않은 한국전쟁의 상처가 크게 남아 있기 때문이다. 남북한은 전쟁으로부터 체제를 수호했고 또 수호해야 한다는 의식 때문에 아직도 자기 체제 정체성의 상당부분을 반공(남), 반제(북)의 가치에 의존하고 있으며 적대의식을 재생산하고 있다. 즉 남북한에서는 이데올로기의 강렬한 경험 때문에 민족이 이데올로기를 포용하지 못한다. 이러한 적대적이며 배타적인 사회 분위기는 남북한간 공동체 형성을 어렵게 만들고 있다.

남한의 반공문화는 정치 투쟁의 영역에서는 '색깔론'이라는 망령으로 되살아나 정치적 비판세력을 억압해 왔다. 반공문화는 분단 체제 하에서 자본주의적 발전 과정에 상응하는 계급적 분화와 계급 갈등이 표출되는 통로를 원천적으로 봉쇄하는 이념적 기제로 작용했다. 선거 시기마다 정치적 경쟁자에 대한 사상성 시비와 사상 검증론이 제기되는 저열한 정치문화와 건전한 비판마저 이적성의 굴레를 씌우고자 하는 과도한 매카시즘(McCarthrism)적 분위기로 인한 소모적 논쟁에 의해 민주주의적 사고방식과 행동 원리는 왜곡되었다. 북한은 그들 나름대로 반제의 기치를 앞세워 정치적 비판자를 체제 전복을 노리는 제국주의 야합 세력으로 간주하여 정치범 수용소에 격리, 수용하고 인권을 유린하는 권위주의적 체제로 발전했다.

문화 충격과 사회적 이질성으로부터 오는 냉소주의적 태도가 만약 한국전쟁 책임 논쟁과 같은 사회문제와 맞물려 터져 나온다면 더욱 첨예한 갈등으로 치닫게 될 것은 자명한 사실이다. 한국전쟁으로 인해 북한이 남한보다 훨씬 많은 인적 피해를 입은 결과 적대적 감정이 남한보다 더 심하다. 남한이 85만 명의 인명피해를 입은 데 비해 북한은 175만 명이라는 엄청난 인적 손실을 입은 것으로 추산된다.[11]

북한은 전쟁으로 남한보다 더 많은 피해를 당했을 뿐만 아니라 한국전쟁의 피해자들에게 사회적 혜택을 부여하는 성분정책을 추진한 결과 현재 중산층 이상의 기득권층 가운데는 한국전쟁의 피해와 직접적인 관련을 맺고 있는 사람들이 주류를 이루고 있다. 전쟁으로 인한 적대감정이 사회 구조로 자리잡고 있다는 사실은 남북 화해가 쉽지 않음을 말해 준다. 상대방에 대한 심리적, 정신적 불안의식과 이질감이 근본적으로 한국전쟁에서 태동되었음을 상기한다면 통일 과정에서 한국전쟁의 문제는 어느 순간에 터질지 모르는 시한폭탄이다. 그만큼 서로가 전쟁으로 회복할 수 없는 상처와 피해를 입은 것이다.

남북간의 적대의식을 해소하기 위해 한국전쟁의 피해에 대해 서로 이해하는 노력이 필요하다. 한국전쟁으로 내면화된 적대감과 복수심을 떨쳐버리고 서로 화해하지 않는다면 남북한 간의 사회문화 공동체의 형성은 한 걸음도 진전될 수 없을 것이다. 따라서 전쟁의 원인은 역사적 규명의 과제로 미루고 전쟁의 피해를 중심으로 상대방을 이해하는 노력을 기울여야 한다. 필요하다면 피해 사례 조사를 실시할 수 있으나 당장의 책임 추궁을 위한 것이 아닌 서로의 피해상을 이해하고 역사적 진실을 밝히기 위한 작업으로 진행해야 한다.

---

11) 김병로, "한국 전쟁의 인적 손실과 북한 계급 정책의 변화", 《통일정책연구》 제9권 1호(2000년 상반기), pp. 219-242.

## V. 사회 문화 교류를 통한 민족 공동체 의식 형성

### 1. 남북 민족의 공유 가치와 동질성 확대

경제 공동체를 형성하기 위한 사회적 환경을 조성하기 위해서는 남북한이 같은 민족으로서 공동체로 살아가야 할 존재임을 인식시키는 것이 중요하다. 남북한은 수천 년 동안 같은 민족으로 역사를 공유해 왔으나 근대국가 형성 과정에서 민족이 분열된 상태에 있다. 남한은 1989년 9월 '한민족 공동체 통일방안'과 1994년 8월 이를 수정한 '민족 공동체 통일방안'을 제시하고 '남북 연합'을 구성함으로써 통일을 실현하자고 주장했다. 공동체(community)란 일반적으로 '지리적 영역을 공유'하는 경향을 띠면서 '공통적 속성, 귀속감 또는 사회적 유대의식을 공유하는 집단'을 가리킨다. 이러한 감정과 의식의 상호작용을 통해 공동체는 사회적 실체를 형성하게 된다. 민족은 the ethnic과 nation이라는 두 가지 의미로 사용된다. the ethnic(민족)은 언어, 지역, (혈통), 역사, 경제를 공통적으로 갖고 있는 실체이며, nation(민족, 국민)은 근대 정치 체제가 발전하는 과정에서 정치 공동체 의식을 갖는 집단을 가리킨다. 남북한에서 민족의식이 각자의 정치 체제에 영향을 받아 독특한 민족감정을 형성하고 있기 때문에 정치 의식을 가진 민족 공동체를 만들어 나가는 일은 쉽지 않다. 따라서 여기에서 민족 공동체란 정치 공동체와 구분되는 the ethnic의 감정과 의식을 가진 공동체를 의미한다.

남북한은 같은 민족으로서 공유하는 점이 많다. 남북한이 공유해 온 역사와 전통, 문화는 남북한 국민들에게 독특한 감정을 갖게 하며 공동체 형성의 큰 자산이 된다. 국가는 이러한 역사적 경험을 언어로 상징화하여 집단 정체성과 일체감을 만들어 내며 통합의 구심점을 형성한다. 동시에 체제와 이념 분단의 지속으로 달라진 가치와 규범도 많다. 문제는 교류 협력 과정에서 체제 분단의 지속과 상호 교류의 단절로 초래된 이질성과 갈등의 요인들을 공통된 민족의식과 감정으로 어떻게 포용해 나가느냐 하는 것이다. 민족유대감과 민족감정은 공동체 안으로 끌어들여 구성원들을 하나로 묶어 줄 것이고, 전쟁적대감이나 정치이념의 이질성, 생활방식 차이 등은 서로간에 갈등을 유발시킴으로써 공동체로부터 이탈시키려 할 것이다.

통일은 제도적 차원과 의식적 차원에서 동시에 진행되는데, 제도나 체제의 변화에 대해 구성원들이 의식과 행동 차원에서 어떻게 대응(수용 혹은 거부)하는가 하는 것은 공동체 형성에서 매우 중요한 관심사항이다. 어느 사회나 국가의 가장 외곽의 울타리를 형성하는 것은 법제도이다. 그러나 법이나 강제력에 의해 국가 혹은 사회라는 하나의 울타리 안에 산다 하더라도 그 내부에서 실질적으로 같은 민족이라는 일체감을 느끼지 못하고 갈등을 느낀다면 그것은 진정한 공동체는 아닐 것이다. 이 통합의 구심력과 분열의 원심력을 구조적 조정과 문화적 적응을 통해 어떻게 흡수함으로써 사회 문화 공동체를 형성할 수 있을까 하는 것이 관건이다.

기든스(A. Giddens)가 말한 바와 같이 민족마다 '인구 집단의 구성원들을 전체 공동체에 함께 소속해 있는 것으로 확인시켜 주는 애착감정'을 갖고 있다. 사회 구성원들이 보여 주는 공유 가치에 대한 이러한 애착감정은 민족 공동체 형성에 필수적인 요소이다. 새로운 사회체제나 제도가 들어섰을 때, 사회의 구성원들이 기존의 법과 질서,

규범을 버리고 새로운 체제와 제도가 요구하는 충성과 기대, 사회 활동에 자발적으로 참여함으로써 사회 질서와 규범을 확립해 간다면 그 사회는 공동체를 형성했다고 말할 수 있다.

과거와 달리 현대사회에서는 통합 이념이나 단일 이데올로기를 앞세워 일체감을 창출하는 것만이 공동체를 유지하는 것은 아니다. 또 이질적인 것이 반드시 공동체의 발전을 저해하거나 갈등을 유발하는 것은 아니며, 뒤르켐(E. Durkheim)의 분석처럼 현대사회에서는 오히려 이질적 기능들이 상호보완적으로 유기적 연대(organic solidarity)를 창출함으로써 공동체가 유지된다는 주장도 제기되고 있다. 또 에치오니(A. Etzioni)는 "공동체는 공유된 상징과 가치, 감정뿐만 아니라 공리적 유대와 강압적 유대에 의해서 결속되고 있다"[12]고 말한다.

따라서 남북한 간에 민족 공동체를 형성하기 위해서는 한편으로는 민족 동질성을 바탕으로 민족의식과 민족감정, 민족유대의식을 확대하며, 다른 한편으로는 분단 체제로 인해 달라진 이질성을 다양성으로 조화·발전시키는 공존의식을 정착시켜 나가야 할 필요성이 커지고 있다. 남북 민족이 같은 민족으로서 유대의식을 확인하고 분단으로 달라진 생활양식과 가치관에 대한 이해를 높임으로써 남북경제협력과 경제 공동체 형성의 필요성을 이해하게 된다.

평양소년예술단과 평양교예단 공연, 이산가족 상봉을 통해 느낄 수 있었듯이 남북한에는 같은 민족이고 같은 혈통이라는 일종의 유대의식이 강하게 남아 있다. 한민족 의식과 한 핏줄이라는 혈육의 정을 느끼고 민족 공감대를 확보할 수 있는 영역은 역사적 공유 의식, 전통문

---

12) A. Etzioni, *The Active Society* (New York: The Free Press, 1968), p. 555.

화, 유교적 윤리와 가치관 등 세 분야로 구분할 수 있다. 단군의 자손으로 1,300년 동안 통일국가를 유지해 왔다는 역사의식과 일제 식민지의 경험 등은 구성원들에게 같은 민족의식을 불러일으킨다. 또한 오랜 역사 속에 의식주, 관혼상제, 민속놀이 등 같은 전통을 공유하고 있다. 김치를 먹고 한복을 입는 것, 씨름, 윷놀이 등을 비롯한 여러 전통을 공유하고 있고, 어린이들의 닭싸움, 고무줄놀이, 술래잡기, 말타기도 그대로다. 뿐만 아니라 효와 장유유서의 예절 등 유교적 윤리와 덕도 남북한이 공유하고 있는 인간관계의 규범이며 가치이다.

남북 민족의 공유 가치를 확인하고 확대시키기 위해 이산가족 교류, 체육교류, 예술 공연 교류, 관광 교류 등의 사회 문화 교류를 적극 추진함으로써 민족적 자부심과 민족의식을 고양시켜 나가야 한다.[13] 분단과 전쟁으로 양산된 이산가족은 분단의 비극과 고통을 대변하는 민족문제의 상징으로 자리하고 있다. 정치적 분단으로 그리운 부모형제를 만나지 못한다는 것은 어떤 이념과 논리로 정당화될 수 없으며, 이산가족의 문제는 남북한이 하나의 공동체로 살아가야 한다는 당위성을 부여한다. 이산가족의 상봉과 교류는 혈연관계, 가족관계를 통해 남북의 공통점과 공유의식을 확보할 수 있는 기반을 제공한다.

예술 교류는 민족의 하나됨을 전달할 수 있는 가장 효과적인 교류 방법이다. 물론 예술 교류는 달라진 문화를 이해함으로써 이질성을 다양성으로 수용하는 가치와 태도를 형성하는 데도 기여한다. 게다가 서로 다른 문화 예술을 교류함으로써 심리적, 감정적 유대의식을 만들어 나갈 수 있다. 민속학과 전통예술 및 문화유적지 답사 등의 교류

13) 김병로, "남북한 사회·문화 교류 증진 방안", 《정책연구》 2000년 여름(통권135호), pp. 143-197.

를 추진함과 동시에 평양과 서울뿐만 아니라 금강산이나 경수로 건설 장인 금호지역과 같은 남북 화합의 상징적 장소에서 남북교예단 공연 과 예술공연, 통일 음악회를 추진하는 것도 공동체 형성에 의미있는 행사가 될 것이다.

체육 교류는 이념 갈등이 가장 적고 동류의식을 높일 수 있는 유익한 협력분야이며 실현가능성도 높기 때문에 이 분야의 교류를 중점적으로 개발할 필요가 있다. 남북한 간에 직접 교류할 수 있는 분야로는 신체 접촉이 없고 북한이 우세한 탁구와 체조, 교예(서커스), 농구 등의 경기를 꼽을 수 있고, 남북한 국민 모두 관심을 갖는 축구, 야구 분야의 교환경기를 추진한다면 민족적 일체감과 화합을 도모하는 데 있어서 다른 어떤 분야의 교류보다도 더 크게 기여할 것으로 기대된다.

또한 관광 교류를 통해서도 민족의 하나됨을 확인할 수 있다. 산과들, 강, 언덕, 계곡과 같이 '우리들'이 태어나서 자란 곳의 공통의 풍경이 민족의 정체성을 규정하고 성격지어 준다. 역사의식이란 것도 결국 전쟁터, 고궁, 조약을 맺는 장면 등 역사적 사건들을 특정한 장소와 결합시키면서 형성되는 것이다. 따라서 금강산 관광 등 남북한 관광 교류를 활발히 전개하는 것도 남북한 민족이 역사 속에서 함께 느꼈던 기쁨과 괴로움의 경험을 기억함으로써 유대의식을 형성하는 좋은 방법이다.

## 2. 이질성 수용과 공존의식 형성

한편, 남북한에는 반세기 이상 자본주의와 사회주의라는 이질적 정치 경제 체제를 운영함으로써 달라진 사회 문화의 영역이 존재한다.

사회 문화 공동체 형성에서 남북한이 직면하게 될 문제점은 '한국'의 상업적 대중문화와 '조선'의 폐쇄적 주체문화가 만남으로써 파생되는 문화적 이질성이다. 북한의 폐쇄적이고 집단주의적 문화는 남한의 세속문화를 접하면서 일종의 문화 충격(culture shock)을 경험하게 될 것이다. 탈북귀순자, 귀순 유학생들의 남한생활 적응과정에서 발견되는 갈등 양상을 보면 '바쁜 생활', 시장경제 체제, 언어 사용(영어와 법률용어, 한국어와 조선어), 자유로운 거주 이동, 비행기와 고속버스 등 낯선 생활양식으로 사회 적응에 큰 어려움을 겪었다고 한다.[14]

또 '돈이 다가 아니다' 라든지 돈을 위해 일하는 것을 부끄럽게 생각하는 등 돈에 대한 가치가 다르며, 공동체적 사회관계, 금욕 절제생활, 이타적인 조직생활 등에서 대조적인 남한의 문화를 접하면서 자아정체감에 혼돈이 발생하는 등 커다란 충격을 받고 있다고 토로하였다. 특히 시베리아 벌목 노동자들의 탈출 행태에서도 여실히 보았듯이 북한 사람들이 경험할 성문화의 충격은 심각한 문제로 대두될 것이다.

뿐만 아니라 비교적 다양한 사상과 문화를 경험한 남한 사람들도 북한의 집단주의 공동체 문화에 약간의 충격을 받을 것이다. 2000년 6월 남북정상회담시 남한 사람들이 받은 '김정일 쇼크'와 같은 것이 그것이다. 남한 사람들이 느낄 북한 충격은 왜곡된 지식과 새롭게 알게 된 현실 사이의 괴리에서 올 수도 있고, 상상 이상의 낙후된 북한 사회를 목격함으로써 오는 경우도 있을 것이다. 또한 충효, 장유유서, 남녀차별, 추대식 선거문화 등 북한이 갖고 있는 유교전통적 가치관은 공통적인 것이면서도 문화 충격을 줄 수 있는 것이다.

---

14) 김명세, "체제 통합적인 통일 준비: 문화적 관점에서", 임성빈 엮음, 『통합적인 통일과 그리스도인들의 과제』 (서울: 장로회신학대학교출판부, 1999), pp. 189-194.

이질적 정치 경제 체제로 인해 남북한의 달라진 문화를 이해하기 위해 문화적 이질성을 수용하고 이를 다양성으로 발전시키는 공존·공영의 자세가 요구된다. 남북한 간에 주체사상, 집단주의 공동체성, 전통과 현대를 조화시킨 예술, 수령 예찬 음악, 휴일과 휴가, 총화제도 등 가치관과 생활양식의 많은 부분이 달라졌다. 세심하게 따져보면 남북한 간에 동질적인 것을 생각하는 부분도 많이 달라졌기 때문에 이질성을 다양성으로 받아들이려는 노력은 매우 필요하다. 남북한의 이질성을 이해하기 위해 북한의 젊은층에 큰 인기를 얻고 있는 보천보악단의 서울 초청공연을 추진하거나, 북한에 인기있는 남한 가수들의 방북 공연도 추진하는 등 남북한에 현재 지배적인 대중예술의 교류 사업을 적극적으로 추진해 볼 수 있다.

제도적으로 '남북 연합'에 진입하기 전까지 음악회, 예술 공연, 체육행사 등 남북 화합을 위한 시범적인 교류를 추진함으로써 남북간 신뢰를 구축하고, 상호신뢰를 바탕으로 제도화된 틀에서 사회 문화 교류가 추진될 수 있도록 '통행 협정'과 같은 교류 협력의 법적 장치를 마련해야 할 것이다. 이러한 교류사업이 안정된 관계 속에서 정례적으로 진행되기 위해서는 양자간 '문화 협정'을 체결해야 한다.

남북한이 체제상의 많은 문제점을 안고 있지만 학술, 문화 예술, 체육, 종교, 관광, 보건·환경 등 분야별로 구체적인 교류 사업을 추진함으로써 남북한의 민족의식을 높이며 서로 다른 삶의 방식과 가치관에 대해서는 긍정적인 이해를 높여 나가야 한다. 이처럼 남북한이 지금까지 다른 길을 걸어오면서 가질 수밖에 없었던 이질화를 인정하는 것이야말로 문화 충격을 줄이고 증오와 불신을 사랑과 신뢰로 바꾸어 민족 화합과 사회 문화 공동체 형성의 물꼬를 트는 출발점이 될 것이다.

## VI. 결론

남북정상회담을 계기로 반세기 동안 높이 쌓인 분단의 벽을 허물고 화해와 협력을 모색하는 탈분단과 통일이 진지하게 시작되었다. 그러나 정상회담은 이데올로기 분단과 전쟁을 통해 이질적 생활양식과 가치관, 적대의식을 갖고 있는 남북한에 인식의 충격과 사회적 혼란을 던져 주고 있다. 정상회담 이후 경제 공동체 형성을 두고 회자되는 비판의 목소리와 불만, 냉소적 태도는 상호 배제와 대결에 익숙해진 분단 구조를 탈피하여 민족 공동체를 형성하는 과정이 쉽지 않음을 보여 준다. 분단 체제의 내재화, 내면화로 인해 남북한 국민들 모두의 심층적 내면 구조에는 배타성과 폐쇄성이 깊게 자리잡고 있기 때문이다. 남과 북에 둘러쳐진 폐쇄적 울타리를 헐고 개방적인 공동체를 만드는데 불편함과 갈등이 수반되는 것은 오히려 자연스럽다.

민족 공동체 형성을 위한 사회적 환경을 조성하기 위해서는 분단 경제의 현실을 직시하고 남북간 경제 협력이 불가피함을 인식시키는 작업이 우선되어야 한다. 남한의 경제가 어렵기 때문에 북한과 경제 협력을 추진할 여력이 없다고 하는 논리는 근시안적 미봉책에 불과하다. 장기적 관점에서 보면 바로 남북한 경제가 어렵기 때문에 남북이 서로 협력해야 할 필요성이 제기되는 것이다. 남북한이 구조적으로 보완 · 발전할 수 있는 산업을 교류하고 협력하며, 막대한 군사비를 경제건설 투자로 전환하면 남북한이 창출하게 될 공동 이익은 대단히 크다.

뿐만 아니라 남한의 지리적 밀폐성과 배타적 사회관계, 불안과 불신의 근원인 분단 상황을 극복하고 신뢰가 넘치는 사회를 만들기 위해 교류와 협력은 반드시 필요하며, 통일 과정에서 발생할 많은 사회 갈등을 예상한다면 남북한은 지금부터 장기적 플랜을 가지고 경제 협력을 추진해야 한다. 나아가 민족 공동체 형성에 우호적인 사회적 환경을 조성하기 위해서는 궁극적으로 남북한 국민들 사이에 공동의 경험에 대한 기억을 회상하며 유대의식을 확인할 수 있는 사회 문화 교류를 통해 민족 공동체에 대한 의식을 확대해 나가야 할 것이다.

## 2장
# 한반도 정세 전망 :
## 북한의 대 중국, 러시아 관계가 한반도 통일에 미치는 영향

### 허문영 박사 | 통일연구원 선임연구위원

## Ⅰ. 문제 제기

제1차 남북정상회담(2000. 6. 13~15) 이후 남북 관계와 한반도 정세는 과거 어느 시기보다 우호적인 분위기 속에서 실질적인 성과들을 산출해 왔다. 남북한은 장관급 회담, 특사 회담 등 총 6개 회담채널을 가동, 각종 남북회담을 16차례 개최하였다. 그리고 3차례에 걸친 이산가족 교환 방문을 통해 분단의 고통을 초보적이나마 해소하기 시작하였고, 사회 문화 및 경제 교류 협력을 활발히 추진함으로써 민족 공동 번영의 토대를 마련하기 시작하였다. 또한 시드니 올림픽 남북 공동 입장과 UN 등 국제 무대에서의 협력을 통해 민족 자존심을 회복하는 모습도 보여 주었다.

이 같은 남북관계 순항과 더불어 북한의 대미관계와 대외관계도 빠른 속도로 개선되어 나갔다. 조명록 특사의 워싱턴 방문(2000. 10)과 북미 공동커뮤니케 발표가 있었고, 올브라이트 국무장관의 평양 방문

(2000. 10)과 김정일 국방위원장 면담 및 북한 미사일 문제에 대해서도 상당정도 합의[15]가 있었다. 북한은 또한 아시아지역안보포럼(ARF)에 회원국으로 가입(2000. 7)하였고, 2000년에 이탈리아, 호주, 필리핀, 영국, 2001년 9월 현재 네덜란드, 독일, 브라질 등 총 17개국과 새로 수교하는 등 외교 다변화 정책을 추진하고 있다.

남북교류협력 활성화와 미국을 비롯한 주변 4국의 대북 우호적 정책으로 인해 2001년에 들어와 북한은 보다 개방지향적인 모습을 보여주기 시작하였다. 김정일 위원장의 '신사고'적 어록이 공개[16]되었고, 김정일 위원장과 최측근 당, 정, 군 간부들이 중국 최첨단 개방 현장인 상해를 방문(1. 15~20)하였다. 또한 경제시찰단 파견 및 경협사절단 초청이 활발히 추진[17]되었고, 홍성남 총리는 내각의 사업 방향으로 '과감한 실리주의 원칙'과 '대외지향적 정책 노선'을 표명하였다.[18]

그러나 2001년 1월 미국 부시 행정부가 출범한 이후 2월 한러정상회담과 3월 한미정상회담이 진행되면서, 한반도 정세는 갑자기 긴장 국면에 들어서게 되었다. 국제 차원에서는 국가미사일방어체제(NMD)를 개발하려는 미국 입장과 이에 반발하는 중국 그리고 탄도탄 요격미사일협정(ABMT)을 유지 강화시키려는 러시아 입장이 첨예하게 대립하기 시작하였다. 남북 차원에서는 제5차 장관급 회담의 돌발

---

15) "미사일 협상 기간 중 장거리 미사일 발사 중지, 인공위성 대리발사 가능, 외화보상 시 미사일 수출 중지" 『외무성 대변인 담화』, 2001. 2. 21.
16) 『로동신문』, 2001. 1. 4.; "21세기는 거창한 전변의 세기, 창조의 세기이다." "지금은 1960년대와 다르므로 지난날의 낡은 일본새로 일하여서는 안 됩니다. 21세기에 들어서는 새 시대의 요구에 맞게 무슨 일이나 손색이 없게 하여야 합니다."
17) 2001년 1/4분기 북한 경제시찰단 파견 74회, 경제대표단 초청 53회.
18) 『로동신문』, 2001. 4. 6.

무기 연기와 김정일 위원장 서울 답방 협의가 지연되었다.[19]

남한 국내 차원에서는 경제적 어려움이 지속되는 가운데 대북정책과 관련해서 갈등[20]이 심화되는 양상을 보이기 시작하였다.

이에 북한은 EU대표단을 초청하여 유럽 관계를 적극 개선해 나가는 한편, 러시아, 중국과의 관계도 강화함으로써 미국 부시 행정부의 대북 강경정책에 대응해 나갔다. 5월, 북한은 EU 의장인 페르손 스웨덴 총리 일행을 초청하여, 2003년까지 북한 미사일 발사 유예와 제2차 남북정상회담 개최에 대한 기대를 언급하였다. 그리고 북한은 8월 4-5일 김정일 위원장의 '첫 공식 외국방문'인 러시아 방문[21]을 통해 북러 관계를 강화하였고,[22] 9월 3-5일 장쩌민 중국공산당 총서기 겸 국가주석의 방북을 통해 한중수교 이후 다소 불편한 상황에 있었던 북중 관계도 완전 정상화하였다.

반면에 한국은 부시 행정부 출범 이후 대북정책을 놓고 한미 마찰

---

19) 북한이 정상회담을 받아들여 남북대화는 활성화되었으나, 실질적 교류는 아직 답보상태임. 또한 북한은 대남혁명노선의 포기를 시사하면서도, 이면에서는 남한 내 영향력 확대를 기도하고 군 중시 정책과 사상 통제를 강화하는 등 이중전술을 구사하고 있음. 따라서 향후 남북관계 진전은 아직 유동적임. 일본공안청, 『2000년도 내외 정세 회고와 전망』, (2000. 12. 23발표).

20) 김정일 위원장 서울 답방 반대와 '퍼주기' 대북정책 반대.

21) 북한은 김 위원장이 8. 4- 5 러시아 연방을 '공식 방문' 했고, 6-7 상트페테르부르크를 '비공식 방문' 했으며, 7. 26-8. 18 러시아에 '체류'한 것으로 보도했다. 『조선중앙방송』, 2001. 8. 20. 김 위원장의 방러는 『푸틴』 대통령의 방북(2000. 7)에 대한 답방으로서, 북한 최고지도자로서는 김일성 주석의 소련 방문(1986. 10) 이후 15년 만의 행사이다.

22) 북한은 김정일 위원장의 방러를 '인류 역사 발전에서 거대한 전변을 가져온 특기할 사변'으로 주장하고, 『모스크바 선언』을 '세계사적 충격'이며, '희세의 정치외교적 성공작'으로 평가하였다. 『로동신문』, 2001. 8. 19.

양상을 보여 주었고, 일본과는 4월 역사교과서 왜곡 문제와 8월 고이즈미 수상의 야스쿠니 신사참배 강행으로 갈등 국면에 빠졌다. 게다가 장쩌민 주석이 평양을 공식 방문하고 있는 시간, 서울에서는 「2001 민족통일대축전」(8. 15, 평양) 후유증에 따른 통일부 장관 해임건의안이 가결되었다. 북한은 1998년 9월 김정일 국방위원장 체제를 출범시킨 이후 강성대국건설 기치 하에 대외관계를 공고히 해가고 있는 반면, 남한에서는 대미·일 관계가 흔들리면서 1998년 2월 DJP 공조 하에 출범한 공동여당이 해체되고 정국은 한치 앞을 내다보기 어렵게 되었다.

이 같은 한반도 대내외 정세 변화가 지금 우리에게 주는 의미는 무엇일까? 특별히 북한 김정일 위원장의 방러 정상회담과 중국 장쩌민 주석의 방북 정상회담의 의미는 무엇인가? 그리고 21세기 민족의 생존과 발전 그리고 평화와 통일을 위해 우리가 해야 할 일은 무엇인가?

이 글에서는 이 같은 질문들에 대답하기 위해 먼저 북한의 대중·러 정상회담 개최 배경을 살펴본 후, 「모스크바 선언」과 북·중 정상회담 합의 내용을 분석 평가하고, 북한의 대중·러 관계 강화가 동북아 정세 및 남북한 관계에 미칠 영향을 고찰한 후, 마지막으로 이에 대한 우리 정부의 대응 방향을 생각해보고자 한다.

## II. 북한의 대중·러 정상회담 개최 배경

냉전시대 동북아에서는 2개의 삼각관계가 대립하고 있었다. 미국, 일본, 남한 자유민주주의 진영의 남방 삼각관계와 소련, 중국, 북한 공산주의 진영의 북방 삼각관계 대결이 그것이다. 그런데 '90년 한소

수교와 ’91년 소련의 붕괴, ’92년 한중수교와 ’94년 김일성 주석의 사망으로 북방 삼각관계는 동요하기 시작하였다. 그 와중에 북한은 경제난과 안보난으로 체제 위기를 겪게 되었다.

이에 ’95년 북한은 ‘고난의 행군’ 시기를 선포하고, 군사중시정책을 통해 내부 체제 결속에 주력함으로써 안정을 회복하였다. ’98년 9월 북한은 김정일 국방위원장 체제를 출범시킨 이후 강성대국건설 기치 하에 대외관계 개선에도 적극적으로 나서기 시작하였다. 2000년 7월 북한은 러시아 최고지도자를 북러관계 55년 역사상 처음으로 평양을 방문하도록 유도하여 북러관계를 복원하였다. 또한 중국과의 관계 강화에도 적극적으로 나서, 2000년 5월과 2001년 1월 김정일 국방위원장의 2차례 방문을 통해 양국관계를 돈독히 하였다.

그러나 2001년 1월 미국 부시 행정부가 북한을 불량국가(rogue state)로 규정하고 미사일방어체제(MD) 구축을 일방적으로 진행시키자, 북한은 EU 대표단을 초청하여 유럽 관계도 적극 개선해 나가는 한편 러시아, 중국과 함께 신 북방 삼각협력관계 형성을 통해 대응하는 모습을 보여 주고 있다.

## 1. 北 · 러 관계

냉전기 북한과 소련의 관계는 정치적 측면에서 ‘사회주의 형제국’ 또는 ‘친선협조’ 관계로, 경제적 측면에서는 ‘사회주의 우호가격에 의한 구상무역의 협력’ 관계로, 군사적 측면에서는 1961년 7월에 체결된 「조소우호, 협력 및 호상원조조약」에 기초한 ‘군사동맹’ 관계로 규정할 수 있다. 총체적으로 볼 때, 사회주의적 경제 교류 및 협력을 토대로 한 점에 있어 북중관계와 공통점이 있으나, 약소국과 강대국 간의 전형적인 종적 의존상태가 유지된 점에 있어서 차이점이 있는 바, 친분적, 보호적 동맹관계(protectorate alliance)로 특징화할 수 있다.

그러나 한·소 수교(1990. 9. 30) 직후 "달러로 사회주의 연대를 팔아먹었다"는 북한의 소련에 대한 비난으로 인해 양국관계는 긴장관계로 접어들었다. 자유민주주의를 추구하는 러시아의 출범(1991. 12)과 한·러 정상의 상호방문 등은 정치·경제·군사 등 전반적인 측면에서 북·러 관계를 더욱 악화시켰다. 특히 러시아의 「조·소 우호협조 및 호상원조 조약」 폐기의사 통보(1995. 9)와 연장 요청 거부(1996. 9. 10) 등은 소원해진 양국관계를 단적으로 드러내 주고 있다. 그러나 1990년대 중반에 들어서면서 양국관계는 조금씩 회복되기 시작하였다.

러시아에서는 1995년 12월 총선을 계기로 정국이 보수화되고 외교정책이 친서방 일변도에서 강대국 지위 회복을 위한 방향으로 선회하면서, 일부 인사들 사이에 국익 차원에서 북한을 새롭게 평가해야 한다는 주장이 나왔다. 북한 또한 경제난 완화를 위해 러시아와의 관계회복을 희망하고 있었다. 그 결과 이후 양국관계는 러시아의 대한반도 등거리외교와 북한의 실리 추구 외교에 따라 재정립되어 갔다. 따라서 한·소 수교(1990. 9. 30) 이후 지난 10년간 북·러 관계는 악화기(1990년 후반기~1994년 전반기)[23] → 관계 재정립 모색기(1994년

---

23) 구소련 및 러시아의 한국 중시 정책으로 북 러관계 악화됨.

24) 러시아는 김일성 사망(1994. 7. 8)이후 한반도 영향력 회복을 위해 남북한 균형 정책으로 선회함. 그러나 북한은 김일성 유훈통치와 러시아 대선(1996. 6. 16)에서 주가노프 공산당 당수의 집권에 대한 기대 등으로 대러관계에 소극적 입장을 취함.

후반기~1996년 후반기)[24]→ 정체기(1997년 전반기~1998년 후반기)[25]→ 관계 재정립기 (1999년 전반기~ 현재)로 구분할 수 있다.

이런 상황 가운데 1998년 9월 북한은 「강성대국」 건설을 위한 전방위외교를 추진하고, 옐친 대통령의 조기 사임(1999. 12. 31)으로 푸틴 총리가 대통령 직무대행을 수행하면서 북ㆍ러 관계가 호전되기 시작하였다. 북한과 러시아는 「조ㆍ러 친선선린 및 협조조약」을 체결(2000. 2. 9)하고, 푸틴 대통령의 방북시 「조ㆍ러 공동선언」을 채택(7. 19)하여 북ㆍ러 관계를 10년만에 재정립하였다. 그러나 군사무기와 원유 지원문제 등을 둘러싼 북ㆍ러간 의견 상이로 김정일 위원장의 러시아 답방은 지연되었다.

한편 부시 행정부 출범 이후 미ㆍ러관계 마찰, 북ㆍ미관계 악화 등으로 북ㆍ러 협력의 필요성이 증대하자, 김일철 인민무력부장의 방러를 통해 군사협정[26]을 체결(2001. 4. 27)하고, 북한에 대한 부시 미행정부의 기본 입장[27]이 제시(6. 6)되자, 김정일 국방위원장과 푸틴 러시아 대통령은 제2차 정상회담을 모스크바에서 개최(8. 4, 8. 8)하고, 「조ㆍ러 공동선언」을 발표하였다.

---

25) 군사동맹 관계가 폐지(1996. 9. 10)된 이후 북 러 관계는 NATO의 동구지역으로의 확대, 코소보 사태에 따른 러시아의 유럽 중시 정책과 북한의 미국 중시 정책 때문에 매우 제한적이었음.

26) 북 러 양국은 「방위산업 및 군사장비분야협력협정」과 「2001년 군사협력협정」을 체결하였는 바, 북한의 러시아 군사무기 구매 문제가 합의된 것으로 보임.

27) 부시 대통령은 의제로 핵 투명성(제네바 기본 합의의 이행 개선), 미사일 검증(미사일 개발 계획 검증과 수출 금지), 군비 축소(재래식 무기의 감축) 등을 제시함.

## 2. 北·中 관계

냉전기 북한과 중국의 관계는 정치적 측면에서 '순망치한(脣亡齒寒)' 또는 '혈맹(血盟)' 관계로, 경제적 측면에서는 '사회주의 우호 가격에 기초한 구상무역의 협력' 관계로, 군사적 측면에서는 1961년 7월에 체결된 「조·중 우호, 협력 및 호상원조 조약」에 따른 '군사동맹' 관계로 규정될 수 있다. 총체적으로 볼 때 양국 간의 국력 차이에도 불구하고 횡적 의존 형태가 유지되었는 바, 북중관계는 때로 소원하고 불편해진 적도 있으나, 사회주의적 경제 교류 및 협력을 토대로 한 혈맹적, 협력적 동맹관계(partnership alliance)로 특징화될 수 있다.

그러나 1990년대에 들어와 북중관계는 탈냉전 상황 하에서 중국의 대북 구상무역 포기 및 경화결제 요구(1991)와 한·중 수교 그리고 김일성 주석 사망에 따른 양국 지도자 친분관계 단절 등으로 인해 표면상 동맹관계를 유지하면서도 내면적으로는 소원한 관계를 유지해 왔다. 1991년 10월 김일성 주석의 방중과 1992년 4월 양상쿤(楊尙昆) 중국 국가주석의 방북 이후 2000년 5월 김정일 국방위원장의 비공식 방중이 있기까지 8년여 동안 전통적으로 이뤄져 왔던 최고위 수뇌 교환 방문이 이뤄지지 않았던 사례는 이 기간 양국관계의 실상을 가늠해 볼 수 있는 지표 중 하나다.

그러나 북한은 한·소 수교 당시 러시아를 비난했던 것과 달리, 한·중 수교 이후 중국에 대해서 공식적인 비난을 자제해 왔다. 중국은 북한에게 남아 있는 유일한 이념적 동맹국으로서 전략 물자 획득의 원천이기 때문이다. 중국 또한 동북아 신질서 구축이 미국에 의해 일방적으로 주도되는 것을 견제하는 한편, 변경국인 북한의 급변 사태로 인한 자국 안보와 경제 발전에의 위협을 우려하여 북한이 유지될 수 있도록 노력하는 모습을 보여 주었다.

1998년 9월 이후 북한은 강성 대국 건설을 위해 대중관계 개선에도 적극적으로 나섰다. 김영남 최고인민회의 상임위원장의 방중(1999. 6)에 이어 남북정상회담 직전(2000. 5) 김정일 위원장이 중국을 방문하여 장쩌민(江澤民) 주석 등 중국 지도부와 회담을 통해 양국관계와 개혁 개방 문제 그리고 남북정상회담 등에 대한 상호 입장을 조율하는 등 우호협력관계를 복원하였다. 또한 김정일 위원장은 7개월 반만에 중국을 다시 방문(2001. 1)하여 상해의 발전을 격찬하였고,[28] 장 주석과의 회담에서 "중국의 당 정책이 옳았다"고 평가하였다.

이에 중국은 당 조직부장 쩡칭홍을 방북(2001. 3) 파견하여 김정일 위원장을 면담, '장쩌민 주석의 2001년 공식 친선방북'에 합의하고, 북한의 봄 파종을 위해 경유 15,000톤 무상 지원을 통보하였다. 그리고 2001년 9월 장쩌민 주석이 방북하여 김정일 위원장과 정상회담을 개최하였다. 북중 정상회담은 부시 행정부의 일방적 미사일 방어체제(MD)에 대응하여 중러 정상회담(2001. 7), 북러 정상회담(2001. 8)의 후속 마무리 회담 성격을 띠는 바, 표류하던 북방 삼각관계를 복원하는 모습도 보여 주었다.

---

28) "상해 시는 짧은 기간에 세상사람들의 상상을 초월하게 변모되었다." "상해는 옛 모습을 찾아볼 수 없게 천지개벽되었으며, 최첨단 연구기지와 금융, 문화, 후생시설 등은 중국 역사에 남을 위대한 창조물이다."

## Ⅲ. 北·러 공동선언과 북·중 정상회담 내용 분석

### 1. 모스크바 선언

이번에 합의된 8개항은 다음과 같은 특징을 보인다(표 1참조). 지역별로 분류해 볼 때, 국제 문제 2개(1, 2항), 북한과 러시아 쌍무 문제 4개(3, 4, 5, 6항), 남북 문제 2개(7, 8항)를 다룸으로써 균형을 유지하되 특히 쌍무 문제를 많이 다룬 것으로 나타난다. 분야별로 분류해 볼 때, 정치 문제 2개(1, 7항), 경제 문제 2개(5, 6항), 군사 문제 2개(2, 8항), 복합 문제 2개(3, 4항)를 골고루 협의한 것으로 나타난다. 그러나 의제 주도권을 추정 분석해 볼 때, 북한은 다음과 같이 의제 상호 수용을 통해 경제난을 타개하고 대미 협상력을 강화하려는 의도를 보여준다.

첫째, 북한은 ⑥항(철도 연결) 수용과 ⑤항(외부 재정 인입) 부분 수용을 통해 ⑤항(경협 확대)과 ④항(군사 협력)을 이끌어 낸 것으로 보인다. 러시아가 제기한 시베리아횡단철도(TSR)-한반도 종단철도(TKR) 연결 문제와 관련, 북한은 철도수송로 창설로 적극 호응하는 동시에 외국 또는 국제기구의 재정지원을 통한 북한기업소 개선(특히 전력부문)문제[29]를 양해함으로써 지난 시기의 채무(약 50억 달러 이상)에 대한 변제 계획도 협의한 것으로 보인다. 따라서 북한은 러시아의 환심을 유도하여 대러 경제 교류 협력을 활성화하는 한편, 구 소련

---

29) 러시아는 북한의 전력난을 고려하여 평양 화력발전소 등 4개 화력발전소의 현대화를 지원하되, 재원을 한국, 미국, 일본 또는 유럽연합(EU) 국가들로부터 조달하려는 의도로 분석됨.

식 군사 무기 및 편제를 현대화하려는 의도를 엿보게 하였다.

둘째, 북한은 ②항(ABM)과 미사일 발사 유예 언급을 통해 ⑧항(주한미군철수)지지를 유도한 것으로 보인다. 북한은 러시아가 주장하고 있는 「탄도탄 요격미사일 제한조약」의 유지 불가피성을 지지하는 동시에, 공동선언에는 포함되어 있지 않으나 정상회담 중 김정일 국방위원장이 2003년까지 미사일 시험 발사의 유예를 재천명한 것으로 알려진다. 그대신 북한은 미사일 개발 계획을 평화적 성격의 자주권 문제로 강조하는 한편, 주한미군철수 문제를 공식 제기함으로써 지난 6월 미국이 대북 의제로서 재래식무기 문제를 언급한 것과 미사일 문제를 강하게 지적한 것에 대한 강한 대응 준비를 갖추었다.[30]

다만 러시아는 주한미군 문제와 관련, 통일 이후에는 철수해야 하나 현재는 동북아 안정의 주요한 요인으로 간주하고 있기 때문에 '이해를 표명' 할 뿐, 북한의 주장에 전적으로 동의한 것은 아님을 간접 표명한 바 있다.

셋째, 러시아는 ⑦항에서 '외부의 간섭' 이 없는 남북 대화의 지속을 지지하고, 한반도 문제에 대한 '건설적이며 책임적인 역할을 수행할 용의' 가 있음을 밝히는 동시에 ⑧항에서 북·미 및 북·일 대화를 지지하였다. 러시아는 남·북·러 철도 연결 사업 추진으로 실리를 확보하는 동시에, 푸틴 대통령이 김정일 위원장에게 제2차 남북정상회담을 적극 권유함으로써 남북 문제 중재자 역할을 자임함으로써 대한반도 영향력 강화 계기를 마련한 것으로 보인다. 동시에 러시아는

---

30) 북한은 『아세안 지역 안보 포럼』(ARF, 2001. 7. 24~25)에 제출한 보고서에서 주한미군 철수 문제를 지적한 바, 이를 관철시키겠다는 것보다는 북미 대화를 촉구하고 부시 행정부의 대북 강경정책에 대한 반박카드로 활용하려는 것으로 보임.

북 · 미/북 · 일 대화의 중요성을 강조함으로써 주한미군철수 이해에
따른 미국, 일본 등의 반발을 최소화하려는 모습도 보여 주었다.

넷째, 김정일 국방위원장이 정상회담 석상에 대동한 인물들의 면면
을 보면 경제 분야의 일꾼이 눈에 띄며, 군사 분야에서도 군수 산업
일꾼이 보이는 바, 경제실리회담 성격을 띤다.[31] 예컨대, 경제부문에
서는 조창덕(내각 부총리), 박남기(국가계획위원장), 김용삼(철도상),
리광호(과학원장) 등 4명이 동행하였으나, 군사부문에서는 연형묵(국
방위원: 자강도당 책임비서), 김영춘(총참모장), 외교부문에서는 강석
주(외교부 제1부부장), 박의춘(주러 대사), 정치부문에서는 김국태(당
비서), 정하철(선전선동부장) 등 각각 2명이 동행하였다.

## 2. 북 · 러 모스크바 선언과 평양 선언 / 신 조약 / 한 · 러 공동성명 비교

북한과 러시아가 4개의 선언, 조약, 성명을 통해 시종일관 추구한
의제는 ①③④⑤⑦항이다(표 2참조). 국제 차원에서는 정의로운 새
세계 구조 수립 문제가, 양국 차원에서는 여러 분야에서의 쌍무협조
발전과 경제협력 확대 문제가, 한반도 차원에서는 남북대화 및 남북
공동선언 적극 지지 문제가 지속적으로 협의된 주요 사안들이다. 한
편 이번 모스크바 선언에서 새롭게 나타난 사안들을 살펴보면 다음
과 같다.

첫째, 주한미군철수 조항이 북한의 대미 협상카드 확보차원에서 강
조되었다. 주한미군철수 조항은 신조약(2000. 2. 9), 평양 선언(2000.

---

31) 《조선중앙통신》, 2001. 8. 4.

7. 19)과 한 · 러 공동성명(2001. 2. 27) 어디에서도 제시된 바 없다. 따라서 북한은 이 조항을 통해 대미 협상에서 미국의 재래식 군비 축소 조항에 대응하기 위한 협상카드로서 전술적으로 운용하기 위한 기반을 마련한 것으로 보인다.

둘째, '침략 위기 발생시 즉각 접촉, 또는 안전 위협시 지체없이 접촉' 조항이 제시되지 않았다. 북한과 러시아는 신조약과 평양 선언에서는 동 조항을 제시하였으나, 이번 모스크바 선언에서는 이 항을 제시하지 않았다. 양국은 정책조율 과정에서 현 한반도 정세를 지나치게 대결 구도로 몰고 가는 것을 자제하는 모습을 보여 주었다.

셋째, 미사일 문제의 전략적 성격이다. 21세기 북한과 러시아의 기본적인 국가관계의 윤곽을 잡아 주는 북 · 러 신조약에는 미사일 문제와 관련된 조항이 없다. 따라서 북한의 미사일 개발 문제는 양국 간에 있어 본질적 성격의 문제가 아닌 전략적 성격의 문제라 할 수 있다.

넷째, 러시아의 시베리아 및 극동 개발 의지 증대이다. 2000년 북 · 러 협상 과정에서 철도 연결 조항은 제시된 바 없다. 그러나 2001년 한 · 러 정상회담 이후 러시아는 철도 연결 문제를 본격적으로 제기하고, 이번 모스크바 선언을 통해 '철도 연결사업이 본격적인 실현 단계에 들어선다는 것을 선포' 함으로써 공식화하는 데 성공하였다.

다섯째, 러시아의 한반도 영향력 증대 모색이다. 러시아는 신조약을 통해 자주 · 평화 통일, 민족 대단결에 대한 지지를 천명하고, 평양 선언에서 남북정상회담 지지를 선언하였다. 그리고 한 · 러 공동성명에서는 한국으로부터 '한반도 평화와 안정을 위한 건설적인 역할과 기여를 긍정적으로 평가' 받았다. 이번 모스크바 선언에서는 북한으로부터 '조선반도에서의 긍정적인 과정들에서 건설적이며 책임적인 역할을 수행할 용의를 확인' 받았다. 한반도 문제에 대한 러시아의 입김이 단계적으로 증대되는 모습이 나타나고 있다.

## 3. 북·중 정상회담 합의사항[32]

장쩌민의 북한 방문은 총서기 자격으로서는 지난 '90년 3월 방북 이후 11년만에 있는 일이며, 국가주석으로서는 '92년 4월 양상쿤 주석의 김일성 80회 생일축하 방문 이후 9년만에 있는 공식 방문이며, 최근 2회(2000. 5, 2001. 1)에 걸친 김정일 국방위원장의 중국 방문에 대한 답방이다. 장 주석은 9월 3일 평양에 도착하여 김 위원장과 단독 및 전원회담을 가졌고, 9월 4일 김영남 최고인민회의 상임위원장 및 홍성남 정무원 총리와 각각 회동하였으며, 9월 5일 김 위원장과 환담 후 중국으로 돌아갔다.

이번 장 주석 방북 결과와 관련하여 북한은 첫째, 조선중앙방송(9.6)을 통해 "두 최고수뇌들이 각각의 정치, 경제 형편들을 상호 통보하고, 북·중 친선 발전과 국제 정세를 비롯한 공동관심사들에 의견을 교환, 폭넓은 견해 일치"를 본 것으로 밝혔다.

둘째, 양국의 정책과 관련해서는 "김 위원장이 중국의 특색 있는 사회주의 현대화건설 성과와 3가지 대표 사상[33] 그리고 '하나의 중국'

---

32) 북한과 중국은 공동성명을 채택하지 않고, 중국은 9.5 당 대외연락부 기자회견을 통해, 북한은 9.6 『상보』(중통 및 중.평방 보도)를 통해 회담 결과를 발표하였다.

33) 2000년 2월 장 주석이 최초로 제기한 당 지도사상으로서 중국공산당이 ① 선진 사회 생산력의 발전 요구, ② 선진 문화의 발전 방향, ③ 광범한 인민의 근본 이익을 대표해야 한다는 이론이다.

원칙을 지지하였고, 장 주석은 남북관계 개선을 위한 최근 북한의 조치와 북한의 대미 및 대유럽 동맹 등과의 관계 개선 및 정상화에 대한 지지를 재천명"한 것으로 보도하였다.

셋째, 지원 문제와 관련해서는 "중국이 식량 20만톤과 디젤유 3만톤을 무상 원조하며, 이에 북한이 사의를 표명"한 것으로 언급하였다.

넷째, 향후 양국관계와 관련해서는 "쌍방이 고위급 교류의 전통을 유지하고 여러 분야에서의 협조 강화와 친선협조관계를 보다 높은 단계로 발전시키기 위해 노력할 것에 합의"한 것으로 전하였다.

한편 중국도 언론 브리핑(9. 5)을 개최, "당 및 국가의 고위급 왕래전통 계승, 청소년을 포함한 제분야 인적 교류 강화, 김 위원장 서울답방 문제는 남북협의 문제, 미국의 미사일 방어체제(MD) 추진과 관련하여 중국은 한반도 평화와 안정을 위해 노력할 것이며, 대량 살상무기 확산을 반대"하고 있음을 추가로 소개하였다.

## IV. 북한의 대중 · 러 정상회담 평가

### 1. 북 · 러 정상회담

북한과 러시아는 「북 · 러 공동선언」을 통해 '국제 문제와 쌍무 관계 문제'에 대한 합의를 발표하였으나, 자국 고유의 이해관계도 각각 추구하는 모습을 보여 주었다.

북한의 경우 '강성 대국' 건설과 대미 협상력 증진을 위한 기반을 확보하였다. 이를 위해 북한은 정치적으로 푸틴 대통령과의 정상회담을 통해 정통성을 강화하는 한편 대미 공동대응 방안을 모색함으로써

'정치 강국' 위상을 제고하고, 경제적으로는 경협 확대[34]와 기업소(특히 전력 분야) 개선 등을 통해 '경제 강국' 건설을 도모하였다. 또한 군사적으로는 미사일 계획의 평화적 목적과 주한미군철수 문제를 제기하여 미국의 대북 강경 노선에 대한 대응카드를 마련하고, 러시아 군사무기 구매와 부품의 장기 확보를 통해 '군사 강국' 강화를 지속한 것으로 평가된다.

러시아 경우 '초일류 대국'으로의 재도약과 대미 협상력 강화를 위한 기반을 마련하였다. 이를 위해 러시아는 정치적으로 대북관계 강화와 중단된 남북대화 중개자 역할을 통해 대한반도 영향력 증대를 도모하고, 경제적으로는 시베리아 횡단 철도(TSR)와 한반도 종단 철도(TKR)의 연결을 통해 남·북·러 3각 경협의 실익 확보와 시베리아 개발을 적극 추구하였다. 또한 군사적으로는 러·북·중 3각 연합전선의 형성[35]을 통해 미국의 미사일 방어체제(MD)를 저지하기 위해 노력한 것으로 평가된다.

향후 북·러 관계를 전망해 볼 때, 북한과 러시아는 이념적 연대감을 상실하였지만 상호 협력의 필요성으로 인해 첨예한 이데올로기적 갈등을 회피해 가면서 관계를 개선해 나갈 것이다. 러시아는 한반도에 대한 영향력의 지속적 확보와 아시아·태평양으로의 진출을 위해, 북한은 체제 유지와 현실 적응을 위해 원만한 양국관계의 유지를 희망할 것이다. 따라서 양국은 과거 이데올로기적, 군사적 영역 중심의

---

34) 교역 확대, 구소련 시대 건설된 공장들의 재가동, 철도의 현대화, 원유의 장기적 확보 등.

35) 북한에 대해서는 탄도탄요격미사일협정 강화에 대한 지지를 확보하는 동시에 미사일 개발 시험 발사 유예 태도를 지원하고, 중국에 대해서는 「친선우호협력조약」을 체결(2001. 7. 16)함으로써 MD 관련 대미 협상 기반을 구축.

동맹적 국가관계에서 벗어나 정치, 경제적 영역 중심의 정상적 국가 관계를 형성하기 위해 노력할 것이다.

## 2. 북·중 정상회담

장 주석의 방북은 한·중 수교 이후 다소 소원했던 양국관계를 해소했다는 데 그 의미가 있다. '쌍방 지도자간의 교환 방문'이라는 과거 관행을 되살림으로써 유대를 한층 강화했으며, '지난 11년 동안 중조 친선은 역사의 시련을 이겨내고' 등을 언급[36]함으로써 장 주석은 내년 은퇴 이전에 자신의 임기 동안 소원했던 양국관계를 정상화하려는 노력을 보여 주었다. 이에 김 위원장은 장 주석의 '3개 대표론'을 지지하고, 장 주석은 '조선식 사회주의'를 언급하였다. 이는 불필요한 이념 논쟁을 지양하고 경제면에서는 '각자의 특색 있는 방식'을 존중하려는 양측의 배려 결과로 보여진다.

이번 정상회담을 통해 북한은 양국관계의 복원과 경제 지원 확보 등 정치, 경제적 우호 협력 관계를 강화, 발전시키는 데 주력하면서, 지난 8월 김 위원장의 방러에 이어 본격적인 남북 및 북미 대화를 재개하기 위한 입지를 구축한 것으로 평가된다.

중국은 한반도 안정과 평화를 위한 남북관계 개선에 비중을 두고 북한의 적극적인 자세와 전향적 태도 변화를 촉구함으로써 대 한반도 영향력을 확대하는 데 주력하는 모습을 보여 주었다.

그리고 북, 중 양국 차원에서 종합적으로 볼 때, 장 주석의 방북은

---

36) 2001. 9. 3. 환영연회에서의 장쩌민 주석 연설.

친선적 동맹관계에 기초한 양국관계의 정상화를 의미한다. 과거 냉전기 북·중 관계는 '순망치한(脣亡齒寒) 관계' 또는 '혈맹(血盟)관계' 또는 한 동맹국이 무력 침공을 받았을 때 다른 동맹국이 핵심적 가치인 물질, 영토, 인적 대가(cost)를 피침 국가에 동일한 수준으로 치를 용의가 있는 '협력적 동맹(partnership alliance)관계' 로 특징화되었다. 그러나 협력적 동맹관계가 복원되는 것은 아니다. 국가 이익 중심의 국제 정세와 실리 중시의 중국정책기조에 따라 향후 북·중 관계는 혈맹관계가 아닌 '우호관계' 로, 협력적 동맹관계가 아닌 '보호적 동맹(protectorate alliance)관계' 로 발전하게 될 것으로 예상된다.

## V. 동북아 및 남북관계에 미칠 영향

### 1. 동북아 정세에 미칠 영향

첫째, 탈냉전 이후 국제 질서를 주도하려는 미국과 이를 견제하면서 다극화된 국제질서를 형성하려는 중·러 간의 대립은 동북아 안보에 부정적인 영향을 미칠 수 있다. 특히 MD 계획을 강행하고 있는 부시 미 행정부와 ABM 조약의 보존, 강화 입장을 취하고 있는 푸틴 러시아 정부 간의 대립은 중·러·북 3국 간의 안보 협력을 더욱 긴밀히 할 것이다. 그러나 러시아는 구소련 공화국 이외의 국가들과는 군사동맹을 맺지 않는다는 정책을 수행하고 있기 때문에 냉전 시대와 같은 북방3각 군사동맹으로 발전되지는 않을 전망이다. 다만 부시 미 행정부와 고이즈미 일본정부 출범 이후 한·미·일 3국 공조가 차질을 빚고 있는 상황에서 중·러·북 대(對) 미·일의 대립이 심화될수록 우리 정부의 외교적 입지는 상당히 제약될 가능성이 높다.

둘째, 동북아 정세 차원에서 볼 때, 북한·중국·러시아의 신북방 삼각관계 복원을 시사한다. 부시 행정부 출범 이후 미국이 북한을 불량 국가(rogue state)로 규정하고 MD체제 구축을 일방적으로 진행시키자, 러시아, 중국, 북한은 이에 대응하기 위해 북방삼각관계를 복원하는 모습을 보여 주고 있다. 지난 7월에는 장쩌민 주석이 모스크바를 방문, 푸틴 대통령과의 정상회담을 통해 양국관계가 전략적 동반자관계임을 천명하였고, 8월에는 김정일 국방위원장이 답방 차원에서 모스크바를 방문, 북·러 정상회담을 통해 양국관계 발전과 국제 문제 공조를 강조하였다. 그리고 9월 북·중 정상회담을 개최하여 북한, 중국, 러시아 사이의 양자 정상회담을 마무리함으로써 북·중·러 삼국관계가 전략적 동반자관계 또는 친선적 동맹관계임을 대외적으로 과시하였다.

그러나 신북방삼각관계는 냉전기 북방삼각관계와는 그 성격에 있어 다소 차이가 있다. 냉전기 북방삼각관계는 사회주의 이데올로기에 기초한 일방적 지원(사회주의 우호가격) 중심의 군사적 동맹관계의 특징을 지녔다. 반면에 최근 형성되고 있는 신북방삼각관계는 러시아의 시베리아 개발 의지, 중국의 사회주의 대국 건설 의지, 북한의 경제강국 도약 의지와 같이 실리에 기초한 상호 교류(국제시장가격과 경화결제) 중심의 경제적 협력관계 특징을 보다 많이 띠고 있는 것으로 볼 수 있다. 다만 미국의 MD 추진문제와 관련해서는 북한, 중국, 러시아가 안보적 차원의 공동 대응을 협의하고 있는 것으로 보인다.

셋째, 장 주석의 방북은 신북방 삼각관계의 형성에도 불구하고 동북아 정세에 긍정적 영향을 줄 수 있다. 중국은 '중화민족 위대부흥'

이라는 구호 하에 21세기는 중화민족의 시대가 될 것임을 자부하면서, 경제 발전과 정치적 위상 제고에 적극 나서고 있다. 따라서 중국은 WTO, 즉 세계 무역기구 가입과 더불어 2008년 베이징 하계 올림픽의 성공적 개최를 위해 미국을 비롯한 서방 국가들의 협력이 절대 필요하기 때문에, 미국의 미사일 방어체제 구축을 비판하되, 신북방 삼각관계가 대미 대결 구도로 고착되는 것은 자제할 것이다.

넷째, 장 주석의 대미 화해적 자세는 북미관계 개선에도 긍정적 영향을 줄 것이다. 지난 8월 뉴욕타임즈 발행인과의 인터뷰에서 장 주석은 중국의 대미 관계 개선 의지를 밝힌 바 있고, 이번 김 위원장과의 회담에서도 이를 적극 권유한 것으로 알려진다. 경제난 해결을 통해 경제 강국을 건설하려는 북한 또한 대미 관계 개선을 지연시키거나 악화시키려는 의도는 없는 것으로 보인다. 따라서 북한으로서는 냉전 시대에 구사하였던 균형(balancing)전략 즉 동맹국과의 관계 강화를 통해 강대국의 외교전략에 대응하였던 전략을 이번 회담을 통해 회복함으로써 탈냉전기 대미 전략인 편승(bandwagoning)전략 추진 기반을 강화한 것으로 평가할 수 있을 것이다.

## 2. 남북관계에 미치는 영향

### 1) 북·러 정상회담의 영향

「모스크바 선언」의 합의 사항 중 남북관계 개선에 긍정적으로 영향을 미치는 요인은 다음과 같은 것들이다. ① 러시아의 남북 대화 지지(제7항), ② 러시아의 북한의 유럽 국가 및 국제 기구들과의 관계 정상화 환영 - 러시아의 북한의 대미·일 관계 개선 희망(제8항), ③ 시베리아 철도 연결 사업의 본격화(제6항), ④ 북한기업소 개선 사업에 외부인입자금 허용(제5항), ⑤ 그러나 무엇보다 중요한 것은 북한 당국이 경제난 해결이 절박하다는 것을 인정하는 점이다(제3, 4, 5, 6항), ⑥ 또한 북한이 나름대로 평화를 강조하고 있다는 점도 남북관계 개선을 통한 평화 공존의 가능성을 엿보게 한다. 예컨대 북한은 국제 분쟁의 평화적 협상 해결을 강조(제1항)하고, 북한의 미사일 개발은 평화적 목적에 있음(제2항)을 천명함으로써, 북ㆍ러 우호 협력이 세계 평화에 기여(제3항)할 것임을 강조하고 있기 때문이다.

그러나 다음과 같은 부정적 요인들이 있음도 간과해서는 안된다. ① 북한의 미사일 개발을 자주권의 문제로 강조(제2항)하고 있다. 이것은 향후 북ㆍ미 협상과정에서 북한이 경제적 실리를 최대한 확보하면서, 생존권 보장차원에서는 궁극적 포기가 불가능함을 시사한다. 따라서 미국이 강제적으로 이 문제를 해결하려고 시도할 경우, 러시아의 반발을 초래할 가능성이 높다. ② 주한미군철수 공론화(제8항)이다. 최근까지 러시아는 주한미군 문제에 대해 공식적 입장을 천명하지 않았으나, 비록 '이해를 표명하였다'는 수준일지라도 공동성명에서 언급되었다는 점에서 미국 입장으로서는 대단히 유감스러운 부분이 될 수 밖에 없다. ③ 전력부문 기업소 개선 문제(제5항)이다. 미국은 북한 핵 및 미사일 문제를 해결하기 위해 전력 지원 문제를 협상카드로 사용하고 있는 바, 러시아의 대북지원은 미국의 대북 협상력 약화로 인식할 수 있다. ④ 북ㆍ러간 점진적인 군사관계 확대와 북한의 군사 현대화 문제(제4항 추정)이다. 러시아의 대북 군사 무기 판매와 합작 생산 문제는 우리 정부의 대북 포용 정책과 한반도 안보에 부정적인 영향을 미칠 수 있다. 이는 남북한 내 강경파의 입지를 강화하게 되어 우리 정부의 대북지원 및 지원성 경협의 제공이 난관에 부딪치게 될 가능성이 있다. 또한 북한의 러시아 첨단무기 도입은 미국을 자극할 수 있으며, 재래식 무기 감축 문제를 한국에 일임하는 문제를 고려하고 있는 미국의 정책에 영향을 미칠 수 있다. 그러나 러시아는 한반도의 군사적 균형을 고려하여 최신 군사 무기를 북한에 대량으로 판매하지 않을 것으로 보인다.[37]

　다만 구소련의 무기 체계를 갖고 있는 북한은 노후된 장비를 교체하기 위한 부품의 공급을 러시아로부터 장기적으로 확보할 수 있을 것이다.

　따라서 남북관계 개선과 관련해서는 위와 같은 긍정적, 부정적 요인이 상존하고 있는 것으로 분석된다. 다만 북한이 경제적 실리 확보와 대미 협상 기반을 확보한 점에서 러시아 또한 경제실익 확보 차원에서 남북대화를 적극 지지하고 있는 바, 금번 북·러 정상회담이 남북대화의 재개, 나아가 제2차 남북정상회담 개최의 긍정적인 계기가 될 수도 있다.

　문제는 북·러 공동선언이 남북관계에 직접적 영향을 미친다기보다는, 미국이 러시아와 북한의 이 같은 태도를 어떻게 이해하고 대응하느냐가 향후 남북관계 방향을 결정짓는 데 보다 큰 영향을 미치는 것이라 할 수 있다. 따라서 미국이 대러시아·중국 정책 및 대북한 정책을 강경 일변도로 지속할 경우, 동북아에는 새로운 대결 구도가 조

---

37) 클레바노프 군수 담당 부총리를 '한·러 경제 과학 기술협력 공동위원회'의 러시아측 위원장으로 임명한 바 있는 러시아 정부는, 최근 그를 '조·러 경제 무역 및 과학기술 협조위원회'의 러시아측 위원장으로도 임명(2001. 4)하였는 바, 남북한에 대한 무기 판매 노력이 강화될 것으로 예상됨.

성될 것이다. 그 결과는 러·중·북 대 미·일 그리고 애매 모호한 태도의 한국(3:2:1) 구도로 나타날 수 있다. 그러나 미국이 김정일 국방위원장의 방러를 경제 대국 건설을 위한 북한식 대외 개방 정책으로 이해하고 대북 온건 노선으로의 전환과 대북 협상에 착수케 될 경우, 남북관계 또한 진전될 수 있다. 다만 그 속도는 당분간 급진전되기 어려울 것으로 예상된다.

### 2) 북·중 정상회담의 영향

첫째, 장 주석의 방북은 남북관계에 긍정적 영향을 줄 수 있다. 지난 7월 장 쩌민 주석은 '남북 대화와 협상을 통한 관계 개선과 한반도 자주 평화 통일에 대한 지지'를 천명한 바 있고, 이번 회담에서도 양 정상이 이에 대해 합의한 것으로 알려지기 때문이다. 게다가 북한은 장 주석의 방북 하루 전 임동옥 조평통 부위원장 명의로 남북 대화 재개를 6개월만에 제의한 바 있다. 다만 남북 관계 개선 속도는 미국의 대북정책 유연화, 한국 국내 정세의 안정화 그리고 북한당국 의지의 성실성 여부에 의해 영향을 받을 것으로 보인다.

둘째, 중국이 꾸준히 북한에게 개혁 개방을 권유하고 있기 때문에, 북한의 정책 변화에도 제한적이지만 긍정적 영향을 줄 것이다. 그러나 북한이 중국식 개혁 개방을 수용하기는 쉽지 않다. 김정일 위원장의 표현에 따르면, 국토의 종심이 짧기 때문에 개방을 하면 체제 전복 위협에 쉽게 노출될 수 있기 때문이다. 따라서 북한은 개성공단 사업과 같이 내부 체제 및 국내 경제와는 단절되고 영향을 미치지 않는 특정 지역을 특구로 설정한 후 외자 유치를 통해 외화 획득과 경제 발전을 도모하는 발전 전략을 선택할 수밖에 없다. 즉 북한은 소극적 개

혁, 적극적 개방 또는 개혁 없는 개방 또는 통제된 개방을 더욱 확대
할 것으로 보인다.

이상과 같은 북한의 대중·러 정상회담 결과를 놓고 볼 때, 김정일
국방위원장의 서울 답방은 성사될 가능성이 높다. 남북정상회담의 합
의 사항일 뿐만 아니라, 북한 당국의 의지 또한 다양한 경로로 확인되
고 있으며, 주변 국가 및 국제 회의의 권유도 매우 강하기 때문이다.
그러나 남한주민의 환영열기 저조 가능성의 문제와  경호상의 문제
그리고 미국의 대북/대중·러 정책이 보다 유연해지지 않을 경우, 제
2차 정상회담 시기는 순연될 가능성이 크다. 북한이 현재 대남관계 보
다 대미관계에 정책적 우선 순위를 두고 있음을 고려할 때, 북·미 및
북·일간의 현격한 입장 차이로 북·미 관계와 북·일 관계가 정체될
가능성 또한 배제할 수 없기 때문이다.

## VI. 우리의 대응 방향

이 같은 상황에서 우리가 해야 할 일은 무엇일까? 균형적 감각을 갖
고 화해, 협력 정책에 기초하여 한반도 대내외 문제를 차분히 풀어나
가도록 노력하는 것이 필요하다.

첫째, 먼저 첨예한 이해 대립이 나타나기 쉬운 한반도 정세 속에서
우리는 민족의 화해와 동북아 평화와 번영을 이룩하기 위해 균형적
역할을 신중히 감당해야 한다.

이를 위해, 북한의 대중·러 정상회담 결과에 대해 지나치게 예민
하게 반응하지 않도록 해야 한다. 신북방 삼각관계는 대남 견제 차원
에서 조성된 것이 아니라, 미국의 일방적인 MD체제 구축노력에 공동

대응하면서 다극화된 국제 질서를 창출하고 북한, 중국, 러시아 각국의 대미 현안에 대한 협상력을 제고하려는 의도에서 이뤄진 것이라 할 수 있기 때문이다. 또한 이들 3국은 모두 경제 발전을 위해 미국과의 우호적 관계를 희망하고 있기 때문이다. 다만 우리로서는 신북방 삼각 관계 강화가 우리의 대중, 대러, 대북 관계에 부정적으로 작용하지 않도록 유념할 필요는 있다.

미국의 미사일 방어체제 구축 노력과 북·중·러 신북방 삼각관계 복원이 동북아에서 군사적 대립과 긴장을 초래하지 않도록 우리의 입장을 분명히 할 필요가 있다. 미국과 러시아, 중국이 MD 계획 문제를 둘러싸고 첨예하게 대립하고 있는 바, 우리 정부는 주변국과의 관계를 고려하여 'MD 계획 문제가 협상과 대화로 해결되기를 희망한다'는 중립적인 입장을 취할 필요가 있다.

한편 우리 정부와 언론은 주한미군철수 주장에 너무 민감할 필요가 없으며, 이는 한 미간 문제라는 기존의 입장을 견지해야 한다. 북한의 의도는 향후 대미 협상에서 유리한 고지를 점하려는 데 있기 때문이다. 또한 러시아는 군사 무기 판매의 확대를 위해 남북한 이중카드를 사용하고 있는 바, 우리의 무기 체계가 훼손되지 않는 범위 내에서 그리고 경협차관 미상환액의 상계차원에서 러시아 방산 물자를 단계적으로 구매하는 것도 고려할 필요가 있다.

또한 동북아 경제 협력 사업에는 적극적으로 참여하는 것이 바람직하다. TSR-TKR 연결은 '철의 실크로드' 개척을 의미하여 우리에게 경제 발전의 전기를 마련해 줄 수 있기 때문에 과감한 투자를 적극 고려할 필요가 있다. 러시아는 약 20억달러가 소요되는 북한 철도 현대화에 10억 달러를 투자할 의도가 있는 것으로 알려져 있는 바, 우리 정부도 10억 달러 투자하는 방안을 면밀히 검토중이다. 유럽으로 가는 컨테이너의 경우, 철도 연결시 해상로보다 약 15일 적게 소요되고 컨테이너 당 수송비를 약 300달러 절약할 수 있어 우리 수출품의 국제 경쟁력을 제고할 수 있다. 컨테이너를 연간 50~100만 개 수송한다고 가정할 경우, 10억 달러 투자시 3~6년 내에 투자비 회수가 가능할 것으로 추산된다.

그리고 제2차 남북정상회담이 성사되어 한반도 평화 정착의 기초가 다져질 수 있도록 우리 정부는 주변 4국과 우호적 관계를 지속해야 한다. 중국과 러시아의 외교 채널을 활용하는 한편, 미국의 대북 강경 정책의 강도를 완화시키기 위해 미 의회 로비 등 외교적 노력을 기울여야 할 것이다.

둘째, 대북 관계에 있어 화해 협력 정책은 지속해야 한다. 21세기 민족의 생존과 번영을 위한 길에 있어 다른 정책은 없기 때문이다. 다만 지나친 햇볕은 화상과 일사병을 초래할 수 있다는 점을 고려해야 한다. 그리고 상대방의 입장을 배려하여 위화감을 주지 않는 동시에 자존심을 손상하지 않는 범위 내에서 추진해야 할 것이다. 따라서 김정일 위원장의 서울 답방과 남북관계 개선 속도를 재촉하지 않는 것이 바람직하다.

셋째, 국내적으로는 대북 정책과 관련해 제기된 비판 여론 가운데 타당한 지적은 겸허히 수용하여 남북 대화를 추진해야 한다. 지금 여기서 함께 사는 국민과의 화합 없이 미래 통일 조국에서 함께 살 동포와의 화해는 불가능하기 때문이다. '8.15 평양 행사'와 관련한 보수 대 진보 여론의 충돌과 통일부장관 해임 건의 또한 이중적 측면이 있는 것으로 볼 수 있다. 민주주의 사회에는 다양한 의견이 존재할 수

**〈표 1〉 8개 합의사항 분석**

| 분야 | | 주요 내용 | 지역 | | | 분야 | | | 제안 |
|---|---|---|---|---|---|---|---|---|---|
| | | | 국제문제 | 쌍무문제 | 남북문제 | 정치 | 경제 | 군사 | 국가 |
| 1 | 정의로운 새 세계 구조 | ·유엔의 주도적 역할 강화<br>·국제분쟁 평화적 협상으로 해결 | ○ | | | ○ | | | |
| 2 | 미사일 문제 | ·ABM 전략적 안정 초석<br>·북한 미사일 계획은 평화적 목적 | ○ | △ | △ | | | ○ | R |
| 3 | 양국관계 발전 | ·양국우호협력은 세계평화에 기여 | | ○ | | △ | △ | △ | |
| 4 | 여러 분야 쌍무협조 발전 | ·정, 경, 군, 과기, 문화 등<br>다양한 분야 관계 개선 | | ○ | | △ | △ | △ | |
| 5 | 경제협력(전력) | ·북한 기업 개선 지원(전력 등)<br>·외부 재정 원천 인입 허용 | | ○ | △ | | ○ | | NK<br>R |
| 6 | 철도 연결 | ·철도수송로창설(남북한, 러시아, 유럽) | | ○ | △ | | ○ | | R |
| 7 | 남북공동선언 지지 | ·6. 15공동선언에 입각한<br>남북한 자주적 통일 노력 지지 | | | ○ | ○ | | | |
| 8 | 주한미군철수 | ·주한미군철수는 한반도<br>평화, 안정에 기여 | △ | | ○ | △ | | ○ | NK |
| | 총 계 | | 2(3) | 4(5) | 2(5) | 2(5) | 2(4) | 2(4) | |

○ : 중심 의제, △ : 보조 의제

있어야 하며, 동시에 자유롭게 개진되고 토론될 수 있어야 한다. 이런 맥락에서 볼 때 최근 일련의 국내 논쟁은 우리의 대북 정책 방향과 속도에 대한 국민 여론 수렴 과정이라는 점에서 긍정적으로 볼 수 있다. 그러나 나와 다른 의견을 존중하는 관용의 정신이 결여되고, 통일 문제가 정략적으로 이용될 때, 자유민주주의는 훼손되고 우리 민족의 장래가 어두워지게 될 수도 있다는 점도 동시에 유념해야 한다.

이와 같은 정책 기조 위에 남북 당국 대화를 재개하고, 주변 4국과의 관계를 만들어 나갈 때, 다시 한반도에는 화해와 협력의 분위기가

## 〈표 2〉 북·러 / 한·러 주요 선언 비교분석

|  | 북·러 모스크바 선언(2001. 8. 4) | 북·러 평양선언 (2000. 7. 19) | 북·러「친선선린협조조약」 (2000. 2. 9) | 한·러 공동성명 (2001. 2. 27) |
|---|---|---|---|---|
| 1 | 정의로운 새 세계구조 | ④ 유엔의 중심적 역할강화<br>⑤ 자주적 권리<br>⑦ 국제테러 반대<br>⑨ 동북아 평화, 안정 협조 | ① 상호존중. 내정불간섭<br>② 침략과 전쟁 반대<br>⑦ 테러, 마약 반대 | ① 동북아 안보,안전 강화<br>⑤ 국제 테러 반대 |
| 2 | 미사일 문제 | ⑥ ABM은 전략적 안정초석/북한 미사일 평화적 성격/ TMD 반대 |  | ⑤ ABM은 전략적 안정초석<br>⑦ 미사일문제 대화 해결 |
| 3 | 양국관계 발전 | ① 양국관계 발전 (신조약정신 확인) | ③ 중요문제 정기적 협의 | ⑤ 상호존중, 평등발전 |
| 4 | 여러 분야 쌍무협조발전 | ⑩ 쌍무협조 발전 (무역, 경제, 과학, 기술) (공동건설기업소개선)<br>⑪ 국방, 과학, 문화, 관광 | ⑤ 쌍무협조 발전 (통상, 경제, 과학, 기술)<br>⑥ 의회, 정부, 사회단체간 관계 심화<br>⑦ 다양한 수준.다방면 접촉 활성화 | ② 다양한 수준 대화 협의 증진<br>④ 문화, 예술, 과학, 교류. 법률 교류 확대 |
| 5 | 경제협력 | ⑧ 호혜적 국제경제 협조확대 | ⑤ 투자촉진 위한 별도조약 체결 | ③ 경협활성화 (나홋카 공단/ 이르쿠츠크 가스전개발/ 어업협력/극동시베리아 분과위 설치) |
| 6 | 철도 연결 |  |  | ⑦ 철도연결 (TSR–TKR) |
| 7 | 남북공동선언 지지 | ③ 남북공동선언 지지 | ④ 자주, 평화통일, 민족 대단결 지지 | ⑦ 남북정상회담 지지 (러시아 역할) |
| 8 | 주한미군철수 |  |  |  |
| 특징 |  | ② 안전 위협시 지체없이 접촉<br>⑦ 종교극단주의, 다국적 범죄 반대 | ② 침략위기 발생시 즉각접촉<br>⑩⑪⑫ 절차문제 | ⑥ APEC, ARF협력<br>⑦ 한반도 핵위협 제거<br>⑦ 북한외교 확대 환영 |

조성될 것이며, 나아가 동북아 공동 번영의 초석을 놓을 수 있게 될
것이다.

## 3장
# 한반도 통일과 한국 기독교 :
## 국내적 과제를 중심으로

백종국 교수 | 경상대학교 정치행정학부

## I. 서론

김대중 대통령의 북한 방문이 성사되고 김정일 국방위원장의 남한 답방이 약속되면서 한반도는 통일의 기대로 들끓고 있다. 역사적인 6. 15공동선언을 통해 냉전으로 발생한 극도의 군사적 대치 상태가 이제 서서히 그 막을 내리고 있다. 남북정상회담은 불가피하게 남북 대화와 경제 협력을 증진시킬 것이며 50여 년을 끌어온 휴전협정도 평화협정으로 대치될 가능성이 높아졌다.

이처럼 통일에 대한 열망이 높아갈수록 우리가 처한 객관적 사실을 명료하게 검토해야 할 필요도 높아지고 있다. 오랫동안 우리는 통일에 대한 기대와 실망을 반복하면서 살아왔다. 더구나 지금처럼 통일을 둘러싼 견해들이 제각각이고 심지어 진실조차도 심하게 왜곡되어 유포되는 상황에서는 무엇이 진실인지 혹은 어떻게 해야 옳은지를 면밀히 검토해야 할 필요가 있다.

이 글의 목표는 다시 한 번 한반도를 둘러싼 정세를 간략히 검토해 보고 민족 통일을 위해 한국민들, 특히 한국의 기독교인들이 무슨 일을 해야 하는지를 제시하는 데 있다. 통일 문제는 이미 많은 각도에서 다루어졌고 이 글의 내용도 다양한 지면을 통해 개진된 바 있다. 그러나 아직도 본질적인 측면에서 커다란 변화가 없다는 점을 생각하면 한국 기독교인들의 역할에 대한 지속적인 강조는 꼭 필요하다고 말할 수 있다.

이 글에서는 먼저 동북아 체제의 성립과 한반도 통일 사이의 관계를 토론하고자 한다. 동북아 지역에서 발생한 소위 '4 + 2' 체제가 한반도 통일에 어떤 영향을 미칠 것이냐를 다룰 것이다. 그 다음으로는 이 국제 체제를 전제로 할 때 남북통일을 추구하려는 남한 국민들은 어떤 노력을 기울여야 할 것이냐를 다루고자 한다.

이 논문은 남북 통일의 이데올로기성 극복과 극단적인 반공주의의 타파라는 정치 문화적 차원을 강조하고자 한다. 마지막으로 한국의 기독교인들이 무엇을 할 수 있느냐를 다루고자 한다. 예컨대 진실과 정의를 추구하는 정치 문화적 공헌은 기독교인들이 아니면 쉽지 않은 근본적 과제이다. 여기에 십일조의 나눔과 같은 조직적 노력을 추가한다면 남북 통일에 대한 한국 교회의 공헌은 후세에 길이 남게 될 것이다.

## II. '4 + 2' 동북아 체제의 성립과 한반도 통일

20세기말이 보여 준 국제 체제의 변동은 몇 가지 점에서 놀랄만한 것이었다. 첫째는 동구사회주의권의 몰락이었다. 이로 인하여 전후에 성립하였던 양극 구조는 거의 소멸되었다. 둘째는 미국의 상대적 쇠퇴이었다. 2차 대전 후의 세계를 지배하였던 미국의 패권은 다양한 요인에 의해 상대적으로 쇠락하였다. 이로 인하여 동구의 패망 이후에 세계는 미국 중심의 단극 구조로 가는 것이 아니라, 도리어 매우 느슨한 다극 구조로 이행하게 되었다. 따라서 동북아에서 어떤 종류의 변화가 있었다면, 그것은 이 지역의 국제 체계도 매우 단단한 미–소 양극구조에서 보다 느슨한 4강의 다극 구조로 변화하였다는 사실이다.

물론 이러한 국제 체제변동의 보편적 서술이 동북아 지역의 특정적인 역사 구조를 잘 반영하고 있는지는 의문이다. 왜냐하면 전후 세계의 급변과는 달리 한반도를 둘러싼 동북아 지역의 구조에는 상당한 연속성이 관찰되기 때문이다. 예컨대 소련이 스스로의 모순을 견디지 못해 붕괴하였지만, 소련을 대신한 러시아가 유럽에서와는 달리 극동지역에서 여전히 막강한 군사적 강국으로 남아 있다. 중국은 2차 세계대전 직후부터 강국으로 출발하고 있었으며, 일본 또한 비록 패전한 상태였지만 이 지역의 강국으로 영향력을 발휘하고 있었다. 미국이 상대적으로 힘이 쇠퇴하였다고는 하나 아직도 이 지역에서 막대한 영향력을 갖는 주요 강국으로 남아 있다. 따라서, 민족국가 체계에 입각한 4강대국 체제와 남북한이라는 '4 + 2의 국제 구조'는 2차 대전 직후나 현재나 여전히 존재하고 있다고 볼 수 있다.

그러나 동북아의 국제 체계(international system)가 기본적으로 단단한 양극구조에서 느슨한 다극 구조로 전환하였다는 사실은 남북한 관계의 국제 체계를 파악하는 데 매우 중요하고도 기본적인 시사를 던져 준다. 예컨대 도이취(Deutsch)나 싱거(Singer)가 주장하듯이 다극구조로의 이행을 통한 대안의 확장과 대립 관계의 소멸로 인하여

보다 평화로운 교류와 협력을 보장할 수도 있다.[38]

또는 왈츠(Waltz)의 주장처럼 다극 구조로 인한 불가측성과 통제의 어려움으로 인하여 갈등의 가능성이 더욱 증가하게될 수도 있다.

동북아에 있어서 느슨한 다극 구조의 등장이 남북한 관계에 미치는 영향은 이 견해들의 종합으로 나타난다고 말할 수 있다. 도이취 (Deutsch)와 싱거(Singer)의 다극론과 왈츠(Waltz)의 양극론이 상호 배타적이며 대립적인 가설로 보였던 이유는 이 토론들의 규범적 목표가 안정된 국제 체계의 확립에 있었기 때문이다. 그러나 현실의 국제체계는 양극 구조에서 다극구조로의 전환을 통해 대안의 확장과 불가측성을 동시에 보여 주고 있다. 국제 체계 (international system)의 안정성은 구조 자체에 있는 것이 아니라 이 체계를 이루고 있는 규범과 제도를 안정적으로 유지하고자 하는 체계 내의 참여자들의 외교 전략에 달려 있다고 볼 수 있다. 따라서 논의는 국제체제 (international regime)의 규범과 전략에 대한 관심으로 넘어 가고 있다.

따라서 동북아 구조는 기회와 위험을 동시에 가지고 있다. 기회란 이 체제에 포함되어 있는 국가들이 취할 수 있는 정책적 대안의 확장을 의미한다. 위험이란 양극적 구조하의 질서를 부여했던 초강대국의 소멸로 말미암아 발생할 수 있는 어떤 국가의 모험주의적 태도 등이다. 실제로 이와 같은 기회와 위험은 한중간의 수교와 북한의 핵 개발이라는 사례 속에서 잘 나타나고 있다.

그럼에도 불구하고 대부분의 연구들은 남북한 관계의 개선과 협력

---

38) Karl W. Deutsch and J. David Singer, "Multipolar Power Systems and International Stability", *World Politics* 16 (April 1964), p. 390.

증진에 대하여 낙관적인 전망을 하는 경향을 보이고 있다. 예컨대 연세대의 안병준 교수는 냉전 구조의 소멸로 국지적 분쟁이나 경제갈등이 안보 위협의 진원이 될 수 있다는 점을 인정하면서도 "한편 점증하고 있는 경제적 상호 의존과 지역주의가 새로운 이익균형을 조성하여 기존하는 대결과 갈등을 무마하고 있다"고 주장하고 있다.

  남북한 관계에 있어서 상호 협조의 증가를 낙관하는 태도의 배후에는 사회주의의 몰락과 자본주의의 상대적 강화—다시 말하자면, 남한을 기준으로 볼 때, 적대적 세력의 몰락과 우호적 세력의 강화—에 대한 인식이 존재하고 있다. 어떤 연구는 이를 보다 노골적으로 표현하고 있다. 이 연구의 주장에 따르면, 러시아와 중국은 상대적으로 쇠퇴하였기 때문에 한반도에 영향을 미치기 어렵다고 보았다.[39] 또 이 연구는 "그러므로 한반도의 통일에 결정적인 영향력을 행사할 수 있는 것은 우방국인 미국과 우리와 인접한 일본이라고 하겠다 ……. 아시아 태평양 시대를 주도하는 가장 중요한 정치세력은 미국과 일본 그리고 한국이라고 하겠다."라고 주장하였다.

  그러나 이러한 낙관론은 그 희박한 근거 때문에 여러 측면에서 비판을 받을만 하다.  첫째, 사회주의권의 상대적 쇠퇴라는 일반적 사실이 동북아에 있어서 냉전적 위협을 제거하는 것은 확실하지만, 중국과 러시아의 군사력 소멸을 의미하는 것은 아니라는 점이다. 도리어 중국은 냉전적 군비 축소 압력에서 벗어나 보다 광범위한 군비의 현대화를 추구하고 있다. 러시아 또한 유럽지역에서와는 달리 방대한 극

---

39) 신희석, "미국과 일본의 한반도 정책", 『90년대 한반도 통일과 주변정세』 1992. 11. 27. 경상대학교 통일문제연구소, p. 3.

동합대를 가능한 한 유지하려 하고 있다. 반면에 미국은 이 지역에서 자국의 군사적 우위를 강조하지 않고 있다. 물론 일본의 군사력 증강은 눈에 띌 만하다. 그 경제 규모를 고려해 볼 때, 일본의 군사력은 장기적으로 이 지역에서 가장 강력한 규모로 성장할 것이다. 그럼에도 불구하고 이 지역에 배치되어 있는 군사력의 균형은 상당한 것이며 냉전적 군비 경쟁을 회피하고자 하는 미, 일의 국방 전략으로 보아 이 균형이 미, 일의 절대적 우세로 귀결될 가능성은 현재 보이지 않는다.

둘째, 남북한 관계는 현존하는 국력의 크기에 의해서만 영향을 받게 되는 것이 아니라 그들 국가 간에 형성되어 온 역사적 구조가 초래하게 되는 국민적 정서나 인식의 영향도 무시할 수 없다는 사실이다. 어떤 나라가 다른 나라에 영향을 미치려고 하느냐 하지 않느냐 하는 것을 단순히 국가 이익의 차원으로만 판단할 수는 없다. 1870년 비스마르크가 엠스의 전보를 사용하여 독—프 전쟁을 개전할 수 있었던 것과 같이 그 국가들 사이에서 형성되어온 역사적 관계에 대해 국민들이 갖는 인식과 정서가 국제관계에 많은 영향을 미칠 수 있다. 남북한 관계에 있어서도 동북아에 진출해 있는 4강대국들이 한반도의 상황에 의해 영향을 받을 수도 있고 줄 수도 있지만, 한국 전쟁에 직접 참여하여 교전했던 당사국들은 그렇지 않은 국가들보다 혈맹적 유대라는 관점에서 더 많은 관심을 가질 수밖에 없다. 다시 말하자면, 남한을 도왔던 미국과 북한을 유지시켰던 중국은 전후의 역사로 보아 러시아나 일본보다는 과거에 있어서나 미래에 있어서 한반도 문제에 더욱 적극적으로 개입하려 할 것임에 틀림없다.

셋째, 국제관계에서 국가간에 미치게 되는 영향력은 마치 공동체 권력 구조에서와 같이 실제적(actual)일 수도 있고 잠재적(potential)

일 수도 있다는 점이 고려되어야 한다. 각 국가가 남북한의 관계에 영향을 미칠 수 있는 국제적 권력 자원을 소유하고 있다는 사실과 이 자원을 실제로 사용하려 한다는 사실은 서로 다르다. 일차적으로 그 국가 의사가 보여 주는 직접적인 정도에 따라 다르고, 이차적으로 그러한 국가 의사가 반영되었을 때 기대하게 되는 기대치의 정도에 따라 다르다. 예컨대 일본은 많은 경제적 자원을 소유한 중국보다 더 크다고 할 수 있다. 그러나 북한 체제의 생존을 위해 반드시 일본의 많은 자원이 중국의 적은 자원보다 더 많은 영향을 미치게 되지는 않는다. 도리어 중국은 비록 상대적으로 적은 자원을 소유하고 있지만 북한을 유지시켜 주기에는 충분한(small but enough) 자원을 소유하고 있음으로써—특히 핵확산 금지 협정 탈퇴로 야기된 북한의 국제적 고립 상황하에서는—매우 높은 영향력을 행사할 수 있다고 볼 수 있다.

이러한 점들을 고려해 볼 때, 사회주의권의 쇠퇴로 남북한 관계에 대한 러시아와 중국의 영향력이 줄어들고 상대적으로 미국과 일본의 영향력이 증가하였다는 가설은 지지를 받지 못한다고 볼 수 있다. 도리어 남북한 관계에 있어서 미국과 중국의 중요성이 상대적으로 부각되고 있다. 남북한 관계에 있어서 미, 중의 중요성은 역사상으로 중요하게 다루어져 왔던 몇 가지 중요한 쟁점에 대한 가설적 관계를 검토해 볼 때 잘 드러날 수 있다.

첫째, 한반도 주변의 4강대국들이 남한 혹은 북한과 군사적으로 대립하고 있거나 대립할 가능성을 살펴보아야 할 것이다. 최근의 국제 정세가 안보라는 주제보다는 경제라는 주제를 강조한다고 해서 안보의 중요성이 약화된 것은 아니다. 도리어 경제라는 주제가 국가안보의 변동하는 성격을 반영한다고 보아야 옳다. 특히, 최근에 발생하고 있는 각 지역의 무력 분규들을 살펴볼 때, 안보 문제는 항상 그리고 매우 중요하다. 현실적으로 이미 남한과 미국 그리고, 북한과 중국은 상호 방위를 보장하는 동맹 조약을 통하여 군사적으로 대립하고 있다. 특히 이 조약들은 자동 개입 조항을 설정하고 있으므로 남한과 북한 어느 쪽의 도발이 바로 미국과 중국의 자동 개입을 초래할 것이라는 사실이 강조되어야 할 것이다. 이에 반하여 러시아는 이미 북한과의 동맹을 명목상의 수준으로 약화시켰으며, 일본은 어느 쪽과도 군사적 방위를 약속하고 있지 않다.

둘째, 한반도 주변의 4강대국들이 남한 혹은 북한과 경제적으로 대립하여 경제 봉쇄를 단행하였을 경우에 남한 혹은 북한이 치명적인 타격을 받을 수 있는가 하는 문제이다. 이 점에 있어서 남북한은 현격한 차이를 보이고 있다. 북한은 오랫동안의 자주 노선으로 인하여 매우 폐쇄적이고 독립적인 데 반하여, 남한은 오랜 수출주도형 개방 경제로 인하여 외부의 압력에 매우 취약하다. 특히 남한 수출입의 2/3 이상을 차지하고 있는 미국과 일본은 남한에게 있어서 매우 중요한 경제적 지주이다. 전반적으로 한반도에 대한 일본의 영향력은 잠재적이지만, 적어도 이러한 점에 있어서만큼은 현재적인 영향력을 가지고 있다고 말할 수 있다. 이와 동시에 중국은 북한의 생존에 있어서 매우 중요한 최후의 의지처(the last resort)이다. 특히 북한의 식량 생산이 애로에 봉착하거나 산업 생산의 증대로 유류 소비가 증가할수록 북한에 대한 중국의 영향력은 필수적이 되어갈 것이라고 보여진다.

셋째, 한반도의 상황이 자국의 이익에 불리하게 전개될 경우에 한반도에 무력 개입을 할 가능성이 있느냐 하는 문제이다. 이는 어떤 점에 있어서 군사적 대립과 표리관계를 이루고 있다고 말할 수 있다. 현

극동 4강 체제의 역사구조를 살펴볼 때, 이 가능성을 가지고 있는 국가는 미국과 중국뿐이라고 말할 수 있다.

남한에 대한 미국의 개입 가능성은 라틴아메리카에 대한 미국의 개입 가능성 보다는 못하지만 역사상으로 잘 알려져 있다. 문제는 북한의 운명에 대한 중국의 개입 가능성인데 불행하게도 이점에 대해서는 필자가 아직도 신빙성 있는 연구를 발견하지 못하고 있다. 그러나 북한의 운명에 대한 중국의 관심은 몇 가지 점에서 간접적으로 확인할 수 있다.

예컨대 최관장 교수의 연구에 따르면, 중국의 한반도 정책은 현상 유지를 목표로 하고 있으며, 이는 남한에 의한 흡수 통일도 반대한다는 입장을 의미한다고 한다. 만일 중국이 남한에 의한 흡수 통일을 반대하는 입장이라면, 남한에 의한 북한의 흡수 통일이 불가피한 상황이 전개되었을 때 한반도의 세력 균형을 위해 중국이 다양한 방식—군사적 개입도 포함하여—으로 개입할 여지는 충분하다고 보아야 할 것이다. 그러나 이와 동시에 고려해야 할 사항은 강대국의 노골적인 무력개입 가능성 때문에 피후견국들이 가지게 되는 외교 정책의 치우침(bias)이다. 바라츠(Baratz)와 바크라크(Bachrach)가 '무결정(nondecision)'이라고 불렀던 이러한 요인은 남북한의 정부들로 하여금 양 강대국들로부터의 노골적인 개입을 회피하는 방향으로 외교 정책을 스스로 조정하게 한다.

종합적으로 볼 때, 일단 남북한 관계에 미치는 미국과 중국의 현재적 영향력은 매우 신중히 검토되어야 할 대상이다. 특히 남한이 진실로 주체적 남북한의 통일을 원하고 있다면 이 점은 더욱 중요하다. 왜냐하면 남한은 북한보다 국제 체제의 영향에 더욱 노출되어 있기 때문에 자신의 이유가 아니라 다국간 간섭의 결과로, 마치 1895년 일본이 3국 간섭에 의해 요동반도에서 물러선 것과 같이, 자신이 경주했던 남북한 통합의 노력이 수포로 돌아가는 위험을 맛볼 수도 있기 때문이다. 이러한 측면 때문에 남북한 관계에 대한 미국과 중국의 태도는 중요한 주제로 부각된다.

위에서 언급한 바를 요약하면 다음과 같다. 동북아 지역의 국제 체제는 기본적으로 '2 + 2'의 양극 구조에서 '4 + 2'의 다극 구조로 전환하였다. 이러한 체제에 있어서 남북한 양국은 정책의 대안들이 매우 제한적이었던 양극 구조 하에서와는 달리 정책적 대안의 확장이라는 기회를 가지게 되었다. 물론 이와 동시에 모험주의적 태도에 의한 위기조성이라는 위험도 동시에 가지게 되었다.

어떤 기회가 주어졌다고 해서 어떤 국가가 그 기회를 당연히 활용하게 되지는 않는다. 일차적으로 그 정치 체제를 담당하고 있는 지배 연합의 선택이 이 기회의 활용을 좌우할 것이다. 이 지배 연합의 선택은 다양한 변수들, 예컨대 피지배 대중들의 여론이나 외부 변수들에 대한 정책담당자들의 해석여하에 따라 달라지게 될 것이다. 이차적으로 이 기회가 어떤 다른 요소, 특히 정권의 안보와 같은 가장 첨예한 문제와 충돌할 경우에 그 기회가 현재화될 가능성은 매우 적어질 것이다. 결국 문제는 만일 남한이 새로운 동북아 체제가 주는 기회를 활용하려면 어떤 역사적 대안을 가지는 것이 바람직할 것인가 하는 것과 이를 얼마만큼 다수 대중들에게 설득할 수 있느냐 하는 것이라고 볼 수 있다.

## III. 한반도 통일을 위한 남한의 정치 문화적 대안

한반도의 불안정은 1895년의 3국 간섭, 혹은 1950년의 한국 전쟁과 같은 결과를 초래할 수도 있다. 그럼에도 불구하고 기다리고만 있으면 북한체제가 자멸함으로써 남한이 별 노력 없이 흡수 통일할 수 있을 것이라는 소수의 무분별한 생각은 매우 어리석은 것이라고 보아야 할 것이다. 역으로, 통일의 시한을 상정해 놓고 객관적 여건에 대한 엄밀한 검토나 여건의 조성 없이 주관주의적 환상에 젖어 남북 통일의 대의만을 부르짖는 것 또한 위험하기 짝이 없는 일이다. 주어진 기회를 엄밀하게 파악하고 가장 현실 가능한 대안을 과감하게 실천하는 일이 중요하다.

동북아 체제의 변동이 한반도 통일에 일정한 기회를 준다는 점이 한반도 통일의 외부적 요인이라면 남북한 양측이 가지게 되는 한반도 통일 정책은 한반도 통일의 내부적 요인이라고 할 수 있다. 중요한 점은 우리가 일상적으로 남북한이라고 말할 때는 해당 영토 내에 있는 주민 전부를 의미하지만, 국제 체제에서 나타나는 사실상의 행위자는 그 남북한 지역을 지배하는 각각의 정부, 혹은 그 정부를 구성하고 지탱케 하는 지배 연합이라고 볼 수 있다. 다수의 피지배자들은 그들의 주권을 그 소수의 통치자들에게 위임하고 있거나 혹은 단순히 지배당하고 있을 뿐이라고 말할 수 있다. 따라서 각국이 어떤 성격의 지배 연합에 의해 지배당하고 있느냐 하는 것은 한반도 통일 문제에 있어서도 가장 중요한 문제하고 말할 수 있다.

따라서 현실적으로 볼 때 한반도 통일을 위한 '국민 전체' 의 정책적 대안과 해당 '정부' 의 정책적 대안은 서로 다를 수 있다. 정책적 대안

이전에 한반도의 통일에 대한 인식에서조차도 틈이 존재할 수가 있다. 이러한 틈이 존재하는 이유는 주로 그 체제가 성립되는 방식이 다르기 때문일 것으로 보인다. 아마도 그 체제가 보다 민주적일수록 이 대안들 사이의 괴리는 좁을 것이고, 그 체제가 보다 독재적일수록 그 대안들 사이의 괴리는 넓을 것이라고 추측할 수 있다. 이 논문의 주요 관심은 바로 이 남한 '국민들' 의 대안이라고 할 수 있다.

## 1. 민족 통일의 이데올로기성 극복

한반도 통일의 어려움을 검토할 때 가장 먼저 나타나는 문제는 이 주제의 이데올로기성이다. 한민족은 신라 시대 이래로 광활한 만주 지역을 민족 활동 무대에서 상실하고 주로 압록강 이남을 영역으로 하여 한 공동체를 이루어왔다. 따라서 1945년 양 강대국에 의한 분할 점령과 이에 따른 남북한의 분단은 양 지역의 국민들로 하여금 한반도의 통일을 최고의 가치 중의 하나로 인식하게 만들었다. 이 점을 기회로 하여 양 체제를 지배하였던 독재 체제들과 이 체제를 가능케 한 지배 연합들은 한반도의 통일을 자신들의 정치체제를 유지하기 위한 이데올로기로 유감없이 사용해 왔다.

북한의 김일성과 그의 지배 연합이 아마도 가장 대표적인 사례일 것이다. 이들은 해방 후 무려 45년 동안을 북한에서 독재 체제를 확립해왔다. 이러한 독재 체제 구축에는 그의 정치적 천재성과 항일 무장 투쟁 경력, 그리고 자신들이 촉발했던 한국 전쟁의 부메랑 효과 등이 커다란 공헌을 했다고 볼 수 있다. 그러나 이러한 요소들과 아울러 나타났던 매우 중요한 요소가 바로 그들이 결코 소홀히 해본 적이 없는 조국 통일에 대한 강조와 선동이었다. 북한의 지배층이 실시해 온 조국 통일에의 강조는 실로 효율적이고 집요하고 지속적이며, 거의 종교적인 수준의 것이었다. 아마도 대부분의 북한 주민들은 자신들이 조국 통일을 위해 희생을 치르고 있으며 또 희생해야 한다고 굳게 믿고 있는 것으로 보인다.

수준의 차이는 있을 수 있으나, 남한의 독재 정부들도 자신들의 정치 권력을 강화하기 위해 민족 통일을 이용해 왔다. 특히 박정희는 조국 근대화를 강조하는 것이 권력을 유지하는 데 점차 효용이 떨어진다고 느끼자 1972년에 매우 극적인 방식으로 통일 문제를 부각시켰다. 그는 국민들에게 통일을 위해 자신의 독재 권력 유지가 필수적이라고 강조하였으며 많은 인사들이 이 주장에 동조한 바 있다.

물론 이 독재자들과 이들의 정권들이 민족 통일을 전혀 열망하지 않으면서 오로지 권력 유지를 위해 민족 통일을 강조하였다고 말해서는 안될 것이다. 왜냐하면 그들도 한민족의 일원으로서 개인적 차원에서 진심으로 한반도의 통일을 갈망했을 가능성이 높다. 또 민족 통일을 강조하다 보면 자신도 모르는 사이에 스스로가 자신의 논리에 세뇌당하게 되는 수도 많았을 것이다. 지배 연합 뿐만 아니라 이에 도전하는 반지배 연합 세력들 중에서도 이와 유사한 상황에 빠져든 그룹들이 발견된다는 사실을 보아서도 잘 알 수 있다.

예컨대 한국의 어떤 급진 세력은 1980년대에 갑자기 민주화보다 통일을 강조하기 시작하였다. 소위 '주사파'라고 불리는 학생 운동의 일파가 이 흐름의 대표격이라고 말할 수 있다. 이들이 민주화보다 통일을 앞세우게 된 데에는 일면적으로 타당한 이유가 있다. 소위 '신식민주의'의 논리에 의하면 남한에서 민주화가 더디 이뤄지는 이유는 분단 상황에 있다는 것이었다. 따라서 분단 상황이 해결되지 않고서는 남한의 민주화도 불가능하다는 주장이었다.

그러나 더욱 내밀한 목표 중의 하나로서 민족 통일은 그 자체의 가치 때문이라기보다는 학생 운동의 지속성을 위한 도구였다는 견해도 가능하다. 제도화로 정착되지 않는 대중운동을 지속하려면 끊임없이 새롭고 신선한 주제를 개발해야 될 것이다. 그리고 가능한 한 뒤의 주제는 앞의 주제보다 강력해야 된다. 그 행태는 간혹 격렬하고 충격적이어야 할 것이다. 따라서 민주화라는 주제가 진부해지기 시작하면서부터 계급 투쟁과 민족 통일이 한 묶음으로 등장하게 된 것은 그다지 이상한 일이 아니다. 사실상 이러한 급진화의 추세와 이 추세가 가지는 오류는 1950년의 4.19 학생 혁명과 그 결과에서도 잘 관찰된다.

현실의 세계에서 민족 통일이라는 주제가 가지는 이데올로기성을 발견하고 이로부터의 탈피를 강조함으로써 우리는 다음 몇 가지의 유익을 얻을 수 있다. 첫째, 민족 통일을 이데올로기로 사용하여 다수 대중의 인식과 선택을 오도하고자 하는 시도들을 봉쇄할 수 있다. 둘째, 한반도의 통일을 과학적으로 인식함으로써 보다 합리적이고 창조적인 대안을 개발할 수 있다. 셋째, 합리적 대안 위에서 실질적인 노력을 기울임으로써 외부적 변수에 의한 기회조차도 최대한 활용할 수 있다.

## 2. 반공주의적 경직성의 타파

다행히도 최근의 연구들은 한반도의 통일이라는 과제를 합리적인 토대 위에서 인식하려는 노력을 기울이고 있다. 예컨대 남북한을 공히 하나의 독립된 국가로 인정하고 이들을 각각 자국의 이익을 극대화하려는 합리적 행위자로 보자는 시각들이 바로 그것이다. 이러한 태도는 남북한의 관계에 있어서 상호주의적 원칙의 적용과 같은 정책으로 나타나기도 하였다.

상호주의의 적용은 사실상 과거에 존재하였던 냉전적 과격주의와는 비교가 안될 정도로 이론적으로나 현실적으로 발달된 인식의 틀이다. 한국 전쟁 이후로 얼마전까지만 해도 북한과 남한의 주요 정책들은 상대방의 존재를 인정하지 않는다는 원칙, 예컨대 「할슈타인 원칙」과 같은 기준에 입각해서 형성되어 왔다. 이러한 상황하에서 상대방의 존재를 인정하고 평화적 협력을 증진시키려는 어떤 대안—예를 들면 당시 김대중씨가 제시하였던 4대국 교차승인론—들도 국가의 존재를 해치는 행위로 간주되어 엄중한 처벌을 받아 왔다. 물론, 이러한 정책은 국민 다수의 정책이라기보다는 국민 다수를 우중화하고 자신들의 정치 경제적 권력을 독재적 방법으로 영구화하려는 남북한의 지배연합들이 선택한 전략이라고 볼 수 있다. 이러한 점에서 본다면, 상대방의 존재를 인정하고 더구나 이 쪽에서 먼저 협력대안을 선택하는 행위는 엄청난 전략적 진보를 의미한다고 말할 수 있다.

이와 동시에 남북한 관계 또한 1990년대에 들어오면서 괄목할만한 진전을 이룩했다. 물론 이 관계의 성격에는 그 전 시대와 마찬가지로 자신이 장악하고 있는 지역의 지배를 공고히하기 위한 지배연합의 전략이 여전히 내포되어 있다. 그러나 1992년 2월에 합의된 '남북 사이의 화해와 불가침 및 교류 협력에 관한 합의서' 와 '한반도 비핵화에 관한 공동선언' 그리고 '남북 고위급 회담 분과위원회 구성 운영에 관한 합의서' 의 3대 문건은 확실히 과거의 정치선언적 문건들과는 다른 성격을 보여 주었다. 문서의 내용들이 매우 구체적이고 실행 가능한 조건들을 사용하고 있을 뿐만 아니라, 그 범위도 매우 현실적인 것으로 판단되기 때문이다. 이러한 합의 내용은 장기적으로 남북한 관계의 구조를 정착시키는 데 공헌할 것으로 기대되었다.

그러나 다수의 논평들이 지적하는 바와 같이, 1992년의 합의조차도 과거의 패턴에서 벗어나지 못하고 있다는 사실이 드러났다. 북한의 핵 문제로 야기된 긴장과 대결의 분위기 때문에 1992년의 합의는 사실상 그 기능을 발휘하지 못하게 되었다. 합의의 기능이 정지되었을 뿐 아니라 남북한의 평화적 통합이라는 기조를 무산시킬 수 있는 전쟁의 가능성조차도 논의되기 시작하였다. 이러한 긴박한 위험에도 불구하고 남한의 일각에서는 '흡수 통일'이냐 '평화 공존'이냐를 둘러싼 소모적인 논쟁을 펼치기도 하였다.

가까스로 진행되던 남북한 협력의 징후가 상호 비협력으로 퇴보하게 된 가장 기본적인 이유는 상호주의적 원칙이 가지는 방법론적 소극주의 때문이라고 할 수 있다. 사실상 상호주의는 현실에서 잘 적용되지 않는 것으로 보이며, 이론적인 측면에서도 많은 의문의 여지를 제공하고 있다. 상호주의는 강자의 논리이다. 불평등한 국력을 가진 국가들 사이에서 발생하는 상호주의적 협조는 어느 한 체제의 상대적 불이익을 유발하기 때문이다. 결과적으로 총체적인 국력이 약한 쪽이 반드시 상호주의적 게임에 참여하지 않으려 할 것이 자명하다. 예컨대, 다른 조건이 다 같은 권투 게임에서 플라이급과 헤비급을 '상호주의적으로' 맞붙이려 한다면, 플라이급 선수가 링 위에 올라가지 않으려고 하는 것과 같다.

상호주의에 입각한 국제 체제 형성이 강자의 논리라면, 남한측이 이 입장에 입각하는 한 '체제간의 협력증진'이나 '협력을 통한 평화적 통일달성'은 무망하다고 볼 수 있다. 왜냐하면 이 구조는 북한의 지배자들에게 상대적으로 불이익을 주기 때문이다. 남한의 지배자들이 이 입장을 고수하는 한 북한의 지배자들은 어떻게 해서든지 자신들만의 체제를 더욱 공고히 유지하려고 노력할 것이며 이것은 중국의 존재 때문에 현실 가능하다.

따라서 남북한 관계 개선의 이론적 기반은 마땅히 '비대칭주의'에 입각하여 전개되어야 할 것으로 보인다. 이 '비대칭주의'란 양국의 체제 내 구조와 체제 간 구조를 면밀히 파악하여 교섭의 결과가 이 구조에 공정하게 상응하도록 조정하는 태도를 의미한다. 예컨대 남북한의 핵 무기 통제문제에 있어서 북한의 '비대칭적 사찰'을 수용하는 것이 정당하다. 왜냐하면, 이 사찰의 결과는 양측 체제 혹은 체제간의 구조에 정당하게 상응하기 때문이다. 물론 이러한 비대칭성은 매우 정교한 검토와 창조적인 정치력을 요구한다. 왜냐하면 과도한 비대칭성은 협조라기보다는 굴복을 의미하기 때문이다. 상호주의의 입장에서 보면 파격적인 비대칭적 정책 대안이야말로 19세기 유럽 무역 체제에서 보는 바와 같이 상호협력을 증진시킬 수 있는 가장 현실 가능한 대안이다.[40]

남한측이 상호주의와 같은 방법론적 소극주의에 머무는 가장 큰 이

---

40) Arthur Stein, "The hegemon's dilemma: Great Britain, the United States, and the interantional economic order", *International Organization* 38 (Spring 1984) pp. 355-386. 이 논의에 대한 한국적 의의에 관해서는, 백종국, "자유무역, 공정무역과 국제체제: 19세기 유럽무역체제 분석을 통한 한국적 의의 고찰을 중심으로", 《한국과 국제정치》 8 (가을 겨울, 1992), pp. 265-293.

유는 아직도 남한 사회에서 무시할 수 없는 '반공주의' 때문이다. 물론 북한의 경직된 '주체 사상'도 남북한 관계 개선에 심각한 장애라고 볼 수 있다. 그러나 만일 현재의 남북한 관계가 남한의 대부분의 언론들이 주장하는 바와 같이 남한측의 현격한 국력 우세 및 국제 체제 상의 우세로 특정지어진다면, 남북한 관계 개선의 책임은 남한측에 더욱 귀착된다고 말할 수 있다.

사실상 상호주의적 전략은 매우 점진적이며 오랜 역사적 관찰을 요한다. 따라서 단지 22-23년 사이에 관찰되는 현상으로 상호주의의 실패를 점치기에는 아직 이르다. 만일 상호주의적 원칙에 따른다면, 북한의 비협력은 당연히 남한의 비협력을 유발한다. 문제는 이 상호 비협력이 북한의 비효용으로 판단되어야 할 터인데, 현재 관찰되는 상황으로 보아서 이 상호 비협력의 결과가 북한에 있어서 어떤 중대한 비효용으로 나타나고 있는지는 불분명하다는 점이다. 도리어 우리가 관찰하는 바는 과거 냉전체제 하에서 나타났던 바와 마찬가지로 맹렬한 대중동원과 '우리식 사회주의' 체제 수호의 부르짖음뿐이라고 말할 수 있다. 남측의 비협력이 북측에 주는 바는 협력을 유도하는 교훈이 아니라 냉전 체제로의 복귀일 뿐이다.

이러한 외교적 실패는 남한의 지배 연합 내부에 있는 반동복고적인 세력의 반공주의적 압력과 밀접한 관계가 있다. 냉전적 사고에 물들어 있으나 민주화의 흐름 때문에 영향력이 쇠퇴하고 있던 극우적 반공주의자들은 자신들의 영향력을 증대시키기 위해 정부 내의 진보적 인사들에 대해 대대적인 반격을 수시로 시도하고 있다.

이들이 이렇게 행동하는 이유는 이들이 오랜 동안 교육을 받고 실제로 체험했던 공산주의에 대한 인식 때문이다. 남북한은 1948년에 양

체제로 분단되면서 공산주의와 자본주의 간의 경쟁을 시작하였다. 이 경쟁은 필사적이었기 때문에 양 체제는 상대방의 이념이 모든 악의 근본이라고 선전하였다. 상대방 체제에 대하여 증오와 미움을 가지도록 하는 것이 양 체제가 수행한 선전전의 최대 목표였던 것이다. 더욱이 1950년에 시작되어 3년여에 걸쳐 진행된 한국 전쟁은 이러한 믿음을 체험으로 확증시켜 주었다. 믿을만한 자료에 의하면 양측의 주둔군들은 점령 지역에서 무차별 학살을 자행하였다고 한다. 그리고 이러한 참상은 상대방의 이념들이 지닌 성격상 불가피한 것이라고 주장되어 왔다.

불행하게도 이러한 태도는 잘못된 것이다. 어떤 전쟁에서 적국으로부터 피해를 입는 것은, 상대방의 이념이 나빠서가 아니라 우리가 상대방의 적이기 때문이다. 17세기 유럽에서 일어났던 30년 전쟁은 거의 동일한 종교적 신념 하에서 양측이 나뉘어 싸웠지만 역사상 어느 전쟁만큼이나 참혹하였다. 전쟁은 자본주의 국가들 사이에서도 일어나며, 공산주의 국가들 사이에서도 일어난다. 그리고 어느 전쟁이든 적대감이 높을수록 결과는 더 참혹하다.

만일 상대방이 이념을 버려야 타협할 수 있다고 주장하면, 상대방도 동일한 주장을 하게 될 것이고, 그렇게 되면 당분간은 작은 타협조차도 이루어질 수 없다. 작은 타협이 이루어지지 않으면 큰 타협도 이루어지기 어려우므로, 타협을 통해 평화적 통일을 달성할 수 있는 길은 요원하다. 요컨대 한반도의 통일에서 반공주의를 내세우는 것은 새로운 종교 전쟁을 시작하는 길이 될 수도 있다.

## Ⅳ. 한반도 통일을 위한 한국 기독교의 대안

### 1. 복음의 역사성에 대한 이해

복음 안에는 보편성과 역사성이 있다. 보편성이란 복음의 불변하는 내용이고 역사성이란 복음 안에서 나타나는 주님의 부르심이라고 할 수 있다. 예를 들면, 모세와 다윗과 예레미야와 바울이 다 그리스도의 역사를 구현하는 보편성을 지니고 있지만 각자에 대한 부르심의 역사적 형태는 달랐다. 모세는 히브리 백성을 가나안으로 인도하기 위해 부르셨다. 다윗은 가나안으로 이주한 이스라엘 백성들에게 왕국을 주기 위해 부르셨다. 예레미야는 그 왕국이 죄악으로 멸망하게 되리라는 경고를 발하기 위해 부르셨다. 바울은 그리스도의 구원이 이방인들에게도 해당됨을 가르치기 위해 부르셨다.

이러한 점에서 복음의 역사성이란 그리스도인들이 각자가 처한 상황에서 하나님이 어떻게 부르시는가를 깨우치기 위한 매우 중요한 기준이라고 말할 수 있다. 그렇다면 굶주리는 북한 동포를 돕는 일은 2000년대의 초입에 처한 우리 한국 그리스도인들의 집단이 구주 예수 그리스도로부터 받은 소명 중의 하나임이 분명하다. 이 시대에 과연 이만큼 현존하고 명백한 문제가 어디 있으랴. 온 세계가 이 문제에 관심을 가지고 있으며, 한국의 역할을 기대하고 있다. 아니 저명한 한국 교회의 모범을 기대하고 있다. 아무리 부정하려 해도 소용없다. 더구나 굶주리는 형제를 구원하는 일은 그리스도인들이 가장 먼저 해야 할 일 중의 하나라고 주님께서 말씀하셨다. 북한 동포들을 우리의 원수라고 생각해도 마찬가지이다. 성경은 네 원수를 사랑하고 그가 굶주릴 때 먹이라고 말씀하셨다. 그럼으로써 원수를 극복하게 될 것이라고 말씀하셨다.

## 2. 진실에 대한 이해 증진시키기

북한 동포 돕기에는 한가지 기본적인 문제가 있다. 과연 그들이 굶주리고 있느냐 하는 문제이다. 우리는 진실을 알아야 한다. 예컨대 김영삼 정부의 고위관리였던 이호씨는 북한 식량의 부족분이란 7만 여 톤 정도에 불과하다고 말한 적이 있다. 만일 이 말이 사실이라면 북한 식량 문제는 공연한 소동에 불과하다. 북한 당국이 하는 일을 보면 또한 식량난이란 소문에 의심이 가지 않을 수 없다. 북한 당국은 김일성의 사망 3주기를 맞이하여 방대한 사업을 벌였다. 한국 정부의 추계에 따르면 거의 2천7백억 원에 해당하는 예산을 낭비하였다고 한다. 만일 이 사회가 식량이 바닥날 지경에 이르렀다면 어찌 이러한 일이 쉽게 일어날 수 있을까?

그러나 남북한 당국들의 태도를 제외한 거의 모든 다른 객관적인 소식통들은 북한의 식량난은 진실이며 쉽게 해결될 기미가 보이지 않는다고 말하고 있다. 유엔 식량 기금이나 유엔 아동 기금과 같은 국제 구호단체들이 가져오는 소식과 사진들은 북한 동포들이 얼마나 굶주림에 시달리고 있는지를 잘 보여 주고 있다. 이 보다 훨씬 더 심한 소식들을 전하는 개별적인 소식통들도 있다. 그렇다면 도대체 무엇이 진실일까? 유엔이나 기타 다른 객관적 소식통들의 이해가 옳을 것 같다.

한국 정부 내의 일부 불건전한 강경파들은 한국민들의 북한 동포 돕기가 북한 정부의 붕괴를 지연시킬 것이라고 생각하는 것 같다. 그래서 북한 정부에 도움을 줄지도 모르는 식량 지원을 감소시키기 위해 통계를 심하게 왜곡시키는 경향이 있다. 북한 정부의 태도는 더 말할 필요도 없다. 이 집단은 일종의 유사 종교집단이 되었다. 이 정권은 권력 집단의 생존을 위해서라면 국민의 거의 전부라도 희생시킬 각오가 되어 있는 것처럼 보인다. 이러한 각오로 북한 당국은 1백억 달러 이상을 낭비하는 핵무장을 추구하는가 하면, 굶주린 배를 채우는 데는 백해무익한 김일성의 우상화 사업에 몰두하고 있다. 아주 상식적이고 도덕적인 수준에서 말한다면, 더 이상 이 세상에 존재해서는 안될 정권이라고 말할 수 있다.

최근에 야당은 김대중 정부의 햇볕 정책을 공격하면서 북한에 '퍼주기' 론을 광범위하게 유포시키고 있다. 아마도 상호주의에 입각한 주고 받기가 아니라 남한 정부가 일방적으로 혜택을 준다는 점을 강조하기 위한 것으로 보인다. 그러나 이미 지적한 바처럼 이 주장은 잘못된 것이다. 현재 수준에서 남북 관계는 상호주의보다는 비대칭주의에 입각해야 한다.

또한 진실의 수준에 있어서도 '퍼주기' 론은 타당치 않다. 정부와 여당은 지난 3년간 2억 달러를 제공했다고 주장하고 야당은 7억 달러를 제공했다고 주장하고 있다. 그러나 적십자사의 지원금이나 기업 혹은 사회 단체의 지원금까지 정부의 대북지원으로 확대 해석하는 태도는 바람직하지 않다. 설사 7억 달러를 정부가 대북지원에 사용하였다고 해도 이는 그야말로 새발의 피다. 현재 우리 나라의 GDP가 대략 4천억 달러이고 정부 예산은 약 800억 달러 정도이다. 제 멋대로 놀다가 망해 버린 재벌 기업 하나를 정리하려고 70억 달러를 선뜻 쓰는 나라가(한나라당 통계에 따르면 부실 기업 정리를 위해 투입한 공적 자금은 이미 1,300억 달러에 달하고 있다) 통일의 대업을 위해 3년 동안 겨우 7억 달러를 썼다니 참으로 민망할 정도이다. 이러한 상황에서 '퍼주기' 운운하는 말은 설득력이 없다.

남북한의 문제에서 진실을 찾기란 쉽지 않다. 굶주림의 진실을 두고 검토해 본 바처럼 남북한 정부들의 권력을 잡고 있는 사람들이 자신의 정치적 목적을 위해 우리가 공통의 진실을 파악하는 것을 어렵게 만들고 있기 때문이다. 더구나 북한 동포들이 가지는 왜곡된 인식의 정도가 매우 심하다. 이 괴리를 메우는 일이 우리에게 큰 짐으로 지워져 있다. 물론 도덕적으로야 비난받아 마땅하지만 그들이 그러한 행동을 하는 이유를 이해하지 못할 바도 아니다. 정권의 안보는 어느 정부라도 가장 중요한 목표이며 독재적 정권일수록 더욱 그러하다. 그럴수록 우리는 진실을 소중히 여기며 알려고 노력해야 한다. 왜냐하면 진실은 그 자체가 힘이고 비록 당분간은 고통스럽더라도 더 큰 비극을 막아 주기 때문이다. 더구나 그리스도인들은 진실을 추구해야 한다. 왜냐하면 하나님은 진실의 하나님이시므로.

무지와 독단에서 벗어나려면 마땅히 좋은 지식과 가르침을 접해야 한다. 지금 한국 사회에는 좋은 지식과 가르침들이 상당수 있다. 문제는 의도적으로 이러한 지식을 회피하려는 경향이다. 인지 부조화를 피하려는 동물적 경향이다. 동물로서의 인간은 고통을 미워하고 쾌락을 사랑한다. 기존의 관념을 부수는 것은 괴로운 일이다. 그러므로 인간은 기존의 관념과 부조화한 지식은 가급적 배척하려는 경향을 가진다. 진실이 아닐지라도 자신을 편안하게 해주는 말을 듣기 좋아한다. 그러나 진정한 인간성이란 이러한 고통을 감수하고 새로운 세계로 옮아가려는 의지이다. 더구나 그리스도인은 진실과 정직을 사랑하라는 명령을 받았다. 그러므로 바람직한 그리스도인들이라면 자신의 선입견을 강화시켜 주는 정보만을 얻으려고 해서는 안 된다. 자신의 견해가 가진 약점들을 지적하는 가르침이나 정보들을 얻을 기회를 많이 마련해야 한다.

## 3. 십일조의 나눔

남한에는 지금 '통일 자금 공포증'이 광범위하게 퍼져 있다. 특히 전후 세대들 사이에 많다고 한다. 사실상 통일자금의 수요 전망은 공포스럽다. 수백 억 달러에서 수천 억 달러까지 추산하는 사람들도 있다. 지금처럼 식량 위기까지 구조화되면 상상을 불허하는 통일 비용이 지출되어야 한다. 그러나 통일 자금이 아무리 많이 든다고 해서 갑작스레 통일의 기회가 왔을 때 머뭇거리게 되지는 않을 것이다. 그러므로 통일 비용을 감소시키거나 부담할 수 있는 다양한 장치와 제도의 개발이 필요하다.

남한이 주도하는 남북한 교차승인을 통한 동북아 외교의 정상화가 이러한 방법 중의 하나이다. 이 외교의 핵심은 남한이 주도적으로 북한과 미국, 일본의 관계 정상화를 추구한다는 데 있다. 이 외교는 명분이 매우 좋을 뿐만 아니라, 남북한의 긴장 완화에 크게 기여할 수 있다. 그러나 통일 비용에 있어서도 긍정적이다. 첫째, 남북한 간의 특수관계를 확인시킴으로써 장차 있을지도 모르는 무역관계 마찰을 피할 수 있다. 둘째, 일본의 대북한 청구권 자금이나 미국의 대북한 원조가 흘러 들어갈 것이다. 물론 이 지원들과 북한 체제의 공고화는 다른 문제이다. 개방적 대외관계로 도리어 국민적 불만을 폭발시킬 계기가 올지도 모른다. 그러나 결과적으로 대외 지원이 있는 만큼 우리의 부담이 줄어들 것이다.

한국 교회도 통일 자금의 분담에 크게 기여할 수 있다. 필자가 수년 전부터 강조해 온 십일조의 나눔이라는 방식으로 참여하면 된다. 지금까지도 한국 교회는 매우 헌신적으로 북한 동포 돕기에 참여해 왔다. 옥수수와 쌀과 라면과 씨감자를 보내기 위해 수십억원을 지출하였다. 많은 교회들이 통일 통장 운동에 참여해 왔으며 지금쯤이면 그 액수가 아마 상당할 것으로 여겨진다. 그러나 그 정도로는 부족하다. 한국 교회는 현재 2조5천억 원이 넘는 헌금을 쓰고 있는 것으로 추산된다. 그런데 복음의 역사성에 가장 합당한 북한 동포 돕기에 겨우 수십억원만이 쓰여지고 있다면 우리가 어떻게 주님 앞에 얼굴을 들 수 있을까? 만일 우리가 지금 주님 앞에 모두 불리워 간다면 그 앞에 서서 뭐라고 변명할까?

성경에서 보면 십일조란 원래 이스라엘 내에서 기업 없는 자들을 위해 쓰여졌다. 레위인들과 고아와 과부와 외국인들이 바로 그들이다. 따라서 십일조는 이스라엘을 하나의 공동체로 묶는 사랑의 끈이었다. 이 끈이 끊어지면 그 공동체도 파괴되게 마련이다. 그러므로 말라기 선지자가 말한 바와 같이, 이스라엘의 파멸은 십일조의 소멸에서 시작된 것이나 다름없다. 한국 교회의 십일조가 대략 매년 1조2천억 원이라고 한다. 이 중에서 7천억 원을 할당하면 모든 종류의 한국 교역자들과 사역자들이 인간다운 생활을 영위할 수 있게 할 수 있다. 이는 농어촌과 특수 선교 및 국외 선교를 포함한 것이다. 나머지 5천억 원을 반으로 나눌 수 있다. 첫 절반은 국내외의 일상적 구제에 쓸 수 있다. 나머지 절반은 북한 동포 돕기에 쓸 수 있다. 그렇다면 우리 한국 교회는 일년에 약 2천5백억원 정도를 북한 동포 구제에 쓸 수 있다.

각 교회는 아마도 복음의 역사성을 찾는 데서부터 북한 동포와의 십일조 나눔을 시작할 수 있을 것이다. 북한 동포 돕기와 십일조의 복음적 의의를 생각하는 다양한 프로그램을 진행하는 것이 좋다. 그런 다음 당회나 제직회나 공동의회에서 십일조의 나눔을 결정할 수 있다. 각 교회의 형편에 따라 이러한 일이 어려울 수도 있다. 예컨대 어떤 교회의 십일조 총액이 교회내의 각종 목회자 사례 총액을 넘지 못할 수가 있다. 이런 교회는 십일조의 나눔이 적용되기 힘들다. 아마 통일 통장운동 정도로 만족해야 할 것이다. 이런 교회는 마땅히 십일조 총액이 목회자 사례 총액을 넘도록 열심히 기도해야 한다. 십일조 총액이 목회자 사례 총액을 넘는 경우부터 십일조를 한국 교회 공동체 및 북한 동포와 나누는 일이 시작될 수 있다.

십일조의 나눔이 교회 전반의 재정 운용에 어려움을 끼치지나 않을까 하는 우려는 불필요하다. 왜냐하면 십일조의 건전한 사용은 여타 헌금 행위를 급속히 촉진시킬 것이기 때문이다. 예를 들어보자. 현재 한국 교회는 십일조의 대부분을 교회당 건축에 쓰고 있다. 전문가들은 이러한 경향이 점차 강화되어 가고 있다고 한다. 원래 교회당 건축은 복음의 효율성을 위한 것이었다. 전도에 유익이 되기 위함이다. 그런데 지금 한국 교회의 성장은 매우 정체되어 있다. 그 역방향을 생각해 보자. 만일 우리가 교회당 건축을 잠시 중지하고 십일조를 가난한 자, 불쌍한 자, 그리고 이북의 형제들과 함께 나눈다고 생각해보자. 한국 교회의 배가는 시간 문제이다. 한국 교회가 배가되면 건축헌금의 규모도 배가될 것이다. 얼마 되지 않아 더 좋은 건물을 더 은혜로운 분위기 속에서 헌당하게 될 것이다. 십일조의 나눔은 점차 경색되어 가는 한국 복음화의 문을 일거에 활짝 열어젖히는 결과를 초래할 지도 모른다.

십일조의 나눔에 가장 고무적인 점은 이 일이 하나님께서 정말 기뻐 하실 일이라는 점이다. 가만히 생각해보면 이 일에 북한 동포에 대한 전도와 구제와 형제의 사랑만 포함되어 있는 것이 아니다. 이 일에는 한국 교회의 일치와 갱신과 거듭남과 이로 인한 부흥이 포함되어있 다. 혹시나 좀더 기다렸다가 북한체제가 망하고 나면 그 때에야 본격 적으로 구제를 시작하자고 생각할 수 있다. 이는 오산이다. 만일 우리 가 주님의 뜻에 부응하지 않으면 북한체제가 망하기 전에 한국 교회 가 먼저 망할 수 있다는 사실을 기억해야 한다. 독일 교회는 이 점에 서 좋은 귀감이다. 독일 교회는 결코 동서독의 통일을 우리처럼 역사 적 과업이라고 요란하게 떠들지 않았다고 한다. 그러나 수십 년간 30 억 마르크 이상의 돈을 동독 교회로 보내 주었다고 한다. 정치적 이유 로 어려워지니 중립국 지역에 교단을 대표하는 무역회사를 새로 설립 해서라도 서독 교회의 헌금을 동독 교회와 나누는 일을 진행했다고 한다.

## V. 결론

이 글의 목적은 국제 정치 경제적 시각에서 동북아 국제 체제가 한 반도의 통일에 미칠 영향을 검토하고 이러한 상황하에서 한반도의 통 일이라는 당위를 위해 남한에 거주하는 국민들, 특히 기독교인들이 취해야 할 정치 문화적 대안들을 과감하게 제시해 보는 데 있었다.

1990년대에 이르러 동북아 국제 정세는 전형적인 다극 체제로 나타나고 있다. 이러한 체제는 한반도의 통일에 기회와 위험을 동시에 주고 있다. 기회란 남북한의 국민들이 주체적으로 자신의 운명을 결정할 수 있는 가능성이 높아졌다는 것을 뜻한다. 다극 체제의 성격상 존재하는 강대국 간의 경쟁을 적절히 능동적으로 조정함으로써 평화로운 민족 통일이라는 목표를 달성할 가능성이 높아졌다. 위험이란 다극체제의 다양성 때문에 예측불허의 상황이 수시로 도래할 수 있다는 점이다. 남북한의 국민들이 스스로의 운명에 대한 주체적인 판단을 소홀히 하거나 잘못 판단하였을 경우에 남북한은 전쟁의 소용돌이에 휘말려들거나 주변 강대국들의 신식민지로 전락할 위험이 있다.

이 글은 이러한 가능성과 위험을 간략히 검토해 보고 남북한 국민들이 취할 수 있는 주체적이고 현실적인 대응책들을 몇 가지 제시하고 있다. 특히 이 논문은 남한측이 취해야 할 주체적이고 현실적인 대응책을 제시하는데 더 많은 관심을 기울였다. 실제로 주어진 동북아 국제 체제의 성격을 놓고 볼 때, 남한의 대북한 우세는 명백하며 따라서 남한의 국면 주도는 불가피한 실정이기 때문이다.

남북 통일의 이데올로기성을 극복하고 극단적인 반공주의를 거부하는 외에도 한국의 기독교인들이 취할 가장 대표적인 대안은 십일조의 나눔이라고 할 수 있다. 아마도 기독교적 대안은 사회 과학적 분석의 결론과는 사뭇 다른 경로로 접근될 수 있다. 예컨대 복음의 역사성으로 보아 진실의 추구와 북한 동포 돕기는 기독교인들의 불가피한 결론일 것이다. 이 결론이 사회 과학적 분석과 일치한다는 사실은 그만큼 이 결론이 건전하다는 점을 의미한다.

한 가지 추가로 강조할 점은 북한 동포 돕기에서 원대한 준비와 작은 실천은 함께 가야 한다는 점이다. 너무 눈앞의 것만 좇다가 원대한 목표를 상실하는 것도 문제지만, 허구한 날 원대한 준비만을 강조하면서 작은 실천을 외면하면 이도 큰 문제이다. 특히 북한 동포 돕기 헌금을 적립하는 방식에 여러 가지 문제가 있을 수 있다. 우선 헌금의 열기가 쉬 식을 수 있다. 둘째, 적립액이 많아지면 기금의 운영과 통제를 둘러싸고 내부 갈등이 발생할 가능성이 있다. 셋째, 최종 용도에서 왜곡이 발생할 수 있다. 이러한 경우는 특히 준비를 시작한 초기 주도층과 준비를 끝내고 실천에 들어갈 말기 주도층이 다를 때 생길 수 있다.

그러므로 빈번히 그리고 부지런히 각종 북한 동포 돕기 행사에 참여할 필요가 있다. 그 자체가 자신과 교회를 무관심과 무기력에서 빠져나오게 하는 기회가 된다. 최근 상황으로 보아 북한 동포 돕기는 창구의 다원화로 귀결되고 있다. 이 정책 방향이야말로 한반도의 통일을 앞당기는 매우 중요한 수순이다. 우리가 고려해야 할 최고의 목표만을 분명히 하면 거기에 주님의 도우심이 있다. 그것은 주님이 기뻐하시는 바는 인애와 공평과 정직이기 때문이다.

제성호 교수 | 중앙대학교 법과대학

## I. 서론

새천년을 맞이한 지금 우리 민족은 평화와 통일을 향한 힘찬 용트림을 하고 있다. 그것은 20세기(정확하게는 1945년 이후) 분단 질서를 타파하고 새로운 통일 질서를 만들려고 하는 거대한 움직임이라고 할 수 있다. 그러한 용트림은 김대중 전 대통령과 김정일 국방위원장 간의 제1차 남북정상회담을 통해 가능하였다.

주지하는 바와 같이 남북한은 2000년 6월 13일부터 15일까지 분단 55년 만에 처음으로 평양에서 정상회담을 개최하여 6.15 남북공동선언이라는 화해, 협력의 기본틀을 마련하였다. 이후 지금까지 남북한 간에 남북공동선언의 이행, 실천을 위한 다양한 후속조치들이 취해짐으로써 한반도에 화해, 협력의 분위기가 고조되고 있다. 세 차례의 이산가족 방문단 교환, 경의선 철도 연결공사 착공, 남북 국방장관회담 개최, 4개 분야의 남북경협합의서의 채택, 남북공동선언 채택을 기념

하는 민족 통일 대토론회 개최 등은 그러한 대표적인 예들이다.

2000년 1월 부시 미 행정부의 출범으로 미국의 대북정책이 강경노선을 견지하고 있고, 이에 따라 남북관계가 소강상태를 면치 못하고 있다. 그러나 이 같은 상황이 무한정 장기화될 수는 없을 것이다. 북한이 북·미관계 개선을 통해 김정일 체제의 안전 보장, 대북 경제 제재 해제, 인도적 차원의 식량 지원 등을 얻어냄으로써 체제를 공고히 하겠다는 대미관계 개선 전략을 포기하지 않는 한, 북·미회담에 나올 가능성이 높다. 미국도 지금처럼 마냥 강경 노선을 견지할 경우 야당인 민주당과 미국 내 여론으로부터 따가운 비판을 받을 공산이 크다. 그럴 경우 부시 행정부도 외교적인 치적 쌓기 차원에서 북·미 회담 재개 조건을 일부 완화하는 조치를 취할 것으로 내다 보인다. 현재 남북대화 재개의 시기를 정확히 예측하기가 어려울 뿐 남북한은 다시 평화와 협력을 향한 대장정에서 함께 손을 잡을 수밖에 없는 것이다.

앞으로 남북한 당국 간에 대화가 재개되면, 남북 장관급 회담이 정례화의 수순을 밟게 될 것이고, 여기에서 경의선 철도 연결, 개성공단 사업, 금강산 육로관광 등이 협의, 추진될 것이다. 이것은 남북 경제 공동체 형성은 물론, 남북한을 하나의 생활권으로 묶는 것을 촉진하게 될 것이다. 또한 남북한 간의 사회·문화 교류도 비약적으로 증가될 것이며, 이산 가족 문제의 해결에도 새로운 돌파구가 마련될 것으로 내다보인다. 그러다 보면 자연스럽게 민족 통합의 도도한 흐름이 제자리를 잡게 될 것이다.

많은 사람들이 예견하듯이 21세기는 분명히 7,000만 민족이 하나로 통합되고 남북한이 통일국가를 만들어 가는 세기가 될 것이다. 달리 말하면 한민족의 재통일은 더 이상 먼 훗날의 문제가 아니라 바로 현실의 문제로 점점 다가오고 있다고 할 수 있다. 그러기에 우리는 지금부터 각 분야별로 남북 통합을 위한 준비를 착실하게 추진해 나가야 한다. 사전에 충분한 대비 없이 남북 통일을 맞이하게 될 경우 우왕좌왕하는 일이 발생하게 되고, 그에 따라 일관성이 없고 무원칙적인 임기응변식의 대응을 할 경우 통일 과정에서 엄청난 혼란과 후유증을 유발하게 될 것이기 때문이다. 그러한 점에서 남북 통합 이론에 관한 치밀한 연구와 시나리오별 통합 대비책 마련의 중요성은 아무리 강조해도 지나침이 없을 것이다.

그런데 분단국 내에서 서로 대립하고 경쟁하는 2개의 분단 실체를 하나의 국가로 통일하는 작업은 종국에 있어서는 서로 이질적인 법질서를 하나의 법 질서로 재편하는 작업으로 귀결되게 된다. 그러한 점에서 통일은 확실히 법률 문제이다. 1990년 10월 3일 이루어진 동서독의 통일은 이와 같은 당연한 사실을 새삼 깨닫게 해 준 사건이었다. 동서독은 통일 과정은 물론이고 통일 후 새로운 통일국가 건설 과정에서도 안정적이고 질서 있게 통일을 추진하기 위해 그때그때 필요한 법적 조치를 즉각적으로 취하였던 것이다. 그래서 혹자는 독일 통일을 '법적 통일'이라고까지 말하기도 한다.[41]

독일 통일의 법 통합 과정은 같은 분단국인 우리에게도 적지 않은 시사점을 주고 있다. 독일의 예가 웅변적으로 말해 주듯이 남북한의 통일도 결국 엄격한 법적 기준과 절차에 따라 이루어지게 될 것이다. 아니 법적 안정성과 예측가능성을 위해서는 마땅히 그래야 한다. 이러한 점을 감안하여 본고에서는 먼저 분단국 법 통합의 개념을 정리

---

41) 제성호, "南北韓關係와 法", 徐元宇 편, 『韓國法의 理解』 (서울: 斗聖社, 1996), p. 401.

한 다음, 분단국 선행사례로써 독일이 통일을 위해 어떠한 법제적 준비를 하였는가를 검토하기로 한다. 이어서 통일독일의 법통합이 우리에게 주는 시사점을 도출하고, 이를 기초로 하여 향후 남북 법 통합의 방향과 과제를 제시해 보기로 한다.

## II. 분단국 법 통합의 의미

일반적으로 분단국간의 통합은 실질적 통합과 형식적 통합으로 구분된다. 실질적 통합이란 두 분단국 주민들 간의 정치 · 경제 · 사회 · 문화 등 각 분야에서의 격차를 해소하는 것을 말하며, 형식적 통합은 기본적인 통합의 뼈대를 완성하는 것을 말한다.[42] 이 중 형식적 통합은 바로 통일국가의 법 제도를 통해 이루어지게 된다. 그러한 점에서 형식적 통합은 곧 법 제도의 통합과 같은 의미로 사용되기도 한다.

'법 통합'(Rechtsintegration)이라 함은 두 개 이상의 상호 이질적인 법 체계(Rechtssystem) 내지 법 질서(Rechtsordnung)를 단일한 법 질서로 만드는 작업을 말한다. 법 통합은 하나의 법질서가 다른 법질서를 대체하거나 또는 양자가 절충된 제3의 법 질서가 새로이 만들어지거나 또는 어느 하나의 법질서가 절충, 변형된 형태로써 다른쪽에 부과되는 방식으로 이루어질 수도 있다.

법 통합이 이상의 어떤 방식으로 추진되든 간에 중요한 것은 그것이 각종 법령과 제도의 통합만으로 끝나는 문제는 아니라는 사실이다. 법 통합은 법 통합에 관한 당사자 간의 합의 도출 과정, 법 통합을 위

---

42) 황동언, "남북한 법 제도 통합상의 과제", 『통일』, 통권 제194호 (1997년 11월), p. 30.

한 제도적 · 조직적 · 재정적 여건의 조성, 통합 이후 제기되는 새로운 법적 문제의 해결, 법령 · 제도의 통합 이외에 상이한 법체계와 법현실에 대한 상호 이해의 확보, 법의식 · 법학교육 · 법집행양식 등에 관한 법문화적 통합의 문제 등 여러 가지 복잡하고 어려운 과제를 포함한다.[43] 실제로 독일의 경우에 있어서 법 통합 내지 법 질서 통일의 달성은 ① 통일적으로 적용되어야 하는 법규 및 규범의 차원, ② 새로운 법적 상태에 상응해야 하는 제도와 구조의 차원, 즉 행정 구조에 관한 법 질서를 보장하고 시행하기에 적절한 제도와 구조를 만드는 차원, ③ 당해 국민 개개인의 개인적 존재의 차원, 즉 국민들이 스스로 새로운 법 질서를 이해하고 그 법 질서의 정신을 수용하며 이를 새롭게 변화된 법 의식에서 발견하는, 세 가지 차원에서 이루어질 때 완성된다고 간주되었다.[44]

법 통합은 법 동화(法同化, Rechtsangleichung)와 혼용되기도 한다. 법 동화란 개념은 동서독의 정치적 통일을 실현한 법적 기초가 되었던 「독일 통일 실현을 위한 독일연방공화국과 독일민주공화국 간의 조약」(Vertrag zwischen der BRD und DDR ber die Herstellung der Einheit Deutschlands, 약칭 통일조약; 1990년 8월 31일 서명, 1990년 10월 3일 발효)의 제3장의 표제에서 사용된 용어이다. 그에 따르면 법 질서의 통합과 더불어 구 동독 지역의 법을 구 서독 지역의 법에 일치시키는 것을 말하는 것이라고 한다.[45] 그러나 법 동화는 주

---

43) 洪準亨, "통일 이후 남북한 법 체계 통합 방안에 관한 연구", 『통일교육원 강의 교재용 발표문』, pp. 2-3.

44) Fritz Ossenbühl, Rechtseinheit als Problem und Aufgabe der Wiedervereinigung Deutschlands, 강태수 역, "통일된 독일의 문제와 과제로서의 법 질서 통합", 『公法研究』, 제22집 제1호 (1994), p. 100.

로 통일국가에 흡수 내지 합류되어 들어오는 지역(구 동독 지역)에 흡수하는 측(구 서독 지역)의 법을 확장 적용하는 문제로서 여기에는 헌법(기본법)의 효력확장, 국제 조약·협정의 효력 또는 공행정과 사법의 통합은 제외되어 있다. 그러한 점에서 법체계 내지 법 질서의 통합을 의미하는 법 통합과 구별되어야 한다는 견해도 있다.[46] 하지만 법 동화는 통일에 따른 법 통합 과정에서 발생하는 것이기 때문에, 넓은 의미에서의 법 동화를 법 통합과 혼용하여도 큰 오류는 없을 것으로 생각된다.

## Ⅲ. 통일 독일의 법 통합 : 선행 법 통합 사례 연구

### 1. 독일 통일의 방식과 헌법적 근거

서독의 헌법에 해당하는 기본법(Grundgesetz)에 의하면 독일 통일의 방식으로는 두 가지가 가능하였다. 하나는 기본법 제23조 2문에 따라 실시되는 편입(編入, Beitritt) 내지 가입(加入)의 방식이었다.[47]

---

45) 고영훈, 『獨逸統一에 따른 公法의 統合에 관한 硏究』, 연구보고 94-9 (통일법제연구 1), pp. 69, 178. 우리 법무부도 '법 동화'란 '서로 다른 法域間의 법 체제를 동질화시켜서 궁극적으로는 법의 단일화(Rechtsvereinheitlichung)를 지향하여 가는 과정'이라고 정의하면서 이것은 법 통합이라는 용어와 혼용될 수 있다고 보고 있다. 法務部, 『獨逸 法律.司法統合槪觀』, 法務資料 제165집 (서울: 法務部, 1992), p. 39.

46) 洪準亨, "통일 이후 남북한 법 체계 통합 방안에 관한 연구", p. 2.

47) 서독 기본법 제23조는 "본 기본법은 당분간 바덴, 바이에른, 브레멘, 대베를린, 함부르크, 헷센, 니더작센, 북라인-베스트팔렌, 라인란트-팔쯔, 슐레스비히-홀슈타인, 뷔르텐뷔르크-바덴 및 뷔르텐베르크-호헨쫄레른 諸州에만 적용된다. 독일의 기타의 지역에 대하여는 그들의 가입 후에 효력을 발생한다"고 규정하고 있다. 權寧星, 『比較憲法學』 (서울: 法文社, 1982), pp. 359, 745.

이 방식은 동독이 서독의 헌법 질서 하에 합류되어 들어오는 것으로서 서독이 동독을 흡수(Absorption)하는 통일 방식이라고 할 수 있다.[48] 다른 하나는 기본법 전문(前文)과 제146조에 따라 '전 독일인의 자유로운 자기 결정'에 의해 추진하는 통일헌법 제정 방식이었다.[49] 이 통일헌법 제정 방식은 양 독일이 합의하에 통일헌법을 채택, 통일을 추진하는 것이므로 합의(合意)에 의한 통일 방식이라고 볼 수 있다.

서독 기본법상 가능했던 통일 방식은 이 두 가지였다. 그러면 실제로 독일 통일은 어떻게 이루어졌는가? 혹자는 독일 통일이 기본법 제23조에 의거하여 이루어졌으므로 그것은 흡수 통일이라고 주장한다. 그러나 이러한 주장은 독일 통일의 한 면만을 보고, 다른 면을 보지 못한 것이라고 하지 않을 수 없다.

우선 서독은 제23조에 의해 통일을 추진하여 동독이 서독에 합류되어 들어오는 방식으로 통일되었다. 그 결과 서독기본법이 동독에 확장 적용되었고, 통일 독일의 정치 질서와 경제 질서는 서독의 그것을

---

48) 최대권 교수는 분단국 통일의 방식을 ① 강제적인 무력통일, ② 일방이 타방에 합류하는 방식의 흡수통일, ③ 합의에 의한 통일의 3가지로 유형화하고 있다. 崔大權, "統一論議의 法的 분석 -한민족 공동체 統一方案을 중심으로-", 『한민족 공동체 統一方案의 實踐과 制度化研究』(서울: 統一院, 1990), pp. 129-133 참조.

49) 기본법 전문에서는 "신과 인류에 대한 책임을 자각하고 민족적, 국가적 통일을 유지하고, 단합된 유럽에서 평등한 권리를 가진 일원으로서 세계 평화에 봉사할 것을 결의하며,……諸州의 독일 국민은 헌법제정권에 의하여 과도기의 국가 생활에 새로운 질서를 확립하기 위하여 헌법제정권력에 의하여 이 독일연방공화국의 기본법을 제정한다. 이 기본법은 참여하지 못한 독일인들의 문제도 다루었다. 모든 독일 국민들에게는 자유로운 자기 결정에 의하여 독일의 통일과 자유를 성취할 것이 요청되고 있다"고 규정하고 있다. 또한 기본법 제146조에서는 "이 기본법은 독일 국민의 자유로운 결정으로 의결한 헌법이 효력을 발생하는 일자에 그 효력을 상실한다"고 규정하고 있다. 權寧星, 『比較憲法學』, pp. 347, 742, 763 참조.

그대로 채택하였다. 그러한 점에서 독일 통일은 내용적으로 볼 때 확실히 흡수의 면이 있음을 부인할 수 없다. 하지만 서독이 추진한 소위 흡수통일은 제국주의 시대에 강제적, 강압적인 방법으로 이루어진 흡수와는 다른 것이다.

양 독일은 통일 과정에서 두 개의 조약을 체결하였다. 그 하나는 「화폐·경제·사회 통합을 위한 조약」(Der Vertrag für die Schaffung einer Wirtschaft-, Währungs- und Sozialunion, 일명 국가조약; 1990년 5월 18일 서명, 1990년 7월 1일 발효)이고, 다른 하나는 전술한 바와 같이 동년 8월 31일 체결된 통일 조약이다. 이것은 절차면에서 동서독이 대등한 수준에서 협의를 거쳐 합의 통일을 이룩하였음을 말해 주는 것이라고 하겠다.

결국 동서독의 통일은 내용상으로는 흡수 통일, 형식적(절차면)으로는 합의 통일의 양면성을 지니고 있다고 할 것이다.

## 2. 통일 조약과 법 통합의 일반 원칙

통일 조약은 제8조(연방법의 확장)와 제9조(계속 적용되는 동독법)에서는 동서독의 법 통합에 관한 일반 원칙들을 명시하고 있다. 그것은 첫째, 연방법은 통일 조약 제1부속의정서에 예외 조항을 두고 있지 않는 한 원칙적으로 동독지역에 확장 적용된다는 것, 둘째, 기본법 상 주법의 규율사항에 해당하면 연방법과 (통일 독일의) 국내에 직접 적용되는 유럽공동체법에 어긋나지 아니하는 구 동독법은 신가입주들의 주법으로 계속 유효하다는 것, 셋째, 기본법상 연방법의 규율사항에 해당되나 연방 전체에 걸쳐 단일하게 규정되지 아니한 사항에 대한 구 동독법은 연방 입법자에 의하여 별도의 입법 조치가 있을 때까지 연방법 및 국내에 직접 적용되는 유럽공동체법에 어긋나지 아니하는 한 계속 유효하다는 것 등이다.[50]

다음으로 계속 유효한 구 동독법은 그 내용이 기본권의 본질을 침해하지 아니하고(기본법 제19조 제2항) 연방질서를 해치지 아니하는 한 (기본법 제79조 제3항), 1992년 12월 31일까지 기본법 규정과 내용상의 차이를 둘 수 있도록 하고 있다. 그런데 1992년 12월 31일까지 기본법 질서로의 완전한 조정 및 흡수가 이루어지지 못하는 경우에도 당해 구 동독법이 기간만료로 즉시 효력을 상실하는 것은 아니고 계속 유효하도록 하였다. 다만 그때로부터는 구 동독 지역에 관해서도 기본법 규정의 전면 적용을 받도록 하되, 헌법 재판 등에 의한 헌법적 통제를 통해 언제든지 구 동독법에 대해 위헌 판정을 하여 실효를 시킬 수 있도록 하였다.

한편 기본법 제2장(연방과 주), 제8장(연방법률의 집행과 연방행정), 제8장의 a(공동협력), 제9장(사법), 제10장(재정제도), 제11장(경과 및 종결규정) 등 국가 권력의 편성과 통합 기구 등에 관한 기본법 조항들은 1995년 12월 31일까지 구 동독법에 대하여 그 적용이 배제되도록 하고 있다.[51]

이상에서 보건대 독일의 법 통합은 기본적으로 구 동독법을 서독의 기본법과 법 제도에 동화시키는 '편입형'의 유형을 채택하면서도 잠정기간 동안 구 동독의 일부 법제를 허용하는 '예외적 열거주의'를 인

---

50) 통일조약 제8조 및 제9조, 法務部, 『獨逸 法律․司法統合槪觀』, pp. 614-615.
51) 박수혁, "남북한 법제 통합 방안", 통일연수원, 『통합 업무 이해』, 통연 96-8-20 (서울: 통일연수원, 1996), p. 54.

정하였다고 볼 수 있다.

## 3. 법제 통합의 내용과 추진 현황

### 1) 헌법의 통합
(1) 동서독의 헌법 통합

동독 주민이 자유의사에 의한 연방 가입을 결정함에 따라 그에 대한 후속 조치로써 각자의 헌법 개정과 더불어 관련 법률의 제정·개정·보완 등 절차적 처리가 요구되게 되었다. 그리하여 동서독은 양 독일의 법 통합을 추진하기 시작하였다. 법 통합은 먼저 국가의 근본법, 최고법인 헌법의 통합부터 실시되었다.

헌법의 통합은 통일에 앞서 동독이 그들의 헌법을 개정하여 양독의 통합에 대비하였고, 서독의 기본법에 따라 이루어지는 방식을 취하였다. 통일 후 독일은 기본법을 개정하는 조치를 통해 헌법의 통합을 마무리지었다. 헌법 통합의 방향은 동독 지역에 자유민주적, 연방주의적, 법치국가적 기본질서를 형성하고, 유럽 공동체 내부의 법질서에 대한 존중을 기하며 사회주의적 법 체계와 법 의식, 도덕성 또는 이와 유사한 개념에 기초한 법 규정의 적용을 배제하는 데 역점을 두었다.[52]

아래에서는 동독의 헌법 및 관련 법령의 정비와 서독 기본법의 개

---

52) 동서독 간의 『화폐, 경제, 사회 통합에 관한 조약』(일명 국가조약) 제2조 1항과 『지도원칙에 관한 공동의정서』A. 일반적 지도 원칙 Ⅰ(총칙)의 1과 2 참조. 民族統一研究院, 『貨幣, 經濟, 社會統合에 관한 條約(上)』(서울: 民族統一研究院, 1994), pp. 4, 25; 고영훈, 『獨逸統一에 따른 公法의 統合에 관한 研究』, p. 70 참조.

정에 관한 내용을 열거하기로 한다.

① 동독의 헌법 개정 및 관련 법령 정비

베를린 장벽 붕괴 후 동서독의 통일이 급속도로 추진되자 동독도 통일에 대비한 입법 조치를 단계적으로 취하였다. 특히 동독은 국가 조약과 통일 조약을 체결함에 따라 동독헌법을 개정하는 한편, 여러 법률들을 제정하였다. 통일 과정에서 단행된 주요한 입법조치는 다음과 같다.

- 1990. 1. 12: 헌법 제1조 삭제(동독공산당의 지도적 지위와 인민소유권의 특권화를 폐기)
- 1990. 2. 20: 선거에 관한 법률, 병역의무를 민간업무로 대체할 수 있도록 하는 법률
- 1990. 3. 6: 노동조합의 권리에 관한 법률
- 1990. 4. 5: 공화국대통령의 법적 지위에 관한 법률 전문 폐지
- 1990. 5. 17: 지방자치단체법 폐지
- 1990. 6. 17: 동독헌법의 개정과 보충에 관한 법률 제정
- 1990. 7. 22: 신연방 주설치법 제정
- 1990. 8. 31: 통일조약 체결
- 1990. 10. 3: 동서독의 정치적 통일 실현[53]

② 서독 기본법의 개정 및 헌법 통합

통일 조약의 효력 발생으로 독일 통일이 실현됨에 따라 기본법이

---

53) 박수혁, "남북한 법제 통합 방안", p. 50.

구 동독 지역에 확장 적용되게 되었다. 그리고 통일조약 제2장에 따른 후속조치로써 – 동시에 유럽연합과의 관계를 고려한 내용 개정도 포함하여 – 기본법의 일부 내용이 개정 또는 폐기되었다. 기본법의 개정·폐지 또는 신설에 관한 내용을 시기 순으로 지적하면 다음과 같다.

- 1990. 8. 31: 통일 조약 체결
- 1990. 10. 3: 동서독의 정치적 통일 실현(통일 조약 발효일)과 기본법 개정
  - 기본법 전문 개정
  - 기본법 제23조 폐기(동독의 가입으로 기본법의 적용 영역 제한에 관한 조항 불필요)
  - 기본법 제51조 2항(연방 참의원의 의결권 재분배) 개정
  - 기본법 제135a조 2항(동독의 채무와 미해결 재산 문제 처리를 위한 기본원칙) 신설
  - 기본법 제143조(1992년 12월 31일 또는 1995년 12월 31일까지 구 동독지역에 대한 헌법 적용의 예외 인정) 신설
  - 기본법 제146조(독일 통일의 달성 및 전체 독일 국민에 대한 적용) 개정
- 1992. 7. 14
  - 기본법 제87d조의 1항(항공교통행정의 공법상 또는 사법상의 조직형태) 개정
- 1992. 12. 21
  - 기본법 제23조(유럽연합의 실현, 연방의회와 연방참사원의 참여)

신설

- 기본법 제24조 1a항(연방정부 동의하에 각 주의 인접한 국제 기관에 대한 국가고권 이양) 신설

- 기본법 제28조 1항 3문(도(道) 및 군(郡)의 선거에서 유럽공동체 회원국 국적자의 선거권 및 피선거권 인정) 신설

- 기본법 제45조(연방의회 산하에 유럽연합분과위원회 설치) 신설

- 기본법 제50조(유럽연합과 관련하여 연방참사원의 과제) 개정

- 기본법 제52조 3a항(연방참사원의 유럽심의회 설치)

- 기본법 제88조 2문(연방은행의 임무와 권한을 유럽연합의 범위 내에서 유럽중앙은행에 이양) 신설

- 기본법 제115e조 2항 2문(연방의회와 연방참사원의 공동위원회 권한과 관련하여 기본법 제23조 삭제) 일부개정

• 1993. 5. 29

- 기본법 제16조 2항 2문 삭제: 제16a조의 신설로 중복되는 결과

- 기본법 제16a조(정치적 박해자의 비호권) 신설[54]


(2) 영역(신연방주)의 재편

동독은 분단시절인 1952년에 기존 5개 주(Land)를 해체하고 15개

---

54) Werner Weidenfeld/Karl Rudolf Korte (Hrsg.), *Handbuch zur Deutschen Einheit* (Frankfurt/Main: Campus Verlag, 1996); 임종헌.신현기.백경학.배정한. 최필준 옮김, 『독일 통일 백서』(서울: 한겨레신문사, 1998), pp. 537-554 참조; 張明奉, "獨逸統一過程에 대한 憲法的 考察과 統一 3年後의 憲法狀況", 『韓國統一政策 硏究論叢』(韓國統一政策硏究會), 제2권 (1993), pp. 34-36; 權寧高, "獨逸統一 以後 의 基本法 改正", 憲法裁判所, 『獨逸統一關聯 聯邦憲法裁判所의 判例 및 基本法 改正 에 관한 硏究』(서울: 憲法裁判所, 1996), pp. 261-366; 박영도, 『독일 통일과 기본법 의 개정』, 외국법제분석 95-2 (서울: 한국법제연구원, 1995) 참조.

지구(Bezirk)로 개편한 바 있었다. 그러나 독일은 통일 후인 1990년 10월 14일 「신연방 주설치법」을 새로이 제정하여 구 동독 지역에 브란덴부르크, 메켄부르크-포어포메른, 작센-안할트, 작센, 튀빙겐 등의 5개 주를 신설하였다. 이후 이들 5개 주는 연방 국가인 통일 독일 하에서 각각 주헌법을 제정하였다.

(3) 선거

본래 서독의 연방선거법은 다수 선거 대표제와 비례 대표 선거제를 병행하여 적용하고 있다. 이 법은 전체 유효 투표의 5% 이상을 득표하거나 지역구에서 3명 이상의 당선자를 낸 경우에만 비례 대표의 의석 배분에 참여할 수 있도록 규정하고 있다. 그런데 1990년 8월 3일 체결된 「동서독 간의 독일연방회의 제1차 전독선거 준비 및 시행에 관한 조약」(Der Vertrag zur Vorbereitung und Durchf hrung der ersten gasamtdeutschen Wahl des deutschen Bundestages zwischen der BRD und DDR, 일명 선거조약)에 의하면 이러한 연방선거법상의 5% 저지조항(5% Sperrklausel)을 전 독일에 적용하는 한편, 연합공천을 인정하였다. 그러나 독일연방 헌법재판소는 이 제도가 정당 및 선거 단체 간의 선거기회 균등권을 침해한다는 이유로 1990년 9월 29일 선거 조약에 대하여 위헌이라고 판결한 바 있었다.[55]

이에 따라 통일 독일은 1990년 10월 8일 제10차 연방선거법 개정법률에 의해 연방선거법을 개정하고, 전 독일총선의 일자를 12월 2일로

---

55) 法務部, 『獨逸 法律.司法統合槪觀』, p. 65; 박수혁, "남북한 법제 통합방안", p. 52.
56) 주독 한국대사관, "통독 선거를 위한 동서독간 선거 협약", 내부자료 (1991).

확정하였다.[56] 새로 개정된 연방선거법에서는 독일을 통일 이전의 동서 양지역으로 구분하여 12월 2일 실시되는 선거에 한하여 5% 제한 규정을 구 동독 지역에는 적용하지 않기로 하고, 구 동독 지역에서는 정당간 연합과 연합 공천(연합후보명단 작성)이 가능하도록 하였다.[57]

이러한 구 동독 지역에 대한 배려 조치가 있은 후 1990년 12월 2일 통일 독일에서 최초의 총선거가 실시되었다.

## 2) 개별법의 통합

독일 통일에 의해 법률의 동화 및 법 통합이 추진됨에 따라서 구 서독의 5,500개 이상의 연방법률들이 구 동독 지역에 확장 적용되게 되었다. 통일 독일은 구 동독법 중 주의 관할사항에 대해 규정한 것은 일부 개정 작업을 거쳐 신설 주의 법으로 계속 유효하도록 조치하였다. 그리고 구 동독법 중 주의 관할사항이 아닌 것을 규정한 법률이더라도 기본법의 원리에 반하지 않는 한 계속 효력을 부여하도록 하였다.

이하에서는 통일 독일이 구 동독 지역 주민들에게 새로운 법을 시행, 적용함에 있어서 얼마만큼의 배려를 하였는가 하는 점과 더불어 제한적이나마 일부 구 동독법에 대해서도 계속적인 유효성을 인정했다는 사실을 분야별로 나누어 간단히 지적하기로 한다. 그러나 법의

---

57) 朴鍾喆, 「統一韓國의 政黨制度와 選擧制度」, 연구보고서 94-12 (서울: 민족통일연구원, 1994), p. 42. 이에 따라 1990년 8월 동서독의 기민당과 사민당 간의 합의로 정당의 존폐 위기를 맞았던 군소 정당들이 공정한 경쟁 속에서 선거를 치를 수 있게 되었다. 특히 1990년 3월 18일 동독 자유총선거에서 독일연합이 압승을 거두는 데 공헌한 독일사회동맹과 민주개화당 등 군소 보수정당들이 전독의회에 진출할 수 있게 되었다. 金瑩允·余仁坤·黃炳惠, 「統一獨逸의 分野別 實態研究」, 연구보고서 92-01 (서울: 민족통일연구원, 1992), pp. 67-68.

골격만을 지적함으로써 극히 피상적인 설명에 지나지 않기는 하지만, 이것도 나름대로의 의미를 갖는 것이라고 생각된다.

### (1) 내무 분야

독일은 통일 후 서독법 중 「망명자 지원법」, 「동독 및 동베를린과의 통상교역통계법」 등은 동독에 적용하지 않았다. 「연방선거법」 등은 개폐 절차를 거쳐, 그리고 「정당법」 등은 별도 기준에 따라 동독 지역에 적용하였다. 한편 동독법 중에서 「주선거법」은 통일 후에도 계속 유효하였다.

통일 후 지금까지 독일은 「연방선거법」, 「정당법」, 「연방 군공무원 조정법」, 「주민신고법」, 「공무원연금법」 등을 개정하여 양 독일의 법 통합을 추진해 왔다. 그리고 과거 청산을 위한 자료 보전을 위해 「슈타지문서관리법」을 개정하기도 하였다.

### (2) 법무 분야

독일은 통일 후 서독법 중 민사법과 형사법 분야의 법령들은 원칙적으로 동독 지역에 확장 적용하였다. 다만 형법의 경우 통일전 서독은 의사에 의한 시술의 경우를 제외하고 낙태를 범죄로 처벌함으로써 엄격히 제한하였으나, 동독은 낙태를 자기결정권의 한 내용으로 인정, 광범위하게 허용하였다.[58] 이러한 차이는 1992년 12월 31일까지 과도적으로 허용되었다. 이후 동서독 형법의 완전 통합이 이루어졌다. 독일은 「법원조직법」, 「부당경쟁방지법」, 헌법재판제도 분야 등에 관해

---

58) 法制處, 『獨逸統一關係法研究(Ⅱ)』 (서울: 法制處, 1992), pp. 124-125.

서는 별도 기준을 마련하여 구 동독 지역에 적용하였다.

동독법 중에서 「특별투자에 관한 법률」 등은 계속 유효하도록 하였다. 그러나 「토지거래규정」 등은 개폐 절차를 거쳐, 그리고 「변호사법」 등은 별도 기준을 마련하여 구 동독 지역에 적용하였다.

통일 후 독일은 지금까지 법무 분야에 있어서 「임대차법」, 「형법」, 「SED불법행위청산법」 등을 제·개정하여 법 통합을 추진해 왔다.

### (3) 경제·재무 분야

독일은 통일 후 서독법 중 「유가증권에 관한 법률」, 「전기공급법」 등은 동독에 적용하지 않았다. 「공인회계사법」, 세금 관련 법규 등은 개폐 절차를 거쳐 「맥주세법」, 「연방광산법」 및 「섬유표시법」 등은 별도기준을 마련하여 구 동독 지역에 적용하였다.

한편 동독법 중에서 「저축은행법」 등은 계속 구 동독 지역에 유효하도록 조치를 취하였다. 그리고 「베를린국립은행법」, 「대외경제, 자본 및 지불거래에 관한 법」 등은 개폐 절차를 거쳐, 「동독예산법」, 「지방자산법」, 「약품정가령」 등은 별도기준을 마련하여 구 동독 지역에 적용하였다.

통일 후 독일은 지금까지 「기업 사유화에 있어서 장애 제거 및 투자 촉진을 위한 법률」, 「예산법」, 「동독 지역 투자 장애요인 제거에 관한 법률」, 「연대협약법」, 「독일 통일기금의 재원 확보에 관한 법률」, 「신탁관리청기채법」, 「동독재정정리법」, 「보상 및 조정급부법」 「특허법」 등 경제·재무 분야의 법률을 제정 또는 개정함으로써 법통합을 지속적으로 추진하고 있다.

(4) 농림·환경 분야

독일은 통일 후 서독법 중「소규모농업지원법」등은 동독에 적용하지 않았다.「연방사냥법」,「연방환경관리법」,「원자력법」등은 개폐절차를 거쳐, 그리고「하수도요금법」,「연방자연보호법」,「비료법」등은 별도 기준을 마련하여 구 동독 지역에 적용하였다. 한편 동독법 중에서 기존의「환경법」은 그대로 구 동독 지역에 적용하지 않고, 별도기준을 마련하여 동 지역에 적용하였다.

통일 후 독일은 지금까지「농업조정법」,「시장구조법」,「농업통계법」,「독농가 촉진에 관한 법률」,「신연방주의 농약 유통 및 사용에 관한 법률」,「폐수공과금법」,「행정지원 연장에 관한 법률」등을 개정하여 양 독일의 법 통합을 추진하였다.


(5) 노동·복지 분야

독일은 통일 후 서독법 중「공무원 해고 고지기간에 관한 법률」,「생계비 선지급법」등은 동독 지역에 적용하지 않았다.「선원법」,「육류위생법」,「연방자녀부양법」은 개폐 절차를 거쳐, 그리고「임금계속지급법」,「모자보호법」등은 별도 기준을 마련하여 구 동독 지역에 적용하였다. 동독법 중에서「고용촉진법시행령」,「생계보장령」등은 통일후에도 계속 유효하도록 조치하였고,「노동법」,「사회보험관리법」등은 별도 기준을 마련하여 구 동독 지역에 적용하였다.

통일 후 독일은 지금까지「사회법」,「생계비 선불법」,「연방원호법」,「급부제공·조정에 관한 법률」,「노동촉진법」,「사회복지법」,「신연방주내 사회보험재산문제 처리에 관한 법률」,「해고기간법」,「묘지법」등을 개정하여 노동·사회 분야와 더불어 청소년·여성·보건복지 분야에서의 법 통합을 추진하였다.

### (6) 교육 분야

독일은 통일 후 서독법 중 「대학건축촉진법」 등은 개폐절차를 거쳐, 그리고 「직업교육법」 등은 별도 기준을 마련하여 구 동독 지역에 적용하였다. 한편 동독법 중에서 「동독학술아카데미령」 등은 폐기하였으며, 「교육보조금령」 등은 별도 기준을 마련하여 적용하였다. 통일 후 독일은 지금까지 「연방교육촉진법」, 「직업교육촉진법」 등을 개정함으로써 법 통합을 추진하였다.

### (7) 국방 분야

독일은 통일 후 서독의 「병역의무법」, 「군인복무법」 등을 그대로 구 동독지역에 적용하지 않고, 그 대신 별도 기준을 마련하여 동독에 실시하였다. 「군인후생법」 등은 개폐 절차를 거쳐 구 동독 지역에 적용하였다. 통일 후 독일은 지금까지 국방 분야에서 「병력감축법」, 「생계비보장법」 등을 제정 또는 개정함으로써 법 통합을 추진하였다.[59]

### (8) 사법제도

독일은 통일의 기본 원리인 연방국가주의원칙에 따라 중앙집권적 구 동독 조직을 점진적으로 해체하고 각 주의 사법고권 아래 재편을 추진하는 방법으로 사법제도 통합을 추진하였다. 먼저 서독의 「재판소구성법」이 구 동독 지역에 확대 · 적용되게 되었다. 이에 따라 통일

---

59) 박수혁, "남북한 법제 통합 방안", pp. 61-66 참조.

후 구 동독 지역에서도 원칙적으로 3심제도가 채택되게 되었다(종래 구 동독에서는 2심제도가 채용되었다).

사법 통합의 결과 구 동독의 최고법원과 법무부, 그리고 대검찰청은 모두 폐지되었다. 업무 성격에 따라 구 동독 최고법원 소속 조직·인원 등의 재편작업은 연방법무부가, 계속중인 사건의 관할 재조정 및 사건 이관 작업 등은 연방대법원이 분담하여 수행하였다. 그리고 연방법무부의 위임에 의하여 동베를린에 파견된 연방 검사의 지휘하에 대검찰청 재편작업을 진행하였다(대검찰청 폐지시 잔존인원 141명 중 43명 6개월간 한시적으로 근무). 구 동독의 대검찰청에 계속중인 사건은 연방법원조직법, 형사소송법의 규정에 따라 연방 또는 각주 검찰청에서 인수, 처리하였다. 연방검찰청의 관할은 통일조약 발효와 동시에 구 동독 전 지역으로 확장되었고, 구 동독의 법무부는 해체되어 각 신설 주정부 산하의 주 법무부로 변용되었다(통일조약 제13조 제1항).

한편 구 동독에는 행정·재정·노동·사회 사건 등을 독자 관할하는 특별법원이 존재하지 않았다. 이러한 점을 감안하여 독일은 과도적 조치로 기존 14개 군법원과 5개 지구법원에 설치된 특별부에서 사건별로 재판권을 행사하다가 그 후 독자적 법원으로서 특별법원을

---

60) 이에 관한 보다 자세한 내용에 관해서는 Peter Rieß, "Über die Wiedervereinigung der Justiz in Deutschland", 법원행정처, 「통일을 대비하는 법조 결과보고서」, 근대사법 100주년 기념 심포지엄 자료집(사법정책 보고자료 95Ⅱ) (서울: 법원행정처, 1995), pp. 5794; 法務部, 「獨逸 法律.司法統合槪觀」, pp. 221293; 法務部, "동서독 법률사법 통합 현황 및 남북관계 진전에 따른 법적 문제", 「統一法 基本資料(Ⅱ)」 (서울: 法務部, 1994), pp. 442454; 통일원, 「독일 통일 백서」, 통독 과정 연구 94Ⅳ (서울: 통일원, 1994), pp. 6486 참조.

설치하였다.[60]

## 4. 우리에게 주는 시사점

서독은 통일 전에 법적 측면에서의 통일 대비에 소홀함이 없었고, 통일 과정에 있어서도 법치주의 원리에 충실하게 내적 통합을 추진하였다. 이것은 동서독 간에 서로 상이한 정치 · 경제 · 사회 · 문화 · 군사 등 체제 전반의 통합은 법률이라는 규범 형식에 의해 실시되며, 내용적으로도 법률에 의해 확정된다는 가장 기본적인 사실을 독일이 잘 인식하고 있었던 것이라고 하겠다. 말하자면 독일 통일은 법적 접근과 대비의 중요성을 새삼 깨닫게 해 준 사건이었다고 할 수 있다.[61]

실제로 독일은 법치주의에 입각한 통일을 통해서 신속하게 민족 통합을 이룰 수 있었고, 통일 후유증을 줄일 수 있었다. 이러한 사실은 우리의 경우에도 법치주의에 충실하게, 그리고 질서있게 국가 통일, 민족 통합을 추진해야 함을 말해 주는 것이라고 하겠다. 왜냐하면 정치 · 경제 · 사회 · 문화 · 군사 등의 이질적인 체제와 제도는 비법과 힘에 의해서가 아니라 법적 틀에 의해서 통합을 추진할 때 남북한 주민들에게 예측가능성과 법적 안정성을 제공할 수 있고, 또한 그것이 평화적이고 안정적인 통일을 가능케 하는 길이기 때문이다.

아울러 독일 통일의 법통합 과정은 흡수당하는 쪽(동독)의 법 질서 적응 작업과 흡수하는 쪽(서독)의 유연한 법 질서 개정 작업이 형식 논리보다는 실질 내용에 중점을 두고 추진되었음을 보여 주고 있다. 그

---

61) Ibid., p. 479.

리고 그럴 때만이 이질적인 사회에서 반세기 동안 살아 온 양 독일 주민들간에 내적 통합이 가능하다는 사실을 말해 주고 있다. 이러한 점에 유념하여 우리는 정치, 행정, 경제, 사회, 문화, 군사 등 각 분야에 걸쳐 독일 법 통합의 세부적인 추진 과정을 면밀하게 추적하는 한편, 관련 법제의 변천 과정을 분석, 정리하는 것이 필요하다고 할 것이다. 이는 향후 통일이 되었을 때 남북한의 세부적인 법제 통합 계획 수립에 상당한 도움이 될 것으로 판단된다.

한편 독일은 양 독일의 법 통합 및 사회 동화를 추진함에 있어서 법제도와 재정 지원 등의 유형적 요소 외에도 독일인들의 공통된 의식구조 등 심리적 요소를 중시하였다. 이 점은 향후 통일을 추진할 때 우리가 북한 주민들의 의식구조와 북한 사회에 널리 통용되고 있는 관습법의 존재를 고려해야 함을 말해 주는 것이라고 평가할 수 있다.

또한 독일의 법 통합은 많은 구 서독 행정인력의 구 동독 지역 파견과 이를 위한 재정적 뒷받침이 효과적으로 작동되었기에 신속하게 추진될 수 있었다. 이러한 사실은 남북 통일이 신속하고도 무리없이 이루어지기 위해서는 신속한 재정투입과 더불어 법 통합의 추진을 위한 전문인력의 확보 및 교육이 필요함을 말해 준다고 할 것이다.

## IV. 남북한의 법 통합 방향

### 1. 남북한의 법 체계

남한은 정치적으로는 개인주의와 자유(민주)주의, 그리고 경제적으로는 자본주의, 즉 사적 소유에 기초를 둔 시장경제를 기본으로 하고 있다. 그 결과 남한에서는 자유와 사적 소유(사유재산권의 보장)를 최대한 인정하는 방향으로 법 체계가 확립되어 있다. 남한의 경우 주권은 정치적·이념적 통일체로서의 전체 국민에게 있으며, 국민 주권의 실현을 위한 방법으로 대의제(代議制, 간접민주정치)를 원칙으로 채택하고 있다. 다만 예외적으로 국민(주권 행사자 내지 국가 기관으로서의 국민)은 국민투표에 의해 직접 주권을 행사하는 경우도 있다. 남한은 권력분립의 원칙, 입헌주의와 법치주의를 채택하여 국가 권력의 집중과 남용을 방지하는 한편, 국민의 기본권을 최대한 보장하기 위해 노력하고 있다. 이렇게 볼 때 남한에서는 법을 인권의 존중·보호 및 사회질서 유지를 위한 독자적이고 독립적인 가치를 갖는 가치체계로 인식하고 있다고 할 수 있다.[62]

반면 북한은 정치적으로는 집단주의와 단체주의, 그리고 경제적으로는 사회주의, 즉 공공 소유 내지 사회적 소유(국가 및 협동단체소유)에 기반을 둔 계획경제를 기본으로 하고 있다. 북한에서는 프롤레타리아 독재 원칙 하에 북한(조선민주주의인민공화국)의 주권이 노동자·농민·근로 인텔리와 모든 근로 인민에게 있다고 명시하고 있어 주권자의 범위를 무산계급으로 국한하고 있다. 북한에서는 공민의 의무가 지나치게 많아 반입헌주의적 요소가 되고 있다. 한편 북한은 사회주의헌법에서 노동당의 초헌법적 지위와 당 규약 및 교시의 최고 규범성을 명문화하고 있다. 이는 북한 법 제도의 입헌주의성을 훼손

---

62) 황동언, "남북한 법 제도 통합상의 과제", pp. 30-31.
63) 최종고 교수는 북한을 법치국가라기보다는 교시국가라고 규정하면서 북한에서 법은 장식물과 같은 '죽은 법'이라고 말하고 있다. 최종고, 『북한법』(서울: 박영사, 1993), pp. 452-453.

하는 것으로 간주되고 있다. 북한에서 법이란 소위 계급투쟁과 프롤레타리아 독재를 위한 무기로서 막스레닌주의 국가 이론과 법 이론에 준거하여 당 규약과 김일성 부자의 교시의 최고 규범성 내지 어떠한 법 형식에 대한 우월성이 제도적으로 보장되고 있다.[63] 그리고 재판은 당의 사법정책에 충실하게 복무하는 수단에 불과하여 법과 재판의 독자성이 철저하게 부정되고 있다. 요컨대 북한에서는 법이 정치의 시녀로서 사회주의적인 사회질서의 유지를 위하여 존재하는 도구적 성격이 강하다고 할 것이다.[64]

이와 같이 현재 남북한의 법 체계는 현상형태 면에서 너무나 이질화되어 공통점을 찾을 수 없는 상극적, 대립적인 것처럼 보인다. 하지만 통일을 추진하는 과정에서 우리는 남북한 법의 이질성과 동질성을 발견하여 가능한 범위 내에서 하나의 통일법으로 동화, 수렴하는 노력을 기울여야 할 것이다.

## 2. 통일 한국의 이념과 기본 질서

통일 한국의 법 통합을 지도하는 기본 원리는 통일 한국이 지향하는 국가이념에서 도출된다. 그러한 국가이념은 통일 한국의 헌법에 반영되게 될 것이다. 필자는 통일 한국이 지향해야 할 이념적 가치, 국가의 지도 이념을 인권과 평화의 두 가지로 규정하고 싶다.[65]

---

64) 민족통일연구원, 『북한 인권 백서 1996』 (서울: 민족통일연구원, 1996), pp. 31-36; 통일연구원, 『북한 인권 백서 2000』 (서울: 통일연구원, 2000), p. 32.
65) 제성호, "'통일 한국의 바람직한 법 제도에 관한 원론적 연구'에 대한 토론 내용", 국가정보연수원, 『바람직한 통일 국가의 모형』, 제2회 국가정보학술회의 (서울: 국가정보연수원, 1997), pp. 92-93.

인권은 인간에 대한 사랑, 특히 북한 주민들을 귀하게 여기는 존중의 마음에서 출발할 때 충분하게 보장받을 수 있다. 평화는 서로 이질적인 사회 구성원들이 공존하며 이기적인 만족을 추구하기보다는 상호 양보의 미덕을 발휘하기로 하는 사회적 합의를 이룰 때 가능한 것이다. 그렇지 않고 어느 특정의 지역·집단·세력·계층이 자신들의 이익을 극대화하려 할 경우 평화는 깨질 수밖에 없다.

이러한 두 가지 이념적 가치의 기초 위에서 통일 한국의 헌법질서는 개인의 자발성과 창의성을 존중하는 정치·경제적 민주주의를 그 중심 축에 두어야 할 것이다.

먼저 정치적인 측면에서는 개인의 자율성을 최대한 존중하면서 집단의 이해가 양립할 수 있는 정치적 다원주의가 정착되어야 한다. 그리고 권력의 지나친 집중을 피할 수 있는 수단이 필요하다. 이를 위해서는 엄격한 권력분립의 원칙이 확립되어야 한다. 권력분립은 권력의 집중과 남용을 방지하는 외에 기본적 인권의 보장을 제도적으로 뒷받침하는 원칙이라는 점에서 통일 헌법에서 반드시 명문화되어야 한다.

이와 함께 '풀뿌리 민주주의'의 구현인 지방자치제도가 확립되어야 한다. 지방자치는 지방화, 세계화라는 국제적 추세에 부합하는 것일 뿐만 아니라 남북한 통합에도 긍정적인 면이 있다. 왜냐하면 남북한의 정치·경제·사회적 격차가 상당한 경우 법적 통합뿐만 아니라 실질적 통합을 이루어내기는 힘들다. 따라서 지방자치제도를 완충적 장치로 사용하여 지역적 독자성을 부여함으로써 남북한의 통합을 진전시킬 수 있을 것이다.[66]

---

66) 황동언, "남북한 법 제도 통합상의 과제", p. 34.

다음 경제적인 측면에서는 개인의 자유를 폭넓게 인정하되, 공공의 이익이 결부된 경우 적절한 제약을 가할 수 있는 공정하고 효율적인 시장제도가 형성되어야 한다. 이를 위해서는 법 제도 속에 사적 소유제도를 기본적으로 확립함과 동시에 공공의 이익이 결부된 경우 공유제도의 적절한 도입이 필요하다.[67]

## 3. 통일 한국의 법 통합 방향

### 1) 기본 방향

전술한 바와 같이 통일 한국의 이념적 가치를 인권과 평화라고 할 때 통일 한국의 법 질서는 총체적으로 이 두 가지 가치의 구현을 목표로 해야 한다. 남북한의 법 통합은 남북한 주민들의 인권 보장과 평화 유지를 목표로 하여 구체적으로 다음 몇 가지의 방향성을 가지고 추진할 수 있을 것이다.

첫째, 통일 한국의 법 질서는 '인간존중주의'에 바탕을 두어야 한다. 인간의 존엄과 가치의 존중, 즉 통일 한국을 구성하는 개개인의 인격발현을 보장하는 법질서이어야 한다. 인간존중주의는 자유민주주의, 실질적 법치주의, 사회적 시장경제, 복지국가주의, 다원주의와 상통하는 것이다. 그러므로 남북한 간의 법 통합은 자유민주주의와 사회적 법치국가 질서에 입각해서 추진해야 한다.

둘째, 현재 남한법은 자본주의 사회를 기반으로 하는 개인주의적인 법이고, 북한법은 사회주의를 기반으로 하는 주체사상의 법으로서 서

---

67) Ibid.

로 상극적인 관계에 있다. 이러한 극단적인 법 체계가 서로 대립해 있다는 것은 민족적 불행이지만, 그럼에도 불구하고 남북한 법 통합시에는 이러한 법 체계의 이질성 속에 최대한 한국적 공통성을 찾도록 노력해야 한다.

셋째, 통일 후 민족 구성원이 7,000만 명 이상으로 늘어나게 되는 바, 통일 한국의 법질서는 7,000만 겨레에 대하여 최대다수의 최대행복(인권보장)을 구현하는 것이 되어야 한다. 이는 자유와 평등이라는 두가지 법의 목적을 적절하게 조화시키면서 최대한의 효율성을 만들어낼 때 가능한 것임은 두말할 필요도 없다. 예컨대 북한 정권 하에서 불법 몰수된 토지의 원소유자 반환 여부에 관해서는 일부 실향민들의 반환에 대한 애착, 재산권 보장의 관점에서 접근해서는 안 된다. 그것은 상대적으로 훨씬 더 많은 북한 주민들의 생존권을 위협할 뿐더러 북한지역 투자 유치를 통한 북한경제 재건과 남북한 경제 통합에 부정적인 작용을 할 것이기 때문이다.

넷째, 통일 한국의 법 질서는 분단의 상처를 치유하고 실질적인 민족통합(유·무형의 내적 통합)을 이룩하면서도 통일 후유증을 최소화하는 것이어야 한다. 이는 법질서가 남북한 주민간은 물론 이해집단간의 사회적 심리적 갈등을 줄임으로써 통일 한국의 평화와 안정, 질서에 이바지해야 한다는 것을 말한다.[68]

남북한 법 통합에 따른 후유증을 극소화하기 위해서는 법적 안정성

---

68) 제성호, "'통일 한국의 바람직한 법 제도에 관한 원론적 연구'에 대한 토론 내용", p. 93.

69) 통일후 북한 지역에서 북한 주민들을 위한 경과조치가 필요한 법령으로는 신분관계법령, 공해 관계법령, 자동차관리법령, 도로교통법령 등을 예시할 수 있을 것이다.

보장 차원에서 일정한 사항에 대해서는 경과조치(경과규정)를 취할 필요성이 있다.[69]

　다섯째, 남북한 법 통합은 반세기 이상에 걸친 남북한 주민들 간의 적대의식 심화와 민족 이질화, 그리고 법 체계의 상위성을 고려할 때 점진적이고 단계적으로 추진하도록 하는 것이 보다 현실적이다. 이는 남북한 법 통합시 과도기의 설정이 필요함을 의미하는 것이다. 그러나 동시에 상호 모순되는 이야기이지만 점진적으로 법 통합을 실시하더라도 전체적으로 그 기간(과도기)은 최대한 단축하여 신속하게 추진해야 할 것이다.

　이상의 방향성을 고려할 때 남북한의 법 통합은 기본적으로 대한민국 법 질서의 북한 지역에 대한 확장 적용이 불가피할 것이다. 이는 흡수통일의 경우에는 의심의 여지가 없다. 남북한이 통일 헌법을 채택하여 합의통일을 하는 경우에도 우리의 법 질서를 근간으로 하여 법 통합을 추진하는 것이 타당할 것으로 보인다. 왜냐하면 자유민주주의와 시장경제 질서는 이미 세계사적으로 그 보편성이 널리 인정을 받고 있으며, 남북한 주민들의 절대다수가 지지하는 국가 이념 내지 국가 구성원리가 될 것이기 때문이다. 물론 남한법의 일방적이고 절

---

70) 이와 관련, 독일의 경험은 우리에게 많은 교훈을 주고 있다. 통일 이후 구 동독지역의 주들이 추진한 방대하고 급속한 입법활동에 따라 여기에 새로운 법제, 특히 구 서독 파트너주들의 법제들이 대거 도입되었다. 그러나 법치국가적 입법 절차를 구축하기 위한 구 서독 파트너주들의 협조에도 불구하고 이들이 일종의 '후견' (Bevormundung) 또는 '꼭두각시놀음'(Gängelei)과 같은 역할을 수행하게 되었다. 또 이들의 협조를 통해 도입된 새로운 법제도들이 각 지역의 특수한 실정을 충분히 고려하지 않은 채 무분별하게 채용됨으로써 결국 주민들의 불신을 조장하는 결과를 초래하고 말았다. 이러한 점을 고려하여 남한의 자유민주적, 법치국가적 법질서를 북한지역에 확대적용하되, 일정한 정도의 조정과 적응은 반드시 필요하다고 하겠다.

대적인 북한 지역에의 적용은 곤란하며, 독일의 경우에서 보는 바와 같이 어느 정도의 변용과 조정을 통한 동화가 요구된다고 할 것이다.[70]

## 2) 세부적인 법 통합 방향

### (1) 헌법 · 정치 분야

남북한 헌법의 통합 방향은 자유민주주의와 대의제(의회민주주의), 정치적 다원주의와 복수정당제, 사회적 시장경제 질서, 분배적 평등과 복지경제체제, 국제평화주의와 국제협조주의를 근간으로 이루어져야 할 것이다.[71]

현재 우리 헌법의 효력 범위는 전 한반도에 미치도록 되어 있으므로 헌법의 북한 지역으로의 확장 적용을 기본으로 해도 법리적으로 큰 무리는 없다고 하겠다. 앞서 지적한 바와 같이 자유민주주의적 방식의 흡수통일의 경우 특별히 문제될 것은 없다. 다만 합의 통일의 경우 무조건적 확장 적용에는 난점이 있는 바, 우리 헌법을 중심으로 남북한 헌법의 동화를 추진하는 기초 위에서 일정한 조정과 적응의 절차를 거쳐야 할 것이다.

단 남북 통합의 과정에서 북한 주민의 대거 월남에 따른 주택 부족, 실업 사태, 범죄 증가, 사회보장 및 보호 문제 발생과 같은 후유증을 줄이기 위해서 일시적으로 군사분계선 통과의 규제 등 남북한 간에

---

71) 張明奉, "南北韓 統一에 對備한 憲法的 對應方案", 『南北統一에 대비한 法的 對應方案』, 제6회 법제 세미나 (서울: 한국법제연구원, 1995), pp. 15-30; 박수혁, "南北韓 憲法統合에 관한 고찰 -東西獨 憲法統合의 경우와 비교하여-", 시립대학교 법률행정연구소, 『남북 통일과 법 제도』, '97 법률행정연구소 학술세미나, 1997. 11. 28, pp. 11-29 참조.

거주이전의 자유를 제한할 수 있을 것이다. 또한 북한 주민의 삶의 터전과 생존권을 보장하고 북한 경제 재건을 우선적인 국가 목표로 설정할 경우 북한 지역 내의 토지·건물에 대한 실향민의 사유재산권 보장(반환 또는 보상) 요구에 대해서도 일정한 제한을 가할 수 있을 것이다. 이러한 경우에는 헌법에 그에 관한 예외 내지 특칙을 명기할 수 있을 것이며, 이에 근거하여 「군사분계선 통과에 관한 특별조치법」이나 「북한 지역 국유재산관리에 관한 특별조치법」 등을 한시법으로 제정할 수도 있을 것이다.

한편 북한의 각급 인민회의 대의원선거법은 폐지하고 남한의 각종 선거관련 법령을 북한 지역에 적용하되, 선거구 조정이나 북한 정당에 대한 국고 지원 등에 있어서 특별한 배려는 필요할 것으로 생각된다.

(2) 행정 분야
① 지방자치

통일 한국은 남북간 행정 통합의 차원에서 북한 지역에 지방자치제도(교육자치제도를 포함)를 도입, 정착시켜야 한다. 이를 위해서는 지방행정조직법과 지방자치법을 제정, 시행해야 한다. 그런데 이러한 법을 제정, 시행함에 있어서 급속한 행정 통합을 할 것인지 아니면 일정한 과도기를 거쳐 점진적인 행정 통합을 할 것인지는 정책적인 선택을 요하는 문제이다. 이는 기본적으로 통일 당시의 상황에 좌우되는 문제이지만, 일응 일정한 과도기를 거치는 것이 필요하다고 생각된다. 왜냐하면 급속한 지방행정조직의 통합은 북한 주민들의 반발 등 부작용을 불러일으킬 우려가 있기 때문이다. 예컨대 북한의 현행

행정구역제는 남한에서 그동안 존재하는 것으로 인정되어 온 이북 5도와 불일치하는데, 통일이 된 후 곧바로 이북 5도위원회를 북한 지역에 설치하여 관할권을 회복하는 조치는 현지 주민의 엄청난 반발을 초래할 위험성이 크다고 하겠다.[72]

이러한 점을 고려하여 현행 북한의 행정구역은 통일 후 과도기 동안에는 잠정적으로 기존의 편제대로 유지시키되, 이를 단순한 지방행정의 구역이 아니라 지방자치의 단위로 재편하는 것이 바람직하다. 그리고 비교적 순수한 행정 기능을 담당했던 지방행정조직들은 북한 주민들의 복리와 통상적인 행정 과업의 수행을 위해 존속할 수 있도록 해야 한다. 그러한 과도기가 종료한 후에는 그간의 지방자치 운영 실태와 문제점 등을 충분히 감안하여 남북한에 단일화된 통일지방자치법을 제정, 시행해야 할 것이다.

한편 북한 지역에 지방자치제도를 도입하기 위해서는 지방자치선거제도가 마련되어야 한다. 이를 위해서는 북한 지역에 대해서도 남한의 경우와 마찬가지로 현행 지방자치법 및 통합선거법에 의해 지방행정구역을 개편하고 그에 따라 지방자치단체의 장과 지방의회 의원을 선거에 의해 선출하도록 해야 한다. 그렇지만 우선 과도기 기간 중에는(지방자치의 단위로 재편된) 지방행정구역의 집행기관을 종래 북한의 지방행정조직상 집행기관으로서의 지위와 역할을 가졌던 인민위원회(합의제기관)를 독임제인 지방자치단체의 장으로 대치하고

---

72) 한편 남한의 이북 5도위원회는 이에 관여하고 있는 남한의 당사자나 이해관계인의 입장을 고려하여 통일 이전까지만 존속시키는 것이 남북한간 지방행정조직의 무리 없는 통합을 위해 필요하다고 하겠다.

73) 洪準亨, "통일 이후 남북한 법 체계 통합 방안에 관한 연구", p. 22.

가급적 현지인 중에서 임명하는 것이 바람직할 것으로 보인다.[73] 이
는 남북한 주민간의 심리적, 정신적 통합의 차원에서도 필요한 조치
라고 생각된다.

남북한 행정 통합 추진 과정에서도 독일 통일 이후의 통합 과정에서
발생한 '중앙집권적 의존성'(zentralistische Abh ngigkeit)이 대두
될 개연성이 높다. 그렇기 때문에 과도기 동안 통일 한국의 중앙정부
가 북한 지역에 특별한 재정 지원을 하되, 북한 주민들이 지방자치를
통해 자치 역량을 축적할 수 있도록 국가적 통합에 저해가 되지 않는
한도 내에서 최대한 자치영역을 부여해야 할 것이다.[74]

아울러 구 서독의 주정부들이 구 동독의 주정부들과 자매결연을 맺
어 '대여공무원'과 같은 행정 지원 인력을 파견하여 적극 지원했던 독
일 통일의 교훈을 살려 남한 지역의 지방자치단체와 북한의 지방자치
단체간에 협력 관계를 설정하고, 행정적 측면에서의 각종 지원을 제
공해야 할 것이다.[75]

이처럼 단계적, 차등적 통합을 추진하는 경우 적어도 과도기 동안
은 남북한 간에 상이한 법 제도가 존속하게 되는 결과가 된다. 이처럼

---

74) 구 동독지역의 주들은 연방과 구 서독의 파트너주들로부터 막대한 재정지원을 받
   음에 따라 이들에 대한 재정적 의존성이 심화되게 되었다. 그 결과 이제 막 만들어진
   주나 그에 속한 지방자치단체들의 지역사단적 지위가 크게 약화되는 현상이 나타났
   다. 구 동독지역 주민들의 자치 의식과 관행의 결여와 그에 따른 정치; 인사 및 재정
   에 있어서 연방과 파트너주들에 대한 의존성, 그리고 이러한 부정적인 모습에 대한
   주민들의 반감의 확산 등은 자치역량이 부족한 상태에서 지방자치제도가 도입, 구축
   된 데 따른 필연적인 결과라고 할 수 있다. 이러한 점을 고려하여 남북 통일의 경우
   에 있어서 종래의 체제하에서 실효적인 지방자치제도를 구축하는 데 필요한 충분한
   시간을 주어야 할 것이다.

75) 洪準亨, "통일 이후 남북한 법 체계 통합 방안에 관한 연구", pp. 22-23.

이원적 법 상태가 존재하게 되는 것은 북한 지역이 오랫동안 상이한 법 제도 하에서 살아 왔다는 특수한 현실을 고려한 것으로서 어느 정도 불가피하다고 볼 수 있다. 그러나 통일 이후의 법 통합은 어디까지나 국가적, 전 사회적 통합을 궁극적인 목표로 하는 것이므로 과도기에도 국가적 통합을 저해하는 법 질서의 분열 현상은 최소한의 범위에 국한되도록 해야 할 것이다.

② 경찰 통합

통일이후 북한 지역에 심각한 질서 교란 상태가 발생할 가능성이 크며, 또 전환기의 공백을 타고 마약, 밀수 등 조직범죄나 무질서 행위가 빈발할 우려가 있다. 그러므로 이에 대비하는 차원에서 북한 내의 질서유지 및 위험 방지를 위한 법제를 정비해야 한다.

통일 후에는 북한 지역에서 사회 통제의 신경선이 되어 왔던 사회안전부, 국가보위부 기타 주민통제조직을 해체하고, 북한 사회에서의 질서유지를 담당할 새로운 민주적인 경찰 조직으로 대체해야 할 것이다. 점진적 통합의 기조 위에서 이를 추진하기 위해서는 북한 지역의 치안 및 질서유지를 위한 경찰 법규를 제정·시행한 후 이를 우리의 현행 경찰 법제에 통합시켜 나가는 것이 필요하다. 남한에서 시행되는 기존의 경찰관계법을 바탕으로 북한 지역에 적용할 경찰 법제를 마련하여 과도적으로 시행하되, 이를 향후 통일 한국의 경찰 법제를 구축하는 방향에서 양자를 통합해 나가야 한다. 통일 한국의 경찰 법제는 중앙경찰을 유지하면서 교통단속, 방범, 위험 방지 등 주민생활과 밀접한 분야에 대하여 자치경찰제를 도입하는 것이 바람직하다고

---

76) 통일 후 남북한 경찰 통합 문제에 관해서는 박기륜, 『통일 한국 경찰론』 (서울: 육서당, 1999), pp. 145-289 참조.

생각된다.[76]

### ③ 인사 개혁

통일 이후 통합 업무를 주도해 나갈 유능한 행정공무원을 북한 지역에 즉각 투입하고 이를 충원하는 일은 매우 중요한 과제이다. 이것은 통일 후 국가·사회적 통합을 추진함에 있어서 인사의 개혁이 절대적으로 필요함을 의미하는 것이다. 이를 제도적으로 뒷받침하기 위해서는 결국 북한 지역에 적용될 별도의 공무원관계법을 한시법의 형태로 제정하지 않으면 안 된다.

인사 개혁은 이제까지 제시된 각 분야에서의 개혁과 법 통합 전반에 걸쳐 선행적으로 이루어져야 할 핵심적인 과제의 하나라고 하겠다. 이러한 작업 역시 법적인 틀 안에서 추진해야 하는 과제이기 때문에 남북한 법 통합과 깊은 관련하에 검토해야 할 사안이다. 결론부터 말하면 통일 이후 북한의 행정 공무원들의 자격과 지위에 관해 남한의 법과는 다른 별도의 법적 규율이 요구된다고 할 것이다.

북한 지역에 적용할 공무원인사법에서는 공정하고 투명한 논의를 통해 인사 개혁의 구체적인 범위, 북한 지역 행정기관의 구성, 공무원 임용 심사 기준 및 절차, 공무원의 지위 등에 관한 규정을 두어야 할 것이다.

한편 북한에서 활동했던 기존의 공무담당 요원들에 대해서는 적법 절차에 의한 자격심사제도를 통해 재임용하여 남북한 통합의 과정에 기여할 수 있는 기회를 제공하도록 해야 할 것이다. 이처럼 북한 주민들이 스스로 북한 사회의 개혁과 체제 개편에 적극적으로 동참하도록 하는 것은 남북한 주민들 간의 사회적, 심리적 통합에 긍정적인 역할을 할 수 있다고 판단된다.

자격 심사의 결과 과거 북한의 정권기관이나 정보·보안기관의 하수인으로 활동하거나 반인륜적 행위에 종사한 경력이 있는 자 또는 그러한 의혹을 받을 만한 이유를 지닌 인사를 재심사하여 공직으로부터 배제시키고, 그렇지 않은 인사 중에서 소정의 재교육 또는 전직교육을 통하여 공직에 복귀할 수 있는 능력과 자격을 갖춘 자는 계속 공직에 머무를 수 있도록 하는 제도가 마련되어야 할 것이다. 아울러 북한 지역에 적용할 공무원인사법은 공무원 인사와 관련하여 합리적인 불복 및 구제의 기회를 절차적으로 보장해야 할 것이다.[77]

(3) 사회·복지 분야

통일이 되면 북한 주민에게 배분적 정의를 실현하고 기본적 인권의 향유와 인간다운 삶을 보장해 주는 데 각별한 관심을 기울여야 한다.[78] 이를 위해서는 헌법상의 복지국가 또는 사회국가 원리에 입각해서, 특히 북한 주민 전체에 대한 사회·경제정책적 관점에서 북한 주민들에게 적용할 사회복지 분야의 법령을 제정해야 한다. 통일 한국의 사회복지법은 한민족 모두에게 최대한의 기본적 인권과 인간다

---

77) 洪準亨, "통일 이후 남북한 법 체계 통합 방안에 관한 연구", p. 23; 김병기, "통일 한국의 바람직한 법 제도에 관한 원론적 연구", 국가정보연수원, 『바람직한 통일국가의 모형』, 제2회 국가정보학술회의 (서울: 국가정보연수원, 1997), pp. 62-64 참조.
78) 남북 통일 후 북한 주민들의 상당수가 2등국민으로서의 상대적 박탈감을 가질 우려가 있다. 이는 통일 독일의 그것과는 비교가 되지 않을 정도로 엄청난 불만과 조직적인 반발을 초래할 가능성이 농후하다. 이와 관련, 반세기를 전혀 판이한 정치, 사회구조하에 살아온 북한 주민들의 현실적 처지를 도외시한 채 형식적 자유와 평등을 보장하는 정도에 그친다면 이는 통일의 대의와 정당성에 반할 뿐만 아니라, 통일 질서에 대한 그들의 수용(Akzeptanz)과 합의(Konsens)를 불가결한 요소로 하는 국가적 통합도 기대하기 어렵다는 점이 고려되어야 할 것이다.

운 삶의 기회를 확보하는 데 목적을 두어야 한다. 기본적으로는 통일적인 사회 정책의 관점을 견지하되, 북한의 정치·사회·경제·문화 등 현실 여건을 고려하는 방향에서 북한 사회와 주민에 대한 사회복지 정책적 배려를 해야 한다.

노동법과 사회보장법 분야의 경우 신속하고 포괄적인 법 통합이 이루어져야 한다. 노동법 분야의 경우 통일이후에 이루어질 경제체제의 전환 과정에서 발생할 대량 실업에 대한 대책을 강구하는 차원에서 실업방지 및 해고 보호 규정, 그리고 고용 전환을 위한 직업 훈련 규정을 대폭 강화한 내용의 법령을 마련하여 북한 지역에 시행해야 할 것이다. 그리고 사회보장법 분야의 경우 특히 공적 부조와 의료보험 등 사회보험의 부문은 북한주민의 인간다운 최저한의 생활 수준을 보장해 주기 위해 여건이 허용하는 범위에서 최대한의 법동화가 추진되어야 한다.

한편 사회보장 통합에 소요될 막대한 인적·물적 자원은 통일되기 전에 미리 통일 한국의 사회보장 기금 조성을 위한 법적 근거를 마련하여 재정적 준비에 만전을 기울여 나가야 할 것이다.

### (4) 북한의 경제 체제 전환

북한 경제의 재건과 자생력 육성 문제는 통일 이후 가장 절박하게 제기되는 과제가 될 것이다. 북한 경제 체제의 전환은 통일이 어떠한 방식으로 이루어지든지 간에 남북한 모두가 머리를 맞대고 함께 고민하고 해결해야 할 문제이지만, 현실적으로는 남한이 주도적인 역할을 수행할 수밖에 없다.

통일이 되면 빠른 시일 내에 북한 경제를 회생시켜 경쟁력을 키우고 북한주민에게 고용기회를 보장하기 위해 시장경제 체제로의 전환에 관한 법적 기반을 만들어야 한다. 이를 추진함에 있어서 남북한의 여건을 고려한 다양한 정책 수단들을 강구해야 한다. 이와 관련하여서는 예컨대 독일 통일 과정에서 구 동독이 1990년 6월 17일 「신탁법」(Treuhandgesetz), 즉 「공유 재산의 사유화 및 재편성에 관한 법률」을 제정하여 국·공유기업의 경쟁력 확보, 강화를 위한 광범위한 사유화·민영화 조치를 단행했던 것을 타산지석으로 삼을 수 있을 것이다.

우리의 경우 국유기업 및 시설 등 국유 재산을 신탁 재산으로 관리하고 민영화, 사유화하는 임무를 수행했던 신탁관리청 (Treuhandanstalt)과 같은 별도의 독립 기구를 설치하고, 이로 하여금 북한의 국영기업, 상점, 시설, 부동산 및 각종 공공 자산의 처리를 담당하도록 하는 것이 바람직할 것이다. 또 행정적 차원에서는 북한 경제의 회생을 촉진하기 위한 광범위한 경제 정책적 지원 조치를 시행할 수 있도록 관련 법령을 정비할 필요가 있다. 통일 이후 통합 과정에서 북한의 국·공유 기업을 통일한국의 소유로 전환시키기 위한 일반적인 입법 조치를 단행하고, 이를 바탕으로 국·공유 기업에 대한 사유화·민영화를 추진해야 한다.[79]

북한 지역에 대한 경제 정책적 지원 조치는 일정한 기간을 정하여 단계적으로 추진하되, 남한의 대기업이 참여할 분야와 중소 기업이 참여할 분야를 구분하여 특히 후자에 정책적 비중을 두어야 할 것이다. 경우에 따라서는 대기업이 참여하는 것이 타당한 분야라 할지라

---

79) 洪準亨, "통일 이후 남북한 법 체계 통합 방안에 관한 연구", p. 26.

도 중소기업이 연합체(consortium)를 구성하여 참여할 수 있도록 하는 방안을 법제화하는 것도 검토할 필요가 있다. 이러한 경제지원조치는 북한 지역 경제재건을 위한 특별법을 일종의 일몰법(sunset legislation) 형태로 제정하여, 가령 5년 후에 그 법 시행 성과에 대한 평가를 통해 계속시행 여부를 판단하는 것이 바람직하다.[80]

이와 함께 통일 이후 북한의 국유 재산을 각각 국유와 공유로 승계시키는 입법 조치가 강구되어야 한다. 이를 위해서는 우선 북한의 국유재산을 조사하여 조사된 자산들을 남한의 국·공유 재산 제도에 따라 계속 국유 또는 공유로 할 것인지 여부와 그 범위를 정하고, 이를 토대로 북한지역의 공적 자산들을 재편성하기 위한 법적 근거를 마련하여야 한다. 또한 북한의 국·공유 자산의 귀속에 관해 국가와 지방자치단체 간의 소유 관계를 명확히 하기 위한 법적 조치가 요구된다고 하겠다. 이와 관련해서는 현행 국·공유 재산 제도의 틀을 손상하지 않는 범위 내에서 각 자산과 관련된 업무를 관장하게 될 지방자치단체의 권리를 최대한으로 인정하는 방향으로 법제를 준비해야 할 것이다.

### (5) 교육 분야

교육과정의 우열이 분명히 드러나 있는 현재 남한의 교육 제도는 통

---

80) Ibid.

81) 현재 우리 나라의 교육제도는 초등, 중등, 대학교육 과정으로 이어지는 진급구조를 취하고 있다. 초등교육과 중등교육은 실질적으로 대학교육을 준비하는 과정으로 교육법 체계가 구성되어 있다. 또 실업교육은 산업 현장에서 필요한 인력의 수요에 대하여 능동적으로 대처할 수 있도록 하여야 하나, 현재는 인문교육 과정을 이수할 능력이 없는 자에 대한 부수적 교육제도로 정립되어 운영되고 있는 실정이다.

일한국에서 사회적 모순과 불만을 심화시키는 가장 큰 요인 중의 하나로 작용할 가능성이 높다.[81] 그러므로 통일 한국에서는 남북한의 인재를 균형 있게 활용할 수 있는 교육 제도를 마련하는 일이 매우 중요한 과제로 대두될 것이다. 통일된 대한민국에서 남한의 소수 일류대학 출신이 사회의 중요한 지위를 차지하게 될 경우, 남북한 사회 통합에 심대한 장애요인으로 등장할 것이며, 이는 결과적으로 민족 통합을 저해하게 될 것이다. 이러한 점에 비추어 북한 지역 학생들의 사회 진출을 제도적으로 보장하는 보완 조치가 요구된다고 하겠다.

통일 한국의 교육 제도와 교육 체계는 국가 전체의 경영적 측면으로 볼 때 인문계 교육을 원치 아니하거나 공부에 취미 또는 능력이 없는 다수의 국민에게 산업 현장에서 필요한 기능을 다각적으로 손쉽게 배우도록 하고, 다양한 기능을 몸에 익힐 수 있도록 보장하며, 기능인력에 대한 사회적 인정도를 높이는 방향에서 재편 내지 정비되어야 할 것이다. 대학 교육은 공부에 취미를 가진 유능한 학생들이 창의성을 꾸준히 발휘하도록 지원하는 방향으로 소수 정예 위주로 개편해야 한다.

그리고 현재의 방만한 대학 제도는 실업 교육 제도로 전환해 나가야 할 것이다. 즉 교육 법제 및 교육 제도를 기술 교육 위주로 변환시켜 남북한 주민이 어디에서나 손쉽게 다양한 기술 교육을 받을 수 있도

---

82) 통일 한국의 교육제도와 통일 후 남북한 대학교육의 통합 문제에 관해서는 최영표.한만길.홍영란.박재윤, 『통일에 대비한 교육 정책 연구(Ⅱ) -통일 한국 교육제도의 새 모형을 중심으로-』, 연구보고 RR 93-8 (서울: 한국교육개발원, 1993), pp. 181-202; 박용헌.김형근, "남북한의 대학교육 통합 방안", 韓國大學教育協議會, 『統一後 北韓大學教育政策에 關한 研究(초안)』, 專門家會議 資料, 1996년 9월 18일, pp. 91-151 참조.

록 개편하여야 할 것이다.[82]

한편 대학 입시나 각종 공무원 임용시험 등에 있어서 일정기간 동안 북한 학생들에게 가산점을 주거나 일부 시험과목 면제 등의 특혜조치를 제공하는 방안도 적극 검토할 필요가 있다.

### (6) 법무 · 사법 분야

남북 통일이 이루어질 경우 북한 지역의 신속한 법 질서 확립의 일환으로 남북한의 법무 및 사법 체계 통합이 중요한 법적 과제로 대두될 것이다. 기본적으로 통일 한국은 자유민주주의와 법치국가적 질서, 권력 분립의 원칙에 위배되는 북한 지역 내의 기존 법무 · 사법기구(중앙재판소와 중앙검찰소, 그리고 그 산하 지방의 재판소와 검찰소 등)를 해체하고 민주적으로 재편해야 할 것이다. 다만 통일 직후의 북한 지역 실정 및 재정 형편을 감안해서 단계별 재편 작업을 추진하는 것이 바람직하다. 또한 북한 지역의 기존 시설을 최대한 활용하여 남한의 법원 · 검찰 조직과의 일원화를 추진해야 한다.

이를 위해 우선 남한의 법원 · 검찰 조직 등 관련 법령을 북한 지역에 확장 적용하되, 관할 조정, 업무 분장 등 행정 · 기술적 분야에 대해서는 잠정적인 경과 조치를 적용하는 것이 필요하다고 하겠다. 그런데 통일이 되었을 때 사법 시험에 갓 합격한 젊은 판사를 북한 지역에 파견하여 재판 업무를 수행토록 할 경우, 북한 주민들이 여기에 부정적인 태도를 보일 가능성이 높다. 우리의 젊은 판사들은 북한 주민들의 심정을 잘 헤아리지 못할 공산이 크며, 자칫하면 북한 주민들이 남한의 (식민지적?) 사법 체제 하에 놓여 있다는 잘못된 인식을 가질 수도 있다고 생각된다.

이러한 점을 감안하여 우리는 남북한 사법 체계를 통합할 때 우리의 소장 판사들을 북한 지역에 보내기보다는 이산가족 출신 판사 또는 은퇴한 노판사들을 선별적으로 재임용하여 북한 지역에서 일할 수 있는 기회를 제공하는 것도 적극 고려할 필요가 있다. 또한 통일 독일의 경우와 마찬가지로 북한 지역 내 법조 인력의 공급 부족 현상을 고려하여 북한 판·검사를 교육하여 선별적으로 재임용하는 방안을 강구해야 할 것이다.

아울러 헌법재판 제도, 변호사 제도, 행정쟁송 제도, 국가배상 제도, 민·형사소송 제도, 행형 제도, 출입국관리 제도 등 법무관련 제반 제도에 대한 일원화도 추진해야 할 것이다.

## V. 결론

독일 통일은 통일 문제에 대한 법적 접근의 필요성과 중요성을 분명하게 인식시켜 준 역사적 사건이었다. 우리가 사전에 충분한 법적 대비 없이 남북 통일의 상황을 맞이할 경우 일관성이 없는 임기응변식 대응을 할 공산이 크다고 하겠다. 이는 통일 과정에서 돌이킬 수 없는 혼란과 후유증을 유발하게 될 것이다. 이러한 점을 깊이 유념하여 지금부터 남북 법 통합의 이론 및 방식, 그리고 그에 수반되는 법제적 뒷받침에 관한 치밀한 연구를 통해 법치주의에 충실한 무리 없는 통일을 준비해야 할 것이다.

통일 한국은 서로 현격하게 상이한 남북한의 법 체계, 즉 자유민주주의 법 체계와 공산주의 법 체계를 통합함에 있어서 이미 세계사적으로 상대적 우위가 판명되고 보편적 지지를 받고 있는 자유민주주의와 시장 경제 질서에 입각해서 추진하는 것이 타당하다. 다만 북한 지역 및 주민들의 구체적 타당성을 최대한 배려하는 것이 민족 사회의 통합과 통일 한국의 정치적 안정에 절대적으로 필요하다.

한편 통일 후 남북한의 법 체계를 통합하는 과정이 순조롭게 진행될 것인지 여부는 남한의 자유민주주의 성숙도, 경제적으로 통일 비용을 부담할 수 있는 재원의 확보, 법치주의의 완성도, 정치 지도자 및 국민들의 합리주의적 태도 등에 상당히 좌우될 수 있다. 이 점을 감안하여 우리 사회를 건강한 시민 사회로 끊임없이 개혁·정화·발전시켜 나가는 노력이 매우 중요하다.

남북 통일이 북한 급변사태에 따른 흡수 통일 방식으로 실현된다 하더라도 법 질서의 즉각적이고 총괄적인 통합은 가능하지도 않을 뿐더러 바람직하지도 않다. 따라서 과도기적이고 이원적인 법 상태의 존재가 불가피할 수도 있음을 충분히 고려하면서 법적 혼란 등의 문제를 최소화할 수 있도록 철저한 준비가 요구된다고 할 것이다.

# 5장
# 사람의 통일 : 북한 사람 ! 남한 사람 !
## (통일에 있어 민족 이질화의 내용과 극복방안)

전우택 박사 | 연세의료원 정신과

## I. 민족 이질화는 정말로 중요한 문제인가?

"통일이 되고 나서 처음에는 우리 사람이나 서독 사람이나 모두 같은 독일 사람들이라고 생각하였습니다. 서독 사람들도 우리와 똑같은 독일어를 쓰고 있기 때문이었습니다. 그러나 얼마동안 같이 지내고 보니 그들은 같은 독일어 단어를 우리와 전혀 다른 의미로 사용하고 있다는 것을 알게 되었습니다. 그리고 점점 더 그들의 생각은 우리와 전혀 다르다는 것을 알게 되었습니다. 그것이 나와 내 주변의 동독 사람들을 얼마나 당황스럽고 혼란스럽게 만들었는지 모릅니다.……"

1997년 2월, 필자가 만난 그 구 동독 출신의 중년 남자의 표정은 몹시 어두웠다. 통일은 이루어졌고, 그들은 통일된 조국에서 살고 있었으나 그 통일은 정치적, 경제적으로만 이루어졌을 뿐 아직도 완성된 것이 아니었다. 그의 표정은 그것을 너무도 절실하게 보여 주고 있었다.

1996년도에 필자는 한 통일 관련 연구에서 남한에 들어와 살고 있는 탈북자들을 대상으로 대규모 설문 조사를 한 일이 있었다. 그때 물었던 설문 내용 중 하나는 다음과 같다. "앞으로 남북한이 통일되었을 때 통일 사회에서 가장 심각한 문제가 될 것은 무엇이라고 생각하십니까?" 102명의 탈북자들이 각각 자유롭게 두 가지씩을 대답을 하도록 하여 그것을 유형별로 나누어 보았는데, 그 결과 탈북자들이 예측하고 있는 통일 후 가장 심각한 문제는 "사고방식, 가치관, 문화, 생활습관 등의 차이에 의한 이질감"이었다. 총 응답자 가운데 24.4% (205개중 50개)의 사람들이 이렇게 응답하고 있었다. 오히려 "통일 후 남북한의 사상과 이념의 차이와 대립"이 가장 심각한 문제가 될 것이라는 응답은 23개(11.2%)로 나타나 3위로 나왔다. 즉 탈북자들이 생각하기에 통일 후 있게 될 갈등은 정치 이념적인 것보다는 사고방식, 가치관 등의 차이에 의한 '이질감'이 훨씬 더 큰 문제라는 것이었다. 이화수(1999)도 이질감이 통일에 있어 가장 큰 문제가 될 수 있음을 지적한 바 있다.

이와 같은 독일과 탈북자들의 예는 우리 민족이 앞으로 맞게 될 통일이 분명히 두 가지 차원의 문제를 안고 있음을 보여 주고 있다. 첫째는 정치적, 군사적, 경제적 측면에서의 '땅의 통일'이다. 둘째는 이질화된 사람들끼리 함께 어우러져 조화롭게 살게 되는 심리적 통합 측면의 '사람의 통일'이다. 혹자는 일단 '땅의 통일'이 이루어지고 나면, 시간이 지나가면서 여러 우여곡절을 겪더라도 결국에는 '사람의 통일'이 저절로 이루어질 것이라고 생각한다. 그러나 그런 식으로 기대하는 것은 두 가지 문제를 내포한다.

첫째는 일차적인 '땅의 통일' 후에 후속적인 '사람의 통일'이 가급적 빠른 시간 안에 그것도 좀더 적은 갈등을 가지고 이루어지지 못한다면 그 '땅의 통일'마저 다시 위험해질 수 있다는 것이다. 즉 심리적 이질감에 의하여 지역별, 계층별 갈등이 심화되고, 그들 각자가 자신들의 이익을 보장받으려고 상호 적대적인 정치적 행동에 나서게 되면, 그것은 통일 사회 전체에 매우 심각한 위협이 될 것이라는 것이다. 그리고 그것이 어떤 형태로든 긍정적으로 해결되지 못한다면 '제2의 분단'이 오지 말라는 법이 없다는 것에 문제의 심각성이 있다.

둘째로, '사람의 통일'이라는 말은 일반적으로 '동질성 회복'이라는 말과 같은 개념으로 생각될 수 있다. 그러나 여기서 중요한 것은 우리 민족에게 있어 그 '동질성'이라는 말과 '동질성의 회복'이라는 말을 무엇으로 정의할 것인가의 문제이다. 여기서 동질성의 회복을 단순히 '모든 북한 사람들이 다 남한 사람들처럼 되는 것'이라고 생각한다면 이것은 많은 문제와 갈등을 일으킬 소지가 있다.

따라서 이 글은 이러한 남북한의 심리적 이질감 내용을 알아 보고, 그것을 우리는 어떤 시각으로 보아야 하며, 그것의 긍정적 해결을 위하여 우리는 어떤 시도를 할 수 있는가에 대하여 생각해 보기로 한다.

## II. 심리적 이질감의 내용

일반적으로 이질감이란 상대적인 것이라 할 수 있다. 즉 어느 한쪽에서만 느끼는 것이 아니라 이것은 두 존재가 서로에 대하여 느끼는 것이라는 말이다. 우리 민족의 상황에 비추어 볼 때 이질감은 남한 사람들이 북한 사람들을 향하여 가지는 것만을 의미하지 않는다. 그것은 북한 사람들이 남한 사람들을 향하여 가지는 것까지를 의미한다. 따라서 여기서는 그 두 가지를 구분하여 정리해 보기로 한다.

## 1. 남한 사람들이 북한 사람들을 향하여 가지는 이질감

일반적으로 남한 사람들이 느끼는 북한 사람들에 대한 이질감은 크게 세 가지 영역으로 구분할 수 있다.

첫째는 정치적 영역이다. 북한 사람들이 말끝마다 "민족의 위대한 지도자이시고 백전백승의 탁월한 군사전략가시고…."라고 말하거나, 또는 "어버이 수령 덕분에 우리는 아무런 걱정 없이 아무런 부러움 없이 잘 먹고 살고 있다…."는 식으로 말하는 것에 남한 사람들은 깊은 이질감을 느낀다. 남한에서는 전 국민이 남한의 최고 정치지도자인 대통령을 비판하고 평가하는 게 일상 생활의 한 부분이 되어 있는 정도에 비교하여, 이것은 큰 이질감을 느낄 수밖에 없는 측면이 되는 것이다. 그렇기에 김일성이 죽었을 때 전국에서 통곡을 하고 있는 북한 주민들의 모습을 TV로 보면서, 김정일이 등장하였을 때 발을 동동 구르며 눈물을 흘리고 환호하는 북한 주민들의 모습을 보면서, 남한 사람들은 큰 이질감을 느끼고 또 그것을 확인한다. 북한의 모든 신문의 글이고 학술 논문이고 일단 글의 시작에 반드시 언급되는 김일성, 김정일의 어록에 대하여 남한 사람들은 이질감을 느낀다. 이 모든 것이 북한의 지배 계급에 의하여 세뇌를 당한 것이든, 아니면 그런 체제하에서 살아남기 위한 개인적인 생존 전략에 의한 것이든 상관없이 그런 모든 모습들은 남한 사람들로 하여금 이질감을 느끼게 하는 중요한 원인이 되고 있는 것이다.

둘째는 문화적 영역이다. 남한 사람들은 북한 뉴스 아나운서들이나 TV 프로그램이나 영화에 등장하는 사람들의 억양이나, 감정을 고조시키는, 우리 식으로 보면 신파조의 말투, 그리고 그 말의 전개 방식 등에 대하여 이질감을 느낀다. 그것은 남한 코미디의 소재가 되는 정도로 취급된다. 북한의 전통 춤사위가 우리의 그것과 다른 것에 대하여서도 남한 사람들은 이질감을 느낀다. 저들의 그 빠른 춤동작들은 남한 사람들이 그동안 보고 알아온 전통 무용과는 느낌이 다르다. 예를 들면 북한의 전통 춤 동작들은 러시아의 전통 춤 분위기가 많이 들어갔다고 느끼면서 저들은 우리와 달라졌다고 느낀다. 북한의 유치원 어린이들이 집단으로 판에 박힌 듯한 미소를 지으면서 질서 정연하게 악기를 다루거나 노래를 부르는 모습에서 남한 사람들은 이질감을 느낀다. 북한이 인간의 자유와 개성, 더 나아가 인간성을 무시하고 무섭도록 철저하게 인간을 관리하고 있다는 느낌은 곧 다시 북한과의 이질감으로 바뀐다. 하다못해 북한의 세계적 수준의 서커스 공연을 보면서도 그들의 기술에 찬탄하는 마음에 앞서, 저런 정도의 경지에 이르기 위해 얼마나 많은 고생을 강제적으로 당하였을까 하는 생각을 하며 이질감을 가지는 것이다.

셋째는 심리적 영역이다. 무엇보다도 남한의 대부분 사람들은 북한 사람들을 직접 접해 본 적이 거의 없다는 과거를 가지고 있다. 외국에 나가지 않았다 할지라도, 남한 땅에서 미국 사람들도 많이 보고, 일본 사람들도 많이 보았지만, 정작 북한 사람들을 만나 본 일은 거의 없는 것이다. 더구나 50년 이상을 북한과 완전히 단절되어 살아왔고, 철저한 반공 이데올로기 아래에서 교육을 받아 왔다. 그러기에 과거에 초등학교 학생들은 북한 공산당을 생각할 때면 정말로 모두 뿔이 달린 붉은색 악마들을 떠올리고는 했었다. 외국에 나갔다가 우연히 북한 사람을 만나는 것은 말할 것도 없고, 북한 대사관 앞만 지나가게 되도 괜히 가슴이 뛰고 두려움과 공포심을 느꼈던 것이 사실이다. 이와 같이 좌우 대립, 한국 전쟁, 체제 경쟁, 반공이 국시인 상태, 남한의 많은 정치적 억압이 반공 논리에 의하여 이루어져 왔던 점 등을 통하여 북한은 철저하게 남한 사람들의 마음속에서 가장 심리적으로 멀고 먼 나라로 존재해 왔던 것이다. 그러므로 그것은 정치적, 문화적 영역을 넘어서는 또 다른 이질감의 영역으로 존재하고 있다.

## 2. 북한 사람들이 남한 사람들을 향하여 가지는 이질감

한 30대 탈북자는 저자와의 면담에서 다음과 같은 이야기를 한 적이 있다. "제가 제3국에서 유학을 하고 있을 때였습니다. 어느 날 갑자기 한 강의실 안에서 예상치 않게 그 수업에 참석한 남한 사람을 보게 되었습니다. 그때 제 속으로 얼마나 무서웠는지 모릅니다. 그런데 그 남쪽 사람도 어떻게 해야 할 줄을 모르고 매우 당황해 하는 것 같았습니다. 그래서 보니 나이를 먹었어도 내가 한 살이라도 더 먹은 것 같아 내가 먼저 그에게 다가갔습니다. 그리고 나는 북한에서 온 누구다라고 이야기를 했습니다."

아직까지 북한 사람들을 대상으로 그들이 느끼는 남한 사람들에 대한 이질감을 직접 연구한 것은 없다. 그러나 그동안 저자가 탈북자들과 면담을 하고 그들에게 설문조사를 한 것 등을 통하여 탈북자들이 느끼는 남한 사람들에 대한 이질감의 내용을 볼 수 있었다. 이것 역시 크게 세 가지 영역을 가지고 있다 할 수 있다.

첫째는 사상적, 가치적 영역이다. 한 탈북자가 남한의 중, 고등학교 역사 교과서를 읽고 나서 그 소감을 저자와 함께 이야기한 적이 있었는데 그때 그는 다음과 같은 말을 했다. "남한의 역사 교과서는 역사적 사실만을 서술하려고 하는 것 같습니다. 그 역사가 어떤 방향으로 어떤 힘을 가지고 흘러 왔는지에 대한 언급은 없습니다." 이것은 '역사'와 '역사관'을 구분하지 못하여 생긴 이야기일 수 있다. 그러나 그 말은 북한 사람들이 얼마나 사물의 사상적, 가치적 측면을 중시하도록 교육받았는지를 보여 주는 한 면이었다. 그들은 남한 사람들에 대해 돈 버는 것에만 발달되어 있고 그 외의 다른 더 거시적인 가치에 대하여는 무감각하거나 무지하다는 인상을 가지고 있으며 그것에 이질감을 느낀다. 저자와 면담한 한 탈북자는 이런 이야기를 했다. 이 탈북자는 남한에 와서 대학교에 입학을 하였다. 막상 대학에는 들어갔으나 아는 사람도 없고 가입한 써클도 없어, 어느 운동권 서클의 룸을 찾아갔다. 그는 그곳에 모여 있는 학생들에게 자신이 어떤 사람인지를 소개하고 그들과 무언가 통일과 민족에 관한 진지한 대화 나누기를 기대했었다고 한다. 그러나 그 써클 룸에 앉아 있던 대학생들이 흥미를 보인 것은 북한의 가장 인기 있는 유행가는 무엇이냐, 인기 있는 여배우 사진 가지고 있으면 좀 달라 하는 것들뿐이었다는 것이다.

그때 그 탈북자는 남한의 사람들, 그것도 의식화된 대학생들의 수준이 이 정도밖에 안 되나 하는 생각에 큰 실망감과 이질감을 느꼈다고 하였다. 물론 그 대학생들은 낯선 청년이 들어와 북한에서 왔다고 하니 조심스럽게 경계를 하여야 했을 것이다. 그리고 그런 자리에서 잘 알지도 못하는 그 탈북자와 솔직한 통일에 관한 토론을 하기는 어렵다고 판단하였을 수도 있다. 어쩌면 그가 정말 탈북자인가를 확인하는 작업이 필요했을지도 모른다. 그러나 어찌되었든 탈북자들은 남한에서의 계속되는 크고 작은 경험들을 통하여 남한 사람들의 그런 몰사상적인 태도에 이질감을 느끼는 것이다. 즉 그것은 공산주의와 자본주의 간의 사상적 갈등이라기보다 세상을 살면서 가지는 '사상에 대한 태도'와 연관된 것이라 할 수 있다.

둘째는 문화적 영역이다. 많은 탈북자들이 저자와의 면담에서 이야기한 남한 생활에서의 어려움은 '남한 언어의 이질화'이다. 즉 너무도 많은 외래어, 신조어들이 있어 남한 생활 초기에는 거의 남한 사람들의 말을 이해하기 어려웠다는 것이다. 택시, 티브이(TV), 비디오, 커피숍, 레스토랑, 뉴스, 프로그램, 컴퓨터, 씨디(CD), 디스켓, 엔진, 오토메틱, 오일 등등 가장 일상적으로 사용하는 기본 단어들이 탈북자의 입장에서는 생전 처음 듣는 것이었으니 조금만 더 전문화된 단어들은 말할 것도 없는 것이다. 이것이 탈북자들이 느끼던 큰 이질감의 원인이었다.

이와는 또 다른 문화적 측면도 있었다. 한 탈북자는 TV에서 청소년들에게 인기 있는 가수들의 공연 실황을 보는 가운데 중, 고등학교 여학생들이 발을 동동 구르고 소리 지르고 울고 하다가 실신하여 쓰러지는 것을 보며 큰 공포에 싸이고 온 몸에 소름이 돋았다는 말을 하였다. 저자는 그 말을 듣고 우리가 북한 TV에서 김일성이 등장할 때 발을 동동 구르며 눈물을 흘리고 만세를 외치던 북한 주민들의 모습에 소름이 돋았던 이야기를 해 주면서 탈북자와 같이 웃었던 적이 있었다. 우리는 이미 우리의 문화 안으로 당연히 받아들이고 있는 것에 대하여 탈북자들은 그리도 이질감을 느끼고 있는 것이었다. 하기야 모든 것이 급변하고 있고 더욱 다양화되는 남한 사회 안에서 남한 사람들조차 다른 세대, 다른 계층의 문화에 대하여도 이질감을 느끼는 마당에 탈북자들에게 이것은 얼마나 큰 이질감의 원인이 되고 있는가를 보여 주는 것이라 할 수 있다.

셋째는 사고 방식 영역이다. 앞에서 언급한 탈북자 대상 설문 조사에서 탈북자들이 예상하는 통일 이후 가장 심각한 문제로 사고 방식, 가치관 등의 차이에 의한 이질감이라는 결과가 나왔다고 이야기했었다. 이때 이러한 사고 방식이나 가치관의 차이가 무엇인지를 구체적으로 이야기하라고 하였을 때 나온 가장 대표적인 이야기는 이런 것이었다. 즉 "북한 사람들은 흑백 논리가 강한 데 비하여 남한 사람들은 회색 논리가 있어 충돌이 일어날 것이다"라는 것이었다.

북한은 그동안 김일성 부자에 대한 '한없는 흠모'를 강조하고 '극악한 미제와 남한의 미제 앞잡이'들에 대한 '끝없는 적개심'을 강조하여 그 체제를 유지하여 왔다. 이 두 가지 극단적인 감정에는 어떤 중간적 입장도 철저히 배제하게 되어 있었다. 예를 들어 '김일성 부자가 훌륭하지만 그래도 좀 잘못한 것도 있었다' 라든지 '미제가 극악하지만 그래도 국제 사회에 기여한 바도 조금은 있다' 라는 식의 시각은 즉

각 '반동'으로 몰리고 처형 대상이 되었던 것이다. 즉 어떤 사물에 대한 분명하고 극단적인 입장을 가지도록 강요한 사회 속에서 북한 사람들은 살아왔다. 이것은 나름대로의 사상적, 가치적 측면을 우위에 두는 공산주의 사회에서 있을 수 있는 전형적인 일이었다. 그리고 그것이 그들의 의식에 큰 영향을 끼쳤다고 할 수 있다. 즉 세상의 사물에는 어떤 중간적 타협점이 있는 것이 아니며, 자신의 입장을 모든 사물에 대하여 분명히 해야 한다고 생각하게 하였던 것이다. 따라서 북한에서는 '기회주의적'이라는 것이 가장 나쁜 성향 중 하나로 여겨지고 있다. 즉 여건에 따라 달라질 수 있는 의견이나 태도는 옳은 태도가 아니라고 보는 것이다. 그리고 의견이 다른 두 사람이나 집단이 무언가 입장을 조정하고 타협안을 내는 것은 '약하고 불순한 일'로 여겨진다.

저자가 만났던 한 탈북 청소년은 남한에 들어와 대학 입시 공부를 하였다. 그러나 자신이 원하는 만큼 성적이 오르지 않아 자신이 원하는 대학에 들어갈 수 없을 것 같자 자신은 아예 대학에 가지 않겠다고 말했다. 자신의 성적에 맞추어 적당한 대학에 들어가는 것을 그 탈북 청소년은 받아들이려 하지 않았던 것이다. 이것은 물론 청소년기의 사고방식에 의한 측면일 수도 있다. 그러나 그것은 동시에 북한에서 그가 보고 자라온 논리와 연관이 되는 것이다. 그러기에 북한 사람들, 탈북자들의 시각에서 볼 때 남한 사람들은 매우 '회색 논리'적이라는 것이다. 즉 그들의 시각에서 보면 남한 사람들은 옳고 그른 것에 대한 구분을 하려고 하기보다는 좀더 이익이 되는 쪽으로 쉽게 원칙을 바꾸는 , 또는 원칙이 없는 그런 생각을 한다고 보는 것이다. 이것이 탈북자들이 느끼는 이질감의 큰 원인이 되고 있었다.

## Ⅲ. 남북의 이질감을 어떻게 극복하여야 하는가?

### 1. 상대방에 대하여 알고 이해하여야 한다.

일반적으로 개인이나 집단에서 어떤 대상에 대한 심한 이질감과 적대감을 가지는 가장 큰 이유는 실제로 그 대상에 대하여 총체적으로 알지 못하는 데서 기인할 때가 많다. 즉 잘 모르기 때문에 이질감을 느끼고 적대감을 가지는 것이다. 남한과 북한의 경우, 이러한 이질감의 가장 큰 원인은 서로를 잘 모른다는 데 있다. 이것은 앞에서 이야기한 이질감의 내용을 통하여서도 알 수 있는 일이었다. 상대방에 대하여 좀더 알게 된다면 상대방의 입장에서 상대방을 바라볼 수 있는 다양한 시각을 가질 수 있고, 그것은 상대방을 이해하고 포용할 수 있는 마음의 여유가 생기도록 할 수 있는 것이다.

예를 들어 남한 사람들이 볼 때 북한 사람은 외부 세계와 단절되어 고립된 가운데 세상이 어떻게 돌아가고 있는지, 어떻게 하여야 그들의 어린아이들을 굶어 죽이지 않고 제대로 먹여 살릴 수 있는지 그런 것은 안중에도 없고, 그저 명분에만 매달리며 별 가치 없는 일(남한 사람들의 시각에서 볼 때)에만 매달리는 것으로 보인다. 자신들의 체제를 외국에 과시하기 위하여 터무니없는 거대한 건물을 짓고 있고, 국민들은 다 굶어 죽어 가고 있을 때 화려한 평양 축전을 개최하고, 역사적 근거도 희박한 단군 능을 엄청난 규모로 만드는 것 등은 모두 북한에 대한 이질감을 넘어서 분노를 가지게끔 한다. 마치 사교 집단에 빠진 사람들이 전 재산을 다 교주에게 바치고 가정을 파괴하며 엉망이 되어 가는 것을 보는 기분이 되는 것이다.

그러나 반대로 북한 사람들은 남한 사람들을 다르게 본다. 인간은 돈의 노예가 아닌데, 그리고 민족의 독립과 자존심이 가장 중요한데, 남한은 돈 한 푼 더 벌기 위하여 민족의 자존심은 다 버리고 외국의 군대를 끌어들여 놓고, 그들에게 내정의 많은 부분을 간섭당하고 있다고 보는 것이다. 경제적 성공은 어느 정도 이루어서 더 잘 먹고 산다 할지라도 인생은 먹고 사는 것에 달린 것이 아니라고 생각한다. 예를 들면 독립된 조국에서 굶어 죽는 것이 부유한 식민지에서 사는 것보다 더 위대한 일이라고 생각한다. 그들은 최근 몇 년 간의 식량 기근 사태는 비록 얼마간의 국민이 굶어 죽는다 할지라도 어쩔 수 없는 것이라 생각한다. 전쟁을 하면 이래저래 국민의 일부분은 죽게 마련인데 지금 북한은 일종의 전쟁을 치르고 있다고 보는 것이다. 지금 북한은 자신들의 이 굶주림 사태가 일종의 전쟁 현상이며, 이 어려운 고난의 행군을 마치면 다시 전열을 가다듬고 제대로 설 수 있을 것이라 생각한다. 그러므로 과거 일본과의 독립 투쟁이나 조국 해방 전쟁(한국 전쟁) 시절의 비참한 사진들과 그에 대한 기억은 현재의 어려움을 극복하는 데 가장 중요한 요소가 된다고 보는 것이다. 전쟁 중에도 군인들의 사상 강화와 사기 고취를 위한 연극과 음악 공연 등은 계속되었다. 그러므로 이 극심한 경제 고난 중에도 평양 축전은 있어야 하는 것이다. 그것이 그들의 논리이다. 궁극적으로 최후의 승리를 위하여 지금의 작은(?) 희생은 감수할 수밖에 없다는 것이 이들의 시각인 것이다. 인간의 존엄성은 그런 자존심 속에 존재한다고 본다.

이에 비하여 남한은 인간의 근본적인 가치를 '자존심' 보다도 휴머니즘적인 것에 둔다. 어린아이들이 굶어 죽는 것은 그것에 그 어떤 이유와 명분을 갖다 붙인다 해도 '옳지 않은 것' 이라고 생각한다. 인생에 있어 목숨보다 더 중요한 명분이 있다는 것에 동의를 하기 힘든 측면이 있는 것이다. 이것은 자본주의 아래에서의 경험에 의한 생각일 수도 있다. 여기서 남한 사람들은 자존심은 곧 돈일 때가 많다. 경제적으로 파산한 기업주들은 자살을 한다. 돈이 그들에게 있어서 모든 것이기 때문이기보다는, 그러한 파산이 이러한 자본주의 체제 하에서 가지는 의미는 북한에서와 마찬가지로 일종의 '자존심'의 상처이기 때문이다. 그러나 북한 사람들의 눈에 비치는 이러한 자살은 남한 사람들이 돈의 노예가 되어 있기 때문에 빚어지는 결과라는 가장 전형적인 예가 되는 것이다.

그러므로 남한의 입장에서 통일을 준비하고 이질감의 문제를 극복하기 위하여는 북한을 공부하는 것이 필요하다. 즉 북한이라는 나라는 어떤 과정 속에서 만들어진 나라이며, 그것을 처음 만들던 사람들은 어떤 유토피아에 대한 꿈을 가지고 있었는가? 그리고 그것은 어떤 이유와 과정을 통하여 어떻게 변질되어 갔으며, 결국 그 꿈은 어떻게 좌절되었는지를 알아야 한다. 그리고 그런 가운데서도 북한에 남아 있는 가치관은 어떤 것들이며, 그것이 지금 북한 사람들의 의식 속에는 어떤 식으로 남아 있고 영향을 끼치고 있는지를 알아야 한다는 것이다. 그런 의미에서 가장 중요한 것은 북한에 대한 '객관적인 공부'이다. 그래야만 감정에 치우치지 않는 객관적인 비판과 이해를 할 수 있게 되기 때문이다.

그동안 통일과 연관되어 우리 남한의 문제가 있었다면 그것은 우리에게 '순수한 의미에서의 북한에 대한 학문적 관심'이 설 자리가 없었다는 것이다. 물론 이것은 '강요된 무관심'이었던 측면이 크다. 북한에 대한 관심 자체가 반체제적이고 반국가적인 것으로 매도되어 왔기 때문이다. 이러한 현상은 북한에서도 마찬가지였을 것이다. 그러나 이제 통일을 준비하는 입장에서 이 문제는 남한에서부터 극복되어져야 한다. 그리고 이것은 앞으로 통일을 준비하는 젊은 학자들의 책임이라 할 수 있다.

## 2. '사람의 통일'을 위한 준비 교육이 전체 국민들에게 이루어져야 한다.

앞에서 이야기한 여러 가지 연구들을 젊은 학자들이 열심히 한다 할지라도 그것이 학자들의 논의 속에만 머물러 있다면 통일에 큰 의미를 가지지 못한다. 통일이란 민족 전체가 다 참여하여 체험하는 민족 전체의 일이기 때문이다. 그러므로 그런 학자들의 연구는 일반 대중에게 알려져야 하고, 그로 인하여 전체 남한 국민들과 북한 국민들이 통일을 준비할 수 있도록 하는 일종의 통일 준비 교육이 이루어져야 한다. 여기에는 몇 가지 구체적인 방법이 있을 것이다.

첫째, 이와 관련된 영화, TV 프로그램, 드라마, 소설, 연극, 뮤지컬, 대중 강연, 책자 등이 개발되고 이용되어야 한다. 지금까지 남한 국민들이 생각하는 통일 교육이란 예비군 훈련에서 보여 주는 정부 정책 홍보 영화 정도의 것이었다. 그러나 이러한 교육에 의한 효과는 크지 않음을 누구나 알고 있다. 북한 탈북자들이 지적하였듯이 남한 사람들은 이러한 문제에 접근하여 진지하게 고뇌하기에는 '사상성'이 별로 없기 때문이다. 그러므로 남한 사람들이 자기 스스로 시간을 내거나 또는 돈을 내고 볼 수 있을 만큼의 흥미 있고 좋은 작품들 속에 이러한 통일 문제가 잘 다루어지는 일들이 필요하다. 1999년도에 홍행에 성공한 '쉬리' 같은 영화가 한 예가 될 수 있다. 그 작품은 부분적으로라도 통일을 향한 북한적 시각을 관객에게 전달하였고, 민족의 통일은 어떤 측면을 가지고 있는지를 보여 주었기 때문이다. 예를 들어 영화 속에서 북한의 간첩으로 등장하는 인물은 북조선의 동포, 형제들은 다 굶어 죽어 가고 있는데 남한의 사람들은 흥청망청 먹고 마시며 사는 것을 강하게 비판하고 있다. 이러한 의미와 영향을 가지는 다양한 장르의 작품들과 활동들이 앞으로 통일 준비에 절대적으로 중요하다 할 것이다. 그리고 그것이 단지 남한 사람들만을 대상으로 하는 것이 아니라, 북한 사람들까지 함께 보고 생각할 수 있는 작품이 된다면 더욱 좋을 것이다.

둘째, 남북한 사람들이 함께 어울릴 수 있는 프로그램의 개발과 시행이 필요하다. 독일의 경우, 구 동독 출신 사람들과 서독 출신 사람들이 소규모로 함께 숙식을 하며 대화를 나누고 서로에 대한 깊은 이해를 시도하여 큰 성과를 거둔 예들을 가지고 있다. 아직까지는 현실적으로 많은 제약이 있지만, 우리도 남북한 간의 이런 프로그램을 개발하고 시행하는 것이 아주 작은 규모에서부터라도 있어야 할 것이다. 지금은 학술 대회 형태의 작은 만남이 있기는 하다. 주로 학자들이 만나 시간을 가지는 정도이지만, 이것이 점차 청소년들이나 어린이들, 그리고 일반인들을 대상으로 하는 프로그램으로 확대되어 갈 수 있을 것이다. 이때 무슨 사상적인 논쟁이나 선전을 목적으로 하지 말고, 일단은 개인의 일상적인 삶의 희망, 걱정, 고민 등을 함께 나눌 수 있는 정도로만 그 내용이 제한되어 프로그램이 이루어지도록 하여야 한다. 물론 북한적 입장에서 볼 때 이런 시도는 받아들이기가 어려운 측면, 즉 근본적인 문제는 다루지 않고 지엽적인 것에만 시간을 빼앗기는 일 정도로 볼 수 있는 측면이 있을 것이다. 그러므로 이러한 프로그램을 준비할 때는 그런 북한의 입장을 충분히 고려하고 반영할 필요가 있을 것이다.

### 3. 이질화를 바라보는 눈을 다르게 가져야 한다.

이제 한 가지를 더 생각하고자 한다. 그것은 동질화에 대한 개념과 정의의 문제이다. 남북한의 이질화는 반드시 '성공적인 사람의 통일'을 위하여 없어져야만 하는 대상인가? 민족의 동질성을 회복한다는 것은 북한 사람들도 남한 사람들처럼 똑같이 자본주의 논리에 편입되어 '또 다른 2,200만의 남한 사람들'을 만들어내는 것을 의미하는가? 만일 그러하다면 이것에는 적어도 세 가지의 전제 조건이 있어야 할 것이다.

첫째, 북한의 것은 모두 다 가치 없는 것이고, 빨리 버릴수록 좋은 것이다.
둘째, 남한의 것은 모두 좋은 것이고, 빨리 받아들일수록 좋은 것이다.
셋째, 남북한 사람들이 모두 동질화되어야 통일 조국이 더욱 발전할 수 있다.

그러나 저자는 이 세 가지 전제 조건이 모두 문제를 가지고 있다고 생각한다. 이제부터는 그 각각에 대하여 다시 생각해 보기로 한다.

첫째, 북한의 모든 것은 다 틀리고 버려야만 하는 것인가? 물론 북한은 공산 독재 국가로서 수많은 문제점과 한계를 가지고 있는 나라이다. 그러므로 그 가운데 만들어진 그들의 사고 방식이나 문화적 현상 중에는 새로운 통일 사회에서 교정되거나 버려져야 하는 것이 많이 있다. 그러나 그것이 곧 북한의 모든 것이 근본적으로 다 틀린 것이라고 말할 수 있는 근거는 아니다. 어떤 사람이라도 다른 사람에게 너의 모든 사고방식과 사고의 내용은 근본적으로 다 틀렸다고 단정적으로 말할 수는 없다. 그런 판단을 하는 그 사람 자신의 생각에서는 그렇다 할지라도 판단은 늘 상대적일 수밖에 없는 것이기 때문이다. 예를 들어 고대 중국인의 가치관과 문화, 풍속을 현대 서구인의 시각으로 보면서 근본적으로 틀렸다고 말하는 것은 매우 위험한 잘못이라는 것이다. 저자와 만났던 어느 구 동독의 지식인은 다음과 같이 이야기했다.

"통일 전, 우리 동독 사람들도 우리가 서독 사람들보다 경제적으로 더 못산다는 것을 알고 있었다. 그러나 우리는 우리 동독 사람들이 더 정의로운 사회에서 살고 있다고 생각했다. 즉, 사회의 부를 인간들이 더 공평하게 나누어 가지고, 더 인간적이고 안정된 사회에서 살고 있다고 생각한 것이다. 그러므로 이것은 일종의 옳고 그른 것의 문제라 생각했었다. 그러다가 통일이 되었다. 그리고 서독 사람들이 몰려들어왔다. 그런데 그들은 동서독의 차이를 옳고 그른 것의 문제가 아니라 우월하고 열등한 문제로 보고 있었다. 그리고 우리 동독 출신 사람 모두를 열등한 존재로 규정하고 바라보았다. 그것이 우리에게 얼마나 충격적이었는지 모른다."

저자는 여기서 북한이 추구해 온 공산 독재 체제가 약간의 긍정적인 측면이라도 가지고 있다는 이야기를 하려는 것은 아니다. 그러나 문제는 한 인간이 태어나서 교육 받고 살아 온 그 사회의 모든 가치를 한순간에 완전히 다 악하고 틀리고 열등한 것이라고 규정해 버리는 것은, 그들을 새로운 자본주의 체제에 빨리 성공적으로 편입시키는 일이 아니라, 2,400만 북한 주민을 동시에 다 '무능하고 자존심이 없고 자아정체감이 극도로 혼란스러운 존재' 들로 만드는 일이라는 것을 인식해야 한다는 것이다.

한 사회나 한 인간을 이해하고 교정하는 것은 그리 간단한 일이 아니다. 자본주의가 공산주의보다 재화를 더 효과적으로 많이 생산해 냈다는 그 사실 하나만으로 북한 사람들의 모든 삶과 과거의 가치를 부정하는 것은 매우 위험하고도 잘못된 발상일 수 있다는 것을 지적하는 것뿐이다. 그러므로 북한 사람들로 하여금 그들이 그들의 삶에서 어떤 부분을 인정하고, 어떤 부분은 버리며, 어떤 부분은 수정하여야 할지를 잘 구분하여 균형 있는 시각을 가지도록 돕는 것이 중요하다. 이것은 신흥 종교 집단에 들어갔다 나온 사람들을 다시 재사회화하는 과정에서 적용되는 원칙과 비슷하다고도 할 수 있다. 즉 그 신흥 종교 집단의 모든 것은 다 악하고 틀려먹었고, 그래서 그곳에 끌려 들어간 사람들도 다 제정신이 아니고 잘못된 것이며, 완전히 회개하고 돌아와야만 된다는 식의 극도의 단순하고 절대적인 태도는 사람들의 재사회화를 실패하게 한다. 나름대로 그 신흥 종교 집단이 가진 심리적인 위안과 매력은 어떤 것이었고, 장점은 어떤 것이었으나, 어떤 문제가 있었기에 이런 나쁜 결과를 초래하였다는 식으로 자신이 경험한 내용을 균형 있게 볼 수 있고 판단할 수 있도록 내적인 능력을 키워주는 것이 재사회화 성공의 가장 큰 원칙인 것이다. 이러한 원칙은

'사람의 통일'에 있어서도 그대로 적용되어야 할 부분이라 할 수 있다. 그리고 그래야만 북한 사람들도, 남한 사람들도, 더 건강하게 통일 사회에 적응해 갈 수 있을 것이다.

둘째, 남한의 모든 것은 다 좋은 것이고 북한 사람들이 빨리 받아들일수록 더 좋은 것인가? 남한은 인류 역사에 그 유례가 없을 정도로 짧은 기간 동안 엄청난 경제적, 사회적 변화를 경험한 사회이다. 이에 따라 인간의 정신은 많이 황폐화되었고, 발전의 속도만큼 부패와 파괴의 속도도 컸다. 그러나 이 사회에서는 이러한 문제를 교정해볼 수 있는 기회를 어떤 형태로든지 가지지 못하고 계속 떠밀려 온 것이 사실이다. 자성의 목소리는 언제나 더 강력한 발전 논리에 덧씌워지고 말았다. 그러므로 이러한 문제를 다시 2,400만 사람들에게 그대로 다시 가지라고 하는 것은 큰 착오라 할 수 있다. 북한 사람들의 변화를 요구하는 것만큼, 실은 남한 사람들의 변화, 통일을 위한 준비가 필요하다고 하는 것이 솔직하고도 정확한 표현일 것이다. 그러므로 이제 통일을 준비하기 위하여 남한은 변해야 한다. 현재와 같은 모습으로 우리는 2,400만의 새로운 '통일 조국'의 파트너를 받아들일 수 없는 것이다.

셋째, 동질화가 이질화의 해답일까? 민족이 남북한으로 이질화되었으니 빨리 동질성을 되찾도록 하여야 한다는 목소리들이 높다. 그것은 앞에서 이야기한 정치적, 문화적, 심리적 장벽을 없애고 다같이 조화 있게 살자는 의미에서는 좋은 말이다. 그러나 그것이 북한 사람들이 가지고 있는 '북한적 특징'을 완전히 부정하고 '남한 사람들처럼 되어야 한다' 는 것을 의미한다면 문제가 있음을 위에서 지적하였었다. 무엇보다도 동질화가 이질화의 최선의 해결책은 아니기 때문이다. 즉 여러 해결책 중 하나는 될 수 있겠으나 최선의 해결책은 아니라는 것이다. 이것을 생각해 보기 위하여 잠시 미국의 이민자들에 대한 사회 동화 이론들을 살펴 볼 필요가 있다.

역사적으로 미국에서는 끊임없이 새로운 외국 이민자들이 유입되어 들어왔다. 그러므로 이 새로운 이민자들이 미국 사회에 얼마나 성공적으로 편입되는가가 국가 생존에 절대적인 문제가 되었고, 그에 따라 이에 대한 많은 연구 이론들이 있어 왔다. 그 중 대표적인 것이 것이 소위 동화이론(Assimilation theory)이었다. 이것은 다양한 민족 출신의 이민자 집단이라 할지라도 그들은 미국이라는 새로운 정착 사회 안에서 하나의 공통적인 문화를 공유할 수 있으며, 그것은 자연스러운 과정을 거쳐 결국 완성되어 갈 것이라고 보는 이론이었다. 그리고 그러한 과정은 모든 이민자들에게 동일하게 일어나며 ,이것은 불가피하고도 불가역적인 것으로 보았다(Park, 1928; Warner and Srole, 1945; Wirth, {1925} 1956). 소위 융합 도가니, 또는 용광로(melting pot)라는 용어가 이런 이론을 상징적으로 설명했다. 동화론자들은 한 민족 집단이 미국에서 자신들의 전통 문화와 관습, 고유 언어를 계속 유지하면서 고립된 소수민족으로 남는 것은 그들의 건강한 적응과 동화에 부정적인 영향을 끼치는 것으로 보았다(Child, 1943; Warner and Srole, 1945). 즉 이민자들이 주변적 위치에서 사회 중심부로 이동을 하기 위해서는 그들의 오래된 문화로부터 자유롭게 되어야 한다고 보았던 것이다. 실제로 1920년대에서 1950년대까지 미국에 이민을 온 사람들은 주로 유럽 사람들이었고, 이들은 정착 기간이 길어지고 세대가 바뀌어가면서 교육, 직업 등에서 기존 미국 사람들과 같아지고, 언어도 능숙해졌으며 통혼도 이루어졌다. 즉 동화이론이 성공적으로 구현된 것이다.

그러나 1970년대에 들어서면서 기존의 동화이론에 맞지 않는 현상들이 나타나기 시작하였다. 즉 미국에 아시아계, 라틴계 이민자들이 늘어나는 이민 환경의 변화가 생겨났고, 이들은 아무리 시간이 지나도 미국의 주류 문화에 편입되지도, 통혼을 하지도 않으면서도 나름대로 미국에서 자리를 잡고 얼마든지 잘 살아가기 시작한 것이다. 이러한 현상은 전통적인 동화이론의 변화를 요구하게 되었다. 즉 미국 사회를 하나의 통합된 성격을 가진 사회가 되어야 한다고 보는 것이 아니라 다양한 민족, 인종, 소수민족이 모이는 모자이크와 같은 시각으로 보자는 이론이 등장한 것이다. 이것은 다원적 이론이라고 불렸다. 이 이론은 각기 다른 특성을 가진 민족, 집단들이 공존하고 있다는 것이 미국 전체 사회를 약하게 만드는 원인이 아니라 그 사회의 장점이고 자원으로 보자는 시각을 가진다. 이럴 때 중요한 것은 그 각 민족의 특징을 이해하고 어떻게 그것을 전체 사회에 더 도움을 주고 기여할 수 있도록 만들 것인가에 관심을 가지는 것이다(Glazer와 Moynihan, 1970; Handlin, 1973). 이러한 다원적 시각 이론에서는 이민자들의 문화와 전통이 주류 문화에 흡수 통합되는 것이 필요하다고 보지 않는다. 그리고 그 둘은 계속 상호 반응을 일으키며 서로를 변화시켜 나간다고 본다. 그리고 그것이 그 사회에 새로운 역동성을 준다고 보는 것이다.

물론 이러한 미국 이민자들의 사회 동화이론을 우리의 통일 사회에 그대로 적용하는 것에는 몇 가지 문제점이 있을 수 있다. 미국의 이민 사회는 인종, 언어, 전통 문화 등에서 쉽게 넘을 수 없는 구체적인 차이가 있는 반면에 남북한 사람들은 그런 근본적 차이가 전혀 없기 때문이다. 오히려 객관적 조건으로 본다면 동화이론을 적용시키는 것이 더 합당할 수도 있다. 그러나 여기서 생각하여야 할 점은 그런 동화의 방향과 속도이다. 그런 동화를 '북한적 특징을 완전히 무시한', 그리고 '급속하게', 때로는 강제적 성격까지 띠면서 이루려 한다면 이것은 오히려 이질화를 극복하고 동화시키는데 역행하는 요인이 될 것이라는 것이다.

'사람의 통일' 과정에서 이질성을 없애려는 노력이 소모적이고 파괴적인 일이 되지 않도록 하는 것이 요구된다. 문제는 이러한 이질화를 얼마나 긍정적으로 사용할 수 있느냐 하는 것이다. 이질화는 극복의 대상이 아니라 승화의 대상이어야 하기 때문이다. 이것은 동질화를 매우 중요하게 여기는 남한 사회에서 결코 쉽지 않은 과제이다. 자신과 조금만 달라도 '왕따'를 시키며 강제적으로라도 동질화시키는 사회가 남한 사회이다. 다른 특성을 가진 개인이나 집단과 공존하는 경험이 많지 않은 것이 남한 사회의 약점이며, 또한 북한 사회의 약점이기도 하다. 그러므로 '사람의 통일'을 향한 이러한 이질감의 극복은 우리 민족의 통일을 위하여 주어진 가장 마지막의 중요하고도 힘겨운 과제라 할 수 있는 것이다. 그런 의미에서 북한 사회, 북한 사람들의 행동과 의식 구조에 대한 연구를 시행하는 것이 이제는 통일을 위하여 매우 중요한 요소가 된다. 예를 들면, 현재 남한의 자본과 북한의 노동력이 합쳐져서 이루어지고 있는 사업들의 내부 경험이 중요한 연구 대상이 되어야 한다. 그래서 동질화된 집단보다도, 이질적인 집단들이 어떻게 조합을 이루어 더 큰 상승효과를 가질 수 있는지를 연구하고 그것을 모색하는 것이 필요한 것이다.

## IV. 민족적 이질감을 극복하는 데 있어 한국 기독교의 역할

앞으로 이러한 어려운 민족의 과제를 해결해 나가는 데에는 여러 가지의 힘이 있을 수 있다. 예를 들어, 시민 운동 의식, 남한 국민들의 좀 더 다원화된 시각, 국제화에 따른 타문화에 대한 수용 경험의 증가, 시장 개방 등이 그것일 수 있다. 그러나 근본적이고 직접적으로 이 남한 사람들의 내면 심리에 존재하고 있는 이질감을 인지적인 측면이 아닌 행동적인 측면에서 극복할 수 있도록 하는 요소 중 하나는 기독교 신앙이라고 할 수 있다. 이렇게 말하는 데에는 다음의 세 가지 이유가 있다.

첫째, 기독교 신앙 자체가 '다른 것에 대한 포용'과 연관되기 때문이다. 기독교는 그 발생 자체가 '유대인과 이방인'이라는 가장 이질적인 존재의 갈등을 극복하면서 형성된 종교라는 특징을 가진다. 그리고 초대교회 때부터 계층, 민족, 노예와 로마 시민, 남자와 여자 등의 당시 사회적 상식으로는 극복할 수 없는 이질적 장벽들을 넘어 형성된 종교라는 점에서 남북한 상황에 중요한 의미를 가질 수 있다.

둘째, 남한의 교회들이 가진 북한 선교에 대한 열정을 들 수 있다. 남한의 교회들은 통일과 연관하여 북한 선교에 큰 관심을 가지고 있고, 그에 대한 준비를 하고 있다. 분단 이전 북한 지역은 남한 지역보다 훨씬 더 기독교가 확산되어 있었던 지역이다. 따라서 그 지역에 다시 교회를 재건하여야 한다는 일종의 종교적 책임감이 강하며 그에 따라 북한을 지원하려는 자원을 동원하는 데 있어서도 남한의 교회는 남한의 어느 집단보다도 강력한 힘을 발휘할 수 있을 것으로 생각된다.

셋째, 한국 전쟁 당시 북한에서 500만의 사람들이 남한으로 피난을 왔는데, 그 중 많은 사람들이 북한에서 활동한 기독교도라는 점이다. 따라서 남한의 교회 안에 이들 북한 출신 사람들은 매우 많으며, 이들은 통일에 대한 많은 관심을 가지고 있고 특히 교회가 그러한 활동을 하는 것에 많은 관심을 가지고 있다. 이들은 북한에 두고 온 가족들, 고향에 대한 그리움이 크며, 북한 주민들에 대한 이질감을 심리적으로 가장 쉽게 극복할 수 있는 조건을 갖춘 사람들이라 할 수 있다. 그러므로 예를 들면, 향후 통일 과정에서 가장 민감한 주제가 될 수 있는 것 중 하나인 남한 사람들의 '북한 땅문서 포기 운동' 등에 가장 직접적으로 먼저 나서서 활동할 수 있는 사람들로서 이들 북한 출신 기독교인들의 활동은 매우 주목하여야 할 필요가 있다는 것이다. 그러므로 남한의 교회는 통일 운동, 이질감 극복을 위한 운동에 중요한 역할을 스스로 인식하고 나서야 할 필요가 있다. 모든 사상의 차이와 이권에 따른 갈등을 극복할 수 있는 근거로서 기독교 신앙은 유일한 힘은 아니더라도, 가장 먼저, 그리고 가장 강력한 역할을 할 수 있는 힘이 될 수 있으리라 생각한다.

그러나 남한의 교회가 이러한 역할을 하기 위하여는 스스로 극복해야 할 몇 가지 내부 장애물이 있다. 첫째, 반공 전통이다. 실제로 한국

전쟁 기간 중 기독교와 교회는 공산주의자들에 의한 피해가 가장 큰 집단이었으며, 또한 북한에서 내려온 피난민들 자신이 북한 공산주의자들에 의해 가장 큰 피해를 입은 사람들이었다. 따라서 냉전 기간 중 한국의 기독교, 특히 기독교의 주류인 보수교회들은 남한의 반공 보수 세력에 가장 중추적 역할을 담당하였다고 할 수 있다. 그러므로 이러한 반공 이데올로기 전통으로부터 스스로를 자유롭게 만드는 것은 기독 신앙을 가지고 하여야 할 큰 과제라 할 수 있다. 둘째, 배타적 태도이다. 교회는 그 시작이 이질적 집단의 포용으로 시작되었으나, 종교의 본성상 '옳고 그른 것'을 구분하는 일에 민감해져 왔었고, 따라서 그것에 지나치게 민감해져 오히려 외부에 가장 '비포용적'인 집단으로 비쳐지기도 하였다. 그러므로 세상의 많은 사물들은 '옳고 그른 것의 문제'라기 보다는 그저 '좋고 나쁜 것의 문제' 정도에 머무르고 있는 것일 뿐임을 자각하는 영적 성숙이 필요하다. 그래야만 포용과 화해가 가능하기 때문이다.

## V. 결론

민족 이질화는 분명히 우리 민족이 가졌던 비극의 산물이다. 반세기 이상 지속된 처절한 분단의 결과이기 때문이다. 그러나 동시에 이 이질화는 우리 민족에게 하나의 기회이기도 하다. 21세기를 맞이하여 더 세계화되어야 하고, 우리와 다른 인종, 언어, 종교, 사상, 문화를 가진 세계의 사람들과 함께 더 밀접하게 살아가야 하는 우리 민족 전체에게, 이 이질화와 그 극복의 경험은 우리 민족을 새롭고 더 성숙한 존재로 만들어갈 수 있는 기회이기 때문이다. 그런 의미에서 남북한

이 이질화된 것을 부정할 필요는 없다. 그리고 그것을 두려워할 필요도 없다. 다만 이질화된 서로를 바라보며, 남북한 사람들 모두 스스로의 약점과 문제점은 없애려고 노력하고, 각자의 장점은 더욱 살려, '최고의 민족'을 만들어 내는 데 이 이질화를 이용할 수 있으면 되는 것이다. 우리는 요새 '드림팀'이라는 용어를 많이 쓴다. 21세기 세계의 무대에서 활동해 나가야 하는 우리 민족이 '남북한 단일 드림팀'으로 되어 나가려면 이 이질화의 내용과 의미를 정확히 파악하고 그 차이를 적절히 이용하며 극복하는 것이 최대의 과제라 할 것이다.

이에 더하여 우리는 가장 근본적인 질문 하나를 스스로에게 던져야 한다. 하나님은 우리 민족에게 왜 '분단이라는 시련'과 '통일이라는 기회'를 주시는 걸까? 이 과정을 통하여 우리 민족은 무엇을 체험하여야 하고, 어떤 변화를 이룩하여야 할까? 우리 민족의 통일은 세계사적으로 어떤 의미를 가지는 사건이 되어야 할까? 그것은 단지 정치, 군사적으로 분단되었던 한 조그만 나라의 정치, 군사적인 통합 이상의 것이 되어야 할 것이다. 그것은 이질화된 민족의 통합을 통하여 계층적으로, 성별로, 인종별로, 문화적으로, 종교적으로 나뉘고 쪼개진 인류에게 통합이라는 것이 무엇인지, 포용이라는 것이 무엇인지, 이질화의 극복이라는 것이 무엇인지를 보여 주는 사건의 모범으로서의 의미를 가져야만 할 것이다. 그것이 우리가 맞이하고 있는 이 통일과 이질화 극복에 하나님이 주신 근본적인 의미가 될 것이다.

# 참고 문헌

이화수. 『통일 한국의 정치심리학 - 남북한간 인성통합을 위하여』.
　　서울: 나남출판, 1999.

전우택. "신흥 종교 집단에 대한 정신의학적 이해", 《정신병리학》
　　3(1), 1994.

─────. "신흥 종교 집단에 들어가는 과정에 대한 정신의학적 고찰",
　　《신경정신의학》 35(2), 1996.

─────. "탈북자들의 주요 사회 배경에 따른 적응과 자아정체성에 관
　　한 연구", 《통일연구》 1:2. 연세대학교 통일연구원, 1997a.

─────. "난민들의 정신 건강과 생활 적응에 대한 고찰 및 한반도 통
　　일 과정에서의 전망과 대책", 《신경정신의학》 36:1. 1997b.

─────. 『사람의 통일을 향하여 - 이질화된 남북한 사람들의 심리적
　　통합을 위한 사회정신의학적 고찰』. 도서출판 오름, 2000.

전우택, 민성길, 이만홍, 이은설. "북한 탈북자들의 남한 사회 적응에
　　관한 연구", 《신경정신의학》 36:1. 1997.

조혜정 외. "북조선과 남한의 동질성과 이질성", 『통일된 땅에서 더불
　　어 사는 연습』. 도서출판 또 하나의 문화, 1994.

Irvin Long, Child. *Italian or American? The Second generation
　　in Conflict*. New Haven: Yale University Press, 1943.

Glazer N, Moynihan DP. *Beyond the Melting Pot: The
　　Negroes, Puerto Ricans, Jews, Italians, and Irish of
　　New York City*. Cambridge MA: MIT Press, 2nd edition,
　　1970.

Oscar Handlin. *The Uprooted*. Boston MA: Little Brown & Co :
　　2nd edition, 1973.

Park, P. E. "Human migration and the marginal man",
　　*American Journal of Sociology* 33. 1928.

Warner W. L, Strole L. *The Social Systems of American Ethnic Groups.* New Haven: Yale University Press, 1945.

Wirth L. *The Ghetto.* Chicago: University of Chicago Press, 1925/1956.

# 6장

# 민족 화해와 평화 통일을 위한 교회의 역할

### 김형석 박사 | 한민족복지재단 사무총장[83]

새 천년을 맞으며 실시한 한 여론조사에 의하면[84] 우리 국민의 87%가 통일은 반드시 이루어져야 한다고 인식하고 있으며, 그 이유로서 ① 국제 사회에서 영향력이 확대될 것이기 때문에(35%), ② 전쟁의 위협이 제거될 것이기 때문에(22%), ③ 경제 수준이 향상될 것이기 때문에(20%), ④ 이산가족 문제가 해결될 것이기 때문에(15%) 등을 들고 있다. 그리고 이들 중 29%(전체 비율로 환산하면 25%)는 6년에서 10년 사이에 통일이 가능할 것으로 대답하였다. 우리 국민 4명 가운데 1명이 머지않은 시기에 통일이 이루어질 것으로 응답한 이 조사 결과만 놓고 본다면, 이제 우리는 통일 시대를 목전에 두고 있다고 판단할 수 있다.

---

83) 역사학 박사. 총신대학교 역사학 교수와 (사)우리민족서로돕기운동의 사무총장을 역임. 현재는 한민족복지재단 사무총장으로 일하면서 통일부 통일교육원의 초청교수로 출강하고 있음.
84) 《월간 조선》 2000년 1월호 참조.

그것은 2차대전 후 동·서간 이념 대립의 부산물로 생겨난 분단 국가들 중에서 우리 나라를 제외한 독일, 베트남, 예멘이 모두 20세기에 통일을 이루었지만, 그들이 통일을 이룰 당시에 비하여 현재 우리의 통일 의식이 결코 낮지 않으며, 또 다른 당사자인 북한 사람들의 경우 통일에 대한 염원이 우리가 상상할 수 없을 만큼 절대적이기 때문이다. 실제 그들과 대화해 보면 말끝마다 '통일', '통일'을 외치면서, 통일 이야기만 나오면 흥분하거나 눈시울을 붉히는 모습을 쉽게 볼 수 있다. 이처럼 달라진 민족 내부의 통일 환경 못지않게 국제 정세도 큰 변화를 보이고 있다. 냉전시대에는 강대국들의 거부권으로 불가능할 것으로 생각되던 UN 가입 문제가 오래 전에 남·북한이 동시적으로 이루어졌는가 하면, 주변 4강과의 관계 또한 남한이 한·러, 한·중 수교를 이룬 데 이어 북한 역시 미국, 일본과 수교 협상을 진행하는 한편으로 EU 국가들과의 수교 재개를 통해 국제 사회로의 복귀를 시도하고 있기 때문이다.

이러한 가운데 2000년 6월 15일에 남북한의 두 최고지도자가 발표한 공동선언은 해방 이후 갈등과 대립으로 점철된 남북관계를 화해와 협력으로 반전시켰다는 점에서 역사적 사건으로 평가되고 있다. 이후 남북관계는 네 차례의 장관 회담을 비롯하여 각종 당국자 간의 회담이 진행되면서 정부 차원의 대규모 지원과 함께 민간 차원의 교류도

---

85) 6.15 이후 남북관계의 발전은 활발해진 인적 교류와 물적 교류의 증대를 통해 확인할 수 있다. 1990년 183명에 불과하던 방북자는 2000년에 7,280명으로 확대되었으며, 1990년에 1천3백만 달러였던 물적 교류는 2000년에 4억 3천만 달러로 증대하였다. 또 대북지원액은 2000년에 1억 1376만 달러(정부 7,863만 달러/ 민간단체 3,513만 달러)로 급속한 증가세를 보이고 있다. – 박하진, 『남북 교류의 현황과 과제』, 통일교육원, 2001.

획기적으로 증가하였다.[85]

이처럼 확대일로에 있던 남북관계는 부시 행정부의 등장 이후 북미 관계의 악화와 더불어 한시적인 소강 상태를 맞고 있으나, 이미 남북 간의 직접적인 교류와 협력을 바탕으로 민족 화해와 한반도의 평화를 실천하려는 6.15공동선언이 국내외적으로 폭넓은 지지를 받고 있어서, 이제 남북관계는 역사적인 측면에서 볼 때 분단 시대를 뛰어넘어 통일 시대에 접어들고 있다고 할 수 있다.

그런데 문제는 통일이 사전 예측할 수 있는 상황에서 찾아오는 것이 아니라, 어느 날 갑작스럽게 찾아올 것이라는 점이다. 기독교적 관점에서 역사를 살펴보면 '우연'이란 있을 수 없으며 반드시 '섭리'와 '필연'에 의해 모든 사건이 발생하게 되지만, 그 시대를 살고 있는 사람들이 그 같은 변화를 예측하지 못하기 때문에 인류 역사상 중요한 사건들은 한결같이 우연히 발생한 것처럼 보이는 경우가 많은데, 우리의 통일 문제 역시 현 시점에서 생각할 때 그러한 전철을 답습할 가능성이 크기 때문이다. 그러므로 지난날 이미 평화적인 방법으로 통일을 이루긴 하였으나, 사전에 충분한 대비를 하지 못한 탓에 사회적 혼란과 경제적 손실을 겪었던 독일의 지도자들이 '통일은 도둑고양이처럼 찾아오는 것'이라고 들려 주는 경고는 우리에게 있어서 값진 교훈이라고 할 수 있다. 이런 점에서 통일을 준비하는 한국 교회의 자세는 현재의 불확실한 남북관계에 구애됨이 없이 마치 '신랑을 기다리는 열 처녀의 비유'(마 25 : 1-13)처럼 다가올 미래의 통일에 대해 철저한 준비를 서둘러야 할 것이다.

## Ⅰ. 민족 화해를 위한 교회의 자아성찰

새 세기, 새 천년의 시작과 함께 분단 이후 최초의 남북정상회담이 개최되자 이에 영향 받은 사회 각계에서 남·북 간 동질성 회복을 위한 적극적인 노력들이 시도되고 있는 가운데 교회는 선두에서 이를 실천하고 있다. 그러나 평화 통일을 위해서는 정치적 선언이나 경제적인 지원 이전에 민족 공동체 내부의 화해가 선행되어야 하며, 진정한 민족 화해를 위해서는 지난 반세기 동안 '안보'와 '성장'이라는 두 성역의 울타리 안에서 일방적으로 진행된 개발독재와 편향된 이데올로기로 인해 희생당한 민족 구성원들에 대한 내적 치유가 필요불가결함은 새삼 언급할 필요가 없다. 이런 점에서 '화해자로서의 교회'(롬 12: 18)는 과거에 대한 철저한 반성과 용서를 통해 우리 사회 내부에 자리하고 있는 불화의 요소들을 치유하고 민족 화해를 선도함으로써 다가올 통일 시대를 대비해야 할 것이다.

## 1. 정치 지향의 한국 교회

제1공화국과 밀착하여 정경유착의 전형을 보여 주었던 기독교계의 행태에 대한 반성은 이미 수차례 지적된 바 있지만[86] 이러한 현상은 이후 한국 교회의 전통과 관례가 되어 많은 문제를 양산하게 되었다.

---

86) 이만열,『한국 기독교와 역사의식』, 지식산업사, 1981 ; 최종고, "제1공화국과 한국 개신교"『동방학지』46·47·48합집, 연대 국학연구원, 1985 ; 이상규, "해방 후 한국 교회의 민주화운동과 통일운동",『한국 기독교와 역사』4, 한국기독교역사연구소, 1995 참조.

특히 한국 교회에서는 한국 전쟁을 전후한 시기에 새로운 문제점들이 부각되었다.

그것은 첫째, 체제 수호와 국가 안보라는 절대 명제 앞에서 편향된 반공 이데올로기를 가지고 상대방을 용공주의자로 몰아붙이는 매카시즘적인 풍토가 교회 안에서도 나타났다는 것이다. 해방 후부터 줄기차게 신사참배자들의 자숙과 한국 교회의 개혁을 주장하던 경남노회에서는 총회측에 항의하여 1951년 7월 국회의원 22인의 명의로 된 「기독교와 용공정책」이라는 유인물을 통해 "한국 장로교회는 용공단체이다"라는 주장을 하기에 이르렀다.

"한국 기독교 각 파와 각 단체가 한국기독교연합회를 조직하여 용공정책을 주장하는 세계기독교연합회(W.C.C.)와 동아세아대회에 가맹 연락된 것과 공산 정책을 예찬하는 또는 권장하고 있는 세계기독교연합회로부터 구제 금품을 받고 있다는 사실에는 놀라지 않을 수 없으며, 동 단체와 자매관계를 가진 국제선교회(I.M.C.)의 원조 받는 일도 신중한 고려를 경요(敬要)하와 별지 「기독교와 용공정책」 진상 검토 자료를 제공하오니 한국 현실에 비추어 보시고, 후일의 기독교 면목을 위하여서라도 귀 교파와 각 단체의 반성을 촉구하는 바이오며……."[87]

이러한 색깔 논쟁은 사실 여부와 상관 없이 후일 교계에서 '보수 세력'들이 '진보 세력'들을 공격하는 명분으로 사용되기도 하였지만, 오히려 교회 안에서보다 밖에서 더 큰 영향을 미쳤다. 즉 5.16 이후

---

87) 김양선, 『한국 기독교 해방 10년사』, 대한예수교장로회총회 종교교육부, 1956, pp. 158, 160.

30년간이나 정권을 장악한 군부 세력들은 그들의 독재정치에 항거하는 교계의 민주화 운동과 통일 운동에 대하여는 항상 '용공성'이라는 사상적 잣대를 '전가보도(傳家寶刀)'처럼 휘두르며 탄압의 명분으로 삼았던 것이다.

둘째, 한국 교회와 정치의 관계성이다. 초기 한국 교회사에서 정치와 종교의 관계를 정의한 것은 1901년 9월 장로회공의회에서 결의한 '교회와 정부 사이에 교제할 몇 조건'이었으며, 그 내용은 철저한 '정·교 분리'를 적시한 것이었다. 이후 정교 분리의 원칙은 성경상의 옳고 그름을 떠나 한국 교회가 금과옥조(金科玉條)처럼 일관되게 주장한 것이지만, 실제에 있어서는 무원칙하게 편의주의적으로 적용되어 왔는데, 특히 교계가 각종 선거에 있어 집권당의 전위대로까지 활약한 제1공화국의 경우에는 '정교유착'을 넘어 '정교일체'로까지 발전하였다. 당시 기독교와 자유당 정권의 관계에 대하여 김용복은 다음과 같이 설명하고 있다.

"자유당과 기독교의 밀착은 밑 없는 늪과 같이 깊었다. …… 일제에서 해방된 한국의 기독교는 식민지 잔재의 청산이라는 민족적 과제를 내부적으로 해결할 역량이 없었고, 반민특위(反民特委)와 같은 외부적 도전에도 이를 받아들여 정리할 수 있는 역량이 부족했다. 북한 공산집단에 항거한 유산은 이승만 정권의 반공정책과 밀착되는 결과가 되어 국가와 교회 사이에 정당한 관계를 위한 기반을 형성하지 못하였다. 특히 기독교로 하여금 제 맛을 잃은 소금처럼 부정과 부패에 무기력하게 하였고 그 본래의 예언자적 사명을 망각하게 하였다."[88]

제1공화국에서의 이러한 '정교유착' 의 결과는 교회의 사회적 공신력 실추와 교세의 급격한 퇴조 현상을 가져왔음에도 불구하고,[88] 다른 한편으로는 4.19 민주혁명의 실패와 군사정권의 등장을 틈타 이후 30여년간 지속된 군부독재시대를 거치면서 항상 강자의 편에 서기 좋아하는 한국 교회상(像)을 창출하는 바탕이 되었다. 즉 새로운 정권이 탄생할 때마다 대외적으로는 민간 외교사절로서 정권 수립의 정당성을 홍보하고, 대내적으로는 국가를 위한 기도회 등을 통해 통치 기반을 안정시켜 주는 역할을 하는 것으로 기득권을 유지하였던 것이다.[90]

　　우리의 헌법 20조에 보장된 '종교의 자유' 는 종교의 활동에 관한 것이지 종교인들의 행위에 관한 규정은 아닌데도 과거의 독재 정부는 정치적 이유에서 몇몇 종교 지도자들과 연결하여 서로의 기득권을 유지하는 데 중점을 두어 왔으며, 정부의 비호 아래 활동한 일부 종교인들은 세속 정치인을 능가하는 '종교 정치꾼' 으로 변질되어 교계를 혼탁시켰다. 친일행위로 반민특위에 소환당하였던 인사들 가운데는 종교지도자라는 명분을 가지고 제1공화국에서부터 현재에 이르기까지 사회 지도층으로 행세하며 교권에까지 관여함으로써 최근에는 학계로부터 지난날의 행적에 대한 추궁을 받고 있는 경우들도 있다. 「한국 교인의 정치의식 조사 연구」란 보고서에 의하면, 자기 교회의 성직자가 특정 후보를 지지할 때 맹목적으로 따르겠다고 응답한 교인은 전체의 3.3%에 불과하였으며, 기독교 정당의 출현에 대하여도 36%만이 필요하다고 응답하였는데,[91] 이 같은 수치는 정교유착 내지는 성직

---

88) 김용복, "해방 후 교회와 국가", 「국가권력과 기독교」, 1982, p. 203.
89) 강인철, op., cit, pp. 220-226.
90) 이상규, op., cit, pp. 75-76, 84.

자들의 지나친 정치 관여에 대한 교인들의 부정적 시각을 단적으로 나타내고 있다.

## 2. 민족 화해자로서의 한국 교회

오늘날 우리 역사는 민족 구성원 내부에 자리잡고 있는 복잡다단한 갈등과 반목의 소용돌이 현장에 서 있다. 이념적으로는 50년 분단에서 비롯된 남·북의 이질화와 남한 내부의 보수와 진보의 갈등, 정치적으로는 영·호남의 지역감정에 기초한 지역정당의 출현과 국론의 분열, IMF 이후 1백만이 넘는 실업자의 발생과 중산층의 몰락으로 인한 빈부 갈등, 끊이지 않는 노사 간의 반목과 대립 등 흔히 학계에서 말하는 '동·서 간의 대립'(이데올로기적 대립)과 '남·북 간의 대립'(경제적 빈·부 세력 간의 대립)이 우리 나라에서는 용어상 표현을 바꾸어 상호교차하고 있는 총체적 난국을 맞고 있는 것이다. 이러한 와중에 국민의 1/5을[92] 포용하고 있는 한국 교회가 가장 시급히 해결해야 할 문제는 두말할 나위 없이 '민족 화해를 위한 평화의 사도'로서의 역할이라고 할 수 있다.

---

91) 기독교윤리실천운동·한국기독교역사연구소,『한국 기독교인의 정치의식 조사 연구』, 1992, pp. 80-83.

92) 기독교인의 숫자에 관하여는 항상 정부의 발표(15% 내외)와 교회의 발표(25% 내외)에 많은 차이가 있어 정확한 인원을 파악하기 힘든 측면이 있다. 그런데 이 문제에 대해 체계적인 조사를 해 온 전호진의 견해에 따르면, 전체 인구의 15~18%를 기독교 신자로 파악하고 있다. – 전호진, "해방 후 한국 교회의 성장과 해외선교", 『한국기독교와 역사』4, 한국기독교역사연구소, 1995, p. 29-34. ; 한편 1997년도 통계청의 발표에 의하면, "기독교인은 876만 명(19.7%)으로서 불교(23.2%)에 이어 두 번째로 많다"고 밝히고 있어 전호진의 견해와 어느 정도 일치하고 있다.

이런 점에서 한국 교회의 당면과제는 첫째, 사회를 안정시키고 불신을 해소케 하는 화합의 장(場)으로서의 역할이다. 1970년대 이후 급속한 산업화와 도시화로 인해 전통적 가치관을 상실하게 된 국민들은 사회를 지탱해 주는 세력으로 종교를 들고, 그 가운데서도 기독교가 그러한 중추적 역할을 해 주기를 기대하고 있다. 지난 1989년에 보고된 「대학생들의 사회적 종교적 안정도 조사」에 의하면, 두 분야 모두의 안정도 평가 결과 기독교→유교→불교→기타 종교→무종교의 순으로 나타나고 있어서, 아직도 기독교가 우리 사회의 안정에 상당한 기여를 하고 있음을 밝히고 있다.[93]

그럼에도 불구하고 1990년대에 접어들면서 기독교계에서 연속적으로 발생한 대형 사건들과[94] 고위 공직자들의 재산 공개 과정에서 나타난 기독교인들의 부도덕성은 불신감을 증폭시켰으며, 국민들을 위로하고 사회를 안정되게 해야 할 기독교가 오히려 국민들을 불안케 하는 결과를 낳았다. 1993년에 실시된 「정직한 직업인 신뢰도 조사」에 의하면, 일반 국민들의 성직자들에 대한 평가는 정직 윤리 평가도 면에서 불과 31%의 수치로 상당한 불신감을 나타내고 있으며,[95] 이후의 조사 결과 또한 개선될 조짐을 보이지 않고 있어 기독교계에 대한 사회의 불신감을 구체적으로 반증하고 있다. 이러한 현상이 나타난 또

---

93) 이정효 외, "한국 교회 성인들의 신앙 유형과 사회의식에 관한 관례성 연구", 『1989년도 문교부 학술 조성비에 의한 조사 보고서』 참조.

94) ① 大成敎會 박윤식 목사측에 의해 자행된 新興宗敎問題硏究家 卓明煥氏 피살사건, ② 대전의 五大洋事件, ③ 부천의 永生敎事件, ④ 아가동산 事件 등이 대표적이다.

95) 한국갤럽이 주관한 이 조사에 의하면, 조사 대상인 18개 직업군 중 1위는 신부(53%), 2위 TV 앵커(45%), 3위 승려(39%), 4위 언론인(37%), 5위 교육자(31.2%) 등으로서 목사(31%)의 경우 종교인 가운데 최하위를 차지하고 있다.

다른 요인은 그동안 교회 지도층이 시류에 편승하여 권력지향적인 성향을 보임으로써, 지난 30년간 급속한 산업화 과정에서 나타난 빈곤층과 가족 윤리의 급격한 변화를 통해 양산된 소외계층을 포용하지 못하였기 때문에 빚어진 결과이다.

따라서 도덕성과 인간성의 회복을 통한 사회의 안정을 이루기 위해서는 무엇보다 참사랑의 실천이 요구되고 있는데, 이것은 교회가 교회 되게 하는 본래의 기능을 회복하는 것(행 2:42-47)이기도 하다. 그러나 오늘날 한국 교회는 방대한 교세에도 불구하고 국민들의 정서와는 동떨어진 양적 성장과 내적 결속에만 힘쓰고 있어서, '선한 이웃으로서의 교회'라는 사회적 책무나 기능을 제대로 수행하지 못하고 있다. 한국 교회는 경제적으로도 국가의 장래를 좌우할 만큼 거대조직이 되었는데,[96] 정부의 한 미공개 보고서에 의하면 "교계가 재정의 1.64%만을 사회 봉사비로 지출하고 있으며, 특히 최대 교단인 장로교의 경우는 평균치에 미달하고 있다"고 밝히고 있다. 이것은 사랑과 자비와 양선을 실천해야 하는 기독교 정신에 근본적으로 배치되는 것인데, 그에 비해 구세군에서는 재정의 35%를 봉사활동비로 지출하고 있어 통일 시대를 맞은 한국 교회가 나아가야 할 방향성을 제시해 주고 있다.

둘째, 분파주의와 지역성을 초월하는 공동체로서의 역할이다. 현재 한국 교회는 한국 사회가 안고 있는 고질적 병폐인 지역주의만큼이나 엄청난 분파주의에 빠져 있다. 분파주의의 상징처럼 되어 버린 한국

---

96) 종교사회학자인 노치준 교수는 "한국 교회 재정구조의 연구"에서 1992년도 한국 교회의 재정 규모를 2조 5천억 원으로 추정하고 있다.

교계에는 최소 80개 이상의 교파가 난립되어 있어서 세계기독교사에서 유례가 없는 혼란이 빚어지고 있다. 대부분의 교인들은 자신이 출석하는 교회가 어떤 교단에 속하는지, 어떤 교단이 건전한 정통교단인지, 아니면 사이비나 이단인지 알지도 못하는 가운데 교회에 출석하고 있으며, 이로 인해 피해를 당하게 되는 경우들이 속출하고 있다. 그럼에도 불구하고 무자격 성직자가 활동하고, 사이비 종교집단이 불건전한 교리를 전파해도 아무런 제재를 가할 방법이 없는 실정인데, 그것은 한국의 교계가 수평적 관계의 교단들만 난립해 있고 최고 권위의 대표기관이 없는 데다가, 교단 간에도 자신들의 문제를 자율적으로 해결할 아무런 장치도 가지고 있지 못하기 때문이다.

한국 교회의 교파주의는 외형적으로는 신학적 성향에 따라 진보계열의 NCC와 보수진영의 한기총으로 양분되어 있고, 양 진영 간의 반목이 1960년대 박정희 정권 하에서 있었던 사회 참여 문제를 놓고 빚어졌던 노선상의 차이에서 비롯된 것처럼 보이지만, 내면적으로는 주로 지연과 인맥에 따라 형성된 교단색을 띠고 있어서 명분과 이권에 따라 합종연횡(合從連橫)하기도 하고 반목과 갈등을 나타내기도 하는 특성이 있다. 한동안 심각한 교계 문제로 부각되었던 '기독교 CATV 업체 선정 문제'와 '성서공회 사건' 역시 이런 맥락에서 이해될 수 있다. 그런데 문제의 심각성은 한국 교회 분파주의의 근원이 1893년 외국 선교부들의 선교지역 분할협정(敎界禮讓)에 기초하고 있으며,[97] 1960년대 이후에 결성된 교단 가운데는 특정 지역을 기반으로 하고 있는 경우들이 많이 있어서 정치권의 지역 분할주의와 망국적인 지역

---

97) 한국기독교역사연구소, 『한국 기독교의 역사』, 교문사, 1994, pp. 213-218.

감정과도 결부되고 있다는 점이다. 따라서 1992년과 1997년의 두 차례 대통령선거에 나타난 특정지역 출신 성직자들의 행태는 교계 내부 문제의 차원을 넘어서 동·서간 갈등을 심화시키고 국론을 분열시키는데 일조하였다고 할 수 있다. 그러나 교회의 분파주의가 지역사회 분열에까지 이어지고 있고 지역 감정의 골이 워낙 깊어 치유가 불가능할 정도가 된 현실에서 일부 학자들에 의해 '민족 통일에의 과업이 오히려 교회 연합과 일치운동에 단초를 제공할 것'[98]이라는 주장은 매우 시사하는 바가 크다고 할 수 있다.

## II. 한국 교회 통일 운동의 과제와 전망

### 1. 민족 통일을 향한 교회의 역할

한국 기독교사를 보면 분명히 교계가 지향하려는 방향성을 가지고 있다. 구한말 교회는 개화와 애국충군(愛國忠君)을 부르짖었고, 일제 치하의 교회는 조국의 독립과 신분 해방을 위해 투쟁하였으며, 해방 후에는 국가 건설과 안보에 적극 협력하였다. 또 제3공화국에서 제5공화국에 이르는 군사독재정권 하에서는 조국 근대화와 민주화의 두 가지 상반된 주장을 견지하였으며, 제6공화국과 문민정부 때에는 인권 문제와 소득 분배 등의 지향점이 있었다. 그런 점에서 본다면, 현재 한국 교회가 지향해야 할 문제는 민족 화해와 평화 통일이다. 6.15 이후 통일론에 대한 진보 계열과 보수 진영의 인식 차이는 단순한 논

---

98) 박순경, 『민족 통일과 기독교』, 한길사, 1987, p. 330 ; 이만열, 『해방 50년, 한국 교회사를 어떻게 볼 것인가』, pp. 21-23.

쟁에 머무르지 않고 개혁이라는 명분과 집단의 이해에 따라 사회 곳곳에서 충돌하고 있다. 이 때문에 지속적인 통일 과업 추진을 위해서는 정부의 통일 정책에 대해 인내하고 협조하는 분위기를 창출해 낼 안정적 후원 세력이 필요하다. 즉, 이념 논쟁이나 방법론상의 문제점에도 불구하고 변함없이 정부의 통일 정책을 후원해 줄 여론의 주도층이 필요한데, 이런 면에서 교회야말로 통일 과업을 후원할 가장 적합한 세력이라고 할 수 있다. 역사상에 분열을 극복하고 통일을 성취하였던 신라나 고려의 통일이 불교와 유교의 안정적 후원에 힘입은 것임은 두말할 나위 없으며, 독일 통일에 기여한 기독교계의 역할 역시 많은 시사점을 주고 있다.

우리의 근 현대사를 볼 때, 기독교는 일제 치하에서부터 서북지역의 교세가 월등하였던 탓으로 지금까지도 교계의 지도층에는 월남민이 상당수 분포하고 있어서 통일과 북한 선교에 대한 열정을 갖고 있으며, 한국 교회의 성장도 전적으로 이들에 의해 주도되었다. 6.25 이후 기독교계에 등장한 대형 교회들은 거의가 다 월남한 1세대들이 형성한 교회들이며, 한국 교계의 상징적 지도자들 역시 대부분 월남한 성직자들이어서 이들은 한국 기독교의 성향을 반공 보수화하여 사회를 안정시키는 데 기여해 왔다.[99]

그러나 다른 측면에서 본다면 이같이 '반공 일변도'로 특징지어진 한국 교회의 성향이 분단을 극복해야 하는 우리의 현실에서는 교회의 예언자적 징조들에 역행하고 민족 통일의 길을 차단한 측면도 없지

---

99) 노치준, "한국 전쟁이 한국 교회에 미친 영향 – 한국의 개신교회를 중심으로", 『한국 전쟁과 한국 사회 변동』, 풀빛, 1992, pp. 233-234.

않다.[100] 이런 점에서 교회는 이념적이건, 정치적이건 간에 분단된 양편의 중간에 위치하여 화해의 역할을 할 수 있는 입장으로 탈바꿈하여야 한다.

## 2. 한국 교회의 통일 운동

민족 통일을 향한 교회의 노력은 주로 NCC계열의 진보적 신학자들과 청년 학생들에 의해 1970년대 초부터 본격화되기 시작하였다. 반공이데올로기로 무장된 독재 정권의 서슬이 시퍼렇던 이 시기에 한국기독교교회협의회는 1972년의 「7.4 공동성명에 대한 성명서」에서 1988년의 「민족의 통일과 평화에 대한 한국 기독교회 선언」에 이르기까지 교계의 통일 논쟁을 전담하며, 선구자적 입장에서 민족 통일에 대한 교회와 정부의 관심을 촉구하였다.[101] 그러던 것이 1990년대에 접어들면서 6공 정부의 북방 정책과 소련을 비롯한 동구 사회주의국가들의 몰락으로 통일에 대한 논의가 자유로워지고, 중국과의 수교로 인해 중국을 통한 남북한의 접촉이 가시화되자 한국 교회의 통일에 대한 관심과 열기도 봇물 터지듯 일기 시작하였다. 1990년대 한국 교회의 통일 운동은 그 성격상 네 갈래로 분류할 수 있다.[102]

---

100) 박순경, op., cit, pp. 330-331.
101) 이만열, "한국 기독교 통일 운동의 전개 과정",『민족 통일을 준비하는 그리스도인』, 두란노, 1994 ; 김상근, "민족의 통일과 세계평화를 위한 한국 교회의 공헌",『한국기독교교회협의회 창립70주년』, 1994 ; 김흥수, "한국 교회의 통일 운동 역사에 대한 재검토",『기사연무크』3, 한국기독교사회문제연구원, 1991 참조.
102) 이하의 원고 작성에 있어서는 선교학적으로 검증된 사실보다 지난 수년 동안 이일에 종사한 필자의 경험칙(經驗則)과 20여 차례의 방북 소감이 바탕이 되었음을 밝힌다.

첫째, 북한의 조선그리스도교연맹을 대상으로 한 외교적 노력이다. 이러한 노선을 대표하고 있는 것은 NCC인데, WCC의 틀 안에서 이미 1986년부터 조선그리스도교연맹과의 만남이 가능했던 NCC는 남북 교회 대표단 간의 회담을 통해서 한국 교회의 대표성을 과시하고, 조선그리스도교연맹에 대한 지원을 통해 북한 사회 내에서 기독교에 대한 인식 변화를 추구하는 노력을 계속하고 있다. NCC는 1989년에 통일원이 「남북 교류에 관한 지침」을 발표한 이래 1993년까지 9차례나 북한 대표들과 접촉하면서 초창기 교계의 남북 대화를 선도하였으며,[103] 1997년에는 '남·북·미 교회협의회' (6.17-19, 뉴욕), '독일 교회의 날' (6. 17-22, 라이프찌히), '세계개혁교회 연맹총회' (8. 8-20, 헝가리 드브리첸)에서 세 차례 만남을 가졌다. 이어 1998년 5월 26일부터 6월 1일까지 대표단이 북한을 방문하고 「8.15 남북공동기도문」과[104] 함께 "남과 북이 서로 다른 사상과 제도의 존재를 인정하는 기초 위에서 화합을 이룩하고 공존·공영·공리를 도모하면서 조국 통일의 길을 함께 열어 나간다"는 내용의 「공동 합의문」을 채택하기까지에 이르렀다.[105]

이 같은 입장에는 '보수'와 '진보'의 중간에 위치하여 한국 교회의 통일 역량을 규합하려는 '남북나눔운동'까지 참여하여 남북 기독교인들 간의 접촉을 통한 평화 통일 분위기 조성에 기여하고 있다.

그러나 다른 한편으로는 북한측의 순수하지 못한 정치적 의도에

---

103) 구체적인 회담의 내용과 성격에 관하여는 류성민, 「남북한 사회·문화 교류에 관한 연구 – 종교 교류를 중심으로」, 현대사회연구소, 1994, pp. 33-35.
104) 전문은 국민일보 1998. 6. 5일자 참조.
105) 「중앙일보」, 1998. 6. 5일자.

대한 우려와[106] '한기총'과의 대표성 경쟁을 유발하는 데 따른 부정적인 측면이 상존하고 있는 것[107] 또한 사실이다. 이런 점에 유의하여 NCC와 한기총에서는 한국 교회 전체를 대표할 수 있는 공동대표단 구성을 시도한 적이 있으나[108] 서로가 중심 역할을 강조함으로써 별다른 진전을 보지 못하고 있다. 그러나 이러한 논의가 앞으로 통일 운동뿐 아니라 교회 일치 운동에도 큰 영향을 미친다는 점에서 주목되고 있다.

둘째, 식량과 의약품을 비롯한 각종 생필품 지원을 통한 구호활동이다. 사회주의 계획 경제의 실패로 지난 1990년 이래 계속하여 8년 동안 마이너스 성장을 기록하고 있는 북한은 1인당 GNP가 1천 달러에도 미치지 못하는 극빈국으로 전락한 데다가[109] 1994년부터 계속된 자연재해(94; 냉해, 95; 대홍수, 96; 한해, 97; 해일)로 인해 식량 생산이 크게 줄어들어 세계에서 가장 심각한 기아 지역으로 관리되고 있다.[110] 이러한 요청에 부응하여 1990년의 '사랑의 쌀 나누기 운동'과[111]

---

106) 『통일백서』, 1997, 통일원, p. 153.

107) 당시 조선기독교도연맹에서는 1998년 5월말 NCC 대표단 초청에 이어, 곧바로 6월초에 한기총 대표단을 초청함으로써 두 단체간의 경쟁을 유발하는 듯한 인상을 주었다. 그러나 한기총의 방북이 성사되지 못하여 교계에서 우려했던 직접적인 경쟁은 피할 수 있었다.

108) 『기독교신문』, 1998. 6. 14일자.

109) 한국은행이 발표한 『북한 GDP 추정결과』에 의하면 북한의 1인당 GNP는 96년(910$), 97년(741$)로서 각기 당해 연도 남한의 1인당 GNP의 1/12, 1/13에 해당한다.

110) 1995년 8월에 있었던 대규모 홍수 이후 지난해 말까지 국제사회가 지원한 총액은 3억 7820만$, 남한의 대북지원 총액은 2억 8466만$이며, 식량으로는 118만 3912t에 달한다 - 『통일백서』 1997, pp. 202-203.

1991년의 '사랑의 의료품 나누기 운동'에[112]의해 시작된 교계의 구호 활동은 1995년 북한 지역의 대홍수 이후 한국 교회 전체의 관심과 참여 속에 큰 결실을 거두었다.[113]

그럼에도 불구하고 이 같은 구호 활동만으로는 매년 2백만 톤 이상 부족한 것으로 추산되는 식량난과 매우 열악한 가운데 있는 것으로 확인되고 있는 북한 주민들의 건강 문제를 치유할 수 없는 것은 당연한 사실이다. 또한 구호 차원의 대북지원에는 항상 구호 물자가 주민들에게 직접 분배되고 있는가 하는 투명성 문제와 함께 교단이나 기관 간의 실적과 명분을 내세운 무분별한 경쟁에 대한 반성도 제기되고 있다. 이런 점들을 생각할 때 교계의 구호 활동은 보다 근본적이고 지속적인 해결책이 모색되어야 할 것이다.

---

111) 1980년대의 계속적인 쌀 풍년으로 잉여미에 대한 처리가 사회 문제로 대두되자 1990년 3월 한기총이 한국일보사와 공동으로 시작한 '사랑의 쌀 나누기 운동'은 "쌀 풍년을 사랑 풍년으로"라는 캐치프레이즈를 통해 7년 동안 75억 원의 성금을 모금하는 성과를 거두었다. 그러나 1990년 7월에 쌀 1만 가마(8억3천만원 상당)를 북한에 전달한 후에는 정부 당국의 반대로 대상을 필리핀 · 중국 · 러시아 · 베트남 · 이디오피아 등 해외 20여개국과 국내의 사회복지시설로 바꾸고 말았다.

112) 북한에 대한 의료지원을 목적으로 '북미기독의료선교회'와 함께 평양 시제3인민병원의 건립을 후원한 동 단체는 1996년 11월에 '한민족통일준비모임'과 연합하여 '재단법인 한민족복지재단'으로 발전하였으며, 그동안 13개 도급 어린이병원 현대화사업 · 인민학교학생 집단구충사업 · 어린이심장병센터 설립 등을 추진하면서 대북 보건 · 의료사업을 선도하고 있다.

113) 1995년 11월부터 1997년 말까지 국내의 민간단체가 정부의 공식창구인 적십자를 통해 전달한 지원 총액은 195억 7,715만 원에 달하는데(『통일백서』, 1997, p.200), 정확한 비율을 산출한 적은 없으나 개신교계가 가장 큰 규모를 차지했다는 데는 이론의 여지가 없다(중앙일보, 1998. 6. 13일자). 그리고 교계의 지원 가운데는 국제 NGO를 통한 간접 지원도 상당액에 달하고 있다.

셋째, '한기총 북한 교회 재건위원회'와 '감리교 서부연회'에 의해 시도되고 있는 교회 재건 운동이다. 1995년 설립된 북한 교회 재건위원회는 그동안 북한에 존재했던 2,850교회의 명단을 조사하여「북한 교회 재건 백서」를 발간하는 한편 국내 교회들을 대상으로 재건 대상 교회를 확정하는 등[114] 활발한 활동을 전개하였으며, 한때는 금강산 수양관과 온정리교회 복원을 논의할 목적으로 방북을 추진하였다. 그러나 한기총에서 재건 대상 교회들을 일방적으로 결정한 이 같은 조치는 NCC 가맹 교단들로부터 강력한 반발에 부딪치게 되었다.

이러한 가운데 감리교단으로부터 북한 교회 재건과 대북 선교의 전권을 위임받은 서부연회는 적극적인 대북 접촉을 통해 조선그리스도교연맹과 북한 지역 최초의 감리교회였던 평양남산현교회 재건 문제를 논의했던 것으로 알려졌으며, NCC 차원에서 라진·선봉지대 내에 교회 설립을 추진하기도 하였다. 이밖에도 세계복음화협의회 등 재미 단체와 연계한 선교회 또는 개교회 차원에서도 교회 재건에 큰 관심을 보임으로써, 한때는 첫 번째 교회 설립을 위한 치열한 경쟁이 벌어지기도 하였다. 그러나 북한의 무관심으로 교회 설립에의 열기가 무산된 현시점에서 재고해 볼 때, 과연 북한 선교에 있어서 교회 설립이 최우선적으로 다루어져야 할 문제인가에 대한 반론과[115] 더불어 직접

---

114) 한기총북한교회재건위원회,「북한교회 재건백서」, 1997, p. 413.

115) 북한 교회 재건에 반대하는 주장 가운데는 거액의 금전 거래에 의한 교회 설립이 교회의 순수성을 훼손할 우려를 나타낸 경우가 많았는데, 교계 언론들의 보도를 종합하면 교회 재건 문제의 논의와 관련해 NCC방문단은 북측에 의약품과 의료기자재, 국수공장, 6백평의 비닐하우스 농장 건설, VTR 5백 대의 지원을 약속하였고, 한기총 방문단은 라면공장과 식량지원, 사료지원 등을 전제로 방북을 계획했던 것으로 알려지고 있다.

적인 선교 활동이 통일 운동에 미칠 수 있는 부정적 견해 또한 귀기울여야 할 것이다.

넷째, 한민족복지재단·동북아교육문화재단·월드비전 등 전문성을 띤 기독교단체들에 의해 추진되고 있는 교류 사업이다. 몇 해 전부터 전문성을 가지고 대북지원 활동을 하는 민간단체(NGO)들 가운데는 그간 대북 사업을 통해 얻은 경험을 바탕으로 경제적 파탄 상태에 있는 북한의 상황을 고려하여, 일회성의 구호 활동 대신 지속적인 프로젝트를 통해 북한 주민들의 생존권을 보장하고, 장기적으로는 자립적인 훈련과 기술 이전으로 북한 사회의 변화를 유도하려는 새로운 시도가 나타났다. 주로 기독교 성향의 단체인 이들은[116] 영농, 보건의료, 기술 교육 등 북한 사회가 자립과 개방을 위해 필요성을 강하게 느끼고 있는 분야를 대상으로 한 인적·물적 교류는 남북한 양측으로부터 모두 중요성을 인정받고 있어서 현시점에서 남북 협력의 유일한 대안으로 인식되고 있다. 특히 남북 문제에 있어서 NGO는 북한이 민관 분리 정책에 따라 가급적 당국 간의 접촉을 피하고 민간을 상대하려고 하기 때문에, NGO로서의 고유한 역할뿐 아니라 정부 당

---

116) 국내 NGO로서 합법적인 절차에 따라 대북지원을 담당하는 단체는 24개로서 '대북지원민간단체협의회'를 결성하고 있다. 이들은 절반 이상이 종교적 성향을 분명히 나타내고 있는데, 그 내용은 기독교 9(국제기아대책기구, 남북나눔운동, 동북아교육협력재단, 선한 사람들, 예장통합 총회 사회부, 월드비전, 유진벨, 한국이웃사랑회, 한민족복지재단), 불교 3(좋은 벗들, 평불연, 한국JTS), 원불교 1(원불교 강남교당), 천주교 2(천주교민족화해위원회, 한마음한몸운동본부)이다. 이밖에 무교를 표방하고 있는 곳은 10개(국제옥수수재단, 농발협, 북한의약품지원본부, 새마을운동본부, 어린이어깨동무, 우리민족서로돕기운동, 유니세프, 북녘동포돕기 전북본부, 평화의 숲, 한국건강관리협회)이다.

국을 대신하여 민족 화해와 신뢰기반 구축을 위한 역할까지 감당해야 할 사명도 가지고 있다. 최근 몇 년간 보건의료 분야의 협력 사업과 식량 개선 사업을 통해 북한과의 신뢰를 구축하고 교류의 폭을 확대해 가고 있는 한민족 복지재단과 국제 옥수수재단의 경우는 그 좋은 사례라고 할 수 있다.

북한 선교를 연구하는 현장 선교 전문가들 가운데는 프로젝트형 지원이 갖는 과도한 경제적 부담을 이유로 프로그램형 선교의 효율성을 강조하는 주장도 있다. 그러나 현재의 북한은 경제적으로 낙후되어 있을 뿐이며 교육 수준이나 사회 시스템에서는 나름대로의 경쟁력을 갖추고 있다는 측면에서, 프로그램형 선교 전략을 북한에 적용하는 것은 현실적으로 무리가 있으며, 이런 점에서 NGO를 통한 북한 선교는 앞으로 한국 교회가 주목해야 할 새로운 과제라고 할 수 있다.[117] 이러한 프로젝트를 통한 교류 사업이 가질 수 있는 특징으로는 ① 북한 주민들과의 직접 접촉을 통하여 화해의 모색과 동질성 회복의 기반이 조성될 수 있다는 점, ② 일회성의 소비성 물자가 아니라 생산 설비가 지원됨으로써 장기적인 효과를 기대할 수 있다는 점, ③ 산업 활동과 기술 훈련 등을 통해 북한 사회에 개방의 바람을 불러일으킬 수 있다는 점, ④ 인적 교류를 통해 북한에 거부감을 주지 않는 간접 선교를 기대할 수 있다는 점을 들 수 있다.

현재 대북지원 활동을 벌이고 있는 기독교 계열의 NGO 및 교단기

---

117) 필자가 이 글에서 NGO의 역할을 강조한 것은 효율성의 측면에서 언급한 것일뿐, 선교의 현장에서 간접 선교·내지 선교·탈북자 선교·특수 선교 등 실천 가능한 모든 방법을 동원하여 헌신적으로 수고하고 있는 사역자들의 노력을 평가 절하하려는 의도는 전혀 없음을 밝히며, 오히려 그분들의 노고에 진심어린 경의를 표하면서 이 글을 끝맺음한다.

| 단체명 | 주요 사업 | 사업 대상 | 2000' 실적 | 반출 창구 |
|---|---|---|---|---|
| 감리교 서부연회 | 구호물자 지원 | 조선그리스도교연맹 | $121,558- | 한적 창구 |
| 국제기아대책기구 | 〃 | 〃 | $7,692- | 협력 창구 |
| 남북나눔운동 | 〃 | 〃 | $3,603,846- | 독자 창구 |
| 선한 사람들 | 옥수수사업 지원 | 국제옥수수재단 협력 | $655,539- | 협력 창구 |
| 예장 총회 사회부 | 구호물자 지원 | 조선그리스도교연맹 | - | 협력 창구 |
| 월드비전 | 국수공장 운영<br>씨감자 개량사업 | 민족경제협력연합회<br>농업과학원 | $517,274- | 독자 창구 |
| 유진벨 재단 | 결핵퇴치 사업 | 큰물피해대책위원회 | $3,231,981- | 〃 |
| 한국이웃사랑회 | 구호물자 지원<br>젖소목장 | 해외동포원호위원회 | $104,206- | 〃 |
| 한민족복지재단 | 어린이 구호활동<br>보건의료사업 | 조선아태평화위원회<br>조선의학협회 | $6,814,244- | 〃 |

구들은 위와 같다.[118]

## III. 결론

20세기 세계 교회사의 기적으로까지 불려진 한국 교회는 그 놀라운 성장과 영향력으로 인해 세계 교회는 물론 민족 구성원들로부터 주목의 대상이 되고 있다. 그러나 지나간 100여 년의 역사를 돌이켜 볼 때, 교세에 걸맞는 사명을 감당하였는가 하는 문제에 대하여는 냉정한 성찰이 요구되고 있다. 이를테면 정치권과 유착하여 권력 지향을 추구

---

118) 이 자료는 『제3회 대북협력국제NGO회의 자료집』, (대북협력국제NGO회의조직 위원회, 2001. 7) 및 각 단체별 소개 자료에 의한 것이며, 환율은 1:1,300으로 적용하 였음.

함으로써 불의에 동참하고 '4.3'이나 '5.18'과 같은 역사적 격변기에는 소외자들을 외면하였던 역사적 사실이나, 명분 없는 분파주의에 휩싸여 교회 분열은 물론 지역 감정과 국론 분열에까지 영향을 미친 점, 그리고 성장주의에 치우쳐 소외 계층에 대한 사랑의 실천이라는 본연의 자세를 멀리하였던 점 등이 바로 그러하다.

이런 점에서 역사의 치유자로서의 역할을 감당해야 할 한국 교회는 지난날의 과오에 대한 고백적 반성과 함께 오늘날 만연하고 있는 사회적 병폐들을 치유하기 위하여 먼저 희생하고 봉사하는 사랑의 실천을 통하여 사회 전반에 용서하고 화해하는 분위기를 조성하여야 한다. 평화 통일이라고 하는 민족적 과제는 오히려 이 같은 문제들을 해결하고 한국 교회의 미래에 대한 비전을 제시할 도구로써 기대를 모을 수 있을 것이다.

### 덧붙이는 말

이제까지 필자는 평화 통일을 위한 한국 교회의 역할에 관하여 살펴보았다. 그러나 교회의 존재 목적이 선교에 있다는 점을 생각한다면, 한국 교회의 대북 접근은 평화 통일에 지장을 초래하지 않는 전제 위에서 효율적인 선교 방법을 찾아야 할 것이다. 이 같은 관점에서 간과해서는 안 될 중요한 사실(史實)은 구한말 복음이 전래될 당시의 상황이 주는 역사적 교훈이다. 물론 이것은 한국인들의 선교 활동에 직접 관련된 것은 아니지만, 저명한 교회사가 칼 뢰비트의 말처럼 기독교 역사학의 의미가 '역사 속에 나타난 하나님의 섭리를 찾는 데 있다'고 정의한다면, 우리는 다소 주제를 벗어난 점이 있더라도 한국 초기 교회사가 주는 교훈에 귀기울일 필요가 있기 때문이다. 일반적으로 선교 활동이라고 하면 복음 전도사(牧師)가 교회를 설립하고 교인을 양육하는 활동으로만 생각하기 쉬우나, 오늘날 전 세계의 미선교지 가운데 2/3가 포교의 자유를 인정치 않고 있는 현실을 생각하면 이 같은 교회 설립 운동보다는 전문적 사역 기능을 갖춘 전도자들에 의해 우선 복음의 씨를 받아들일 수 있는 토양을 가꾸는 작업이 절실히 요구되고 있다.

이런 점에 비추어 한국에 복음이 전래될 때의 순서가 ① 만주와 일본에서 성경 번역이 이루어지고 국내에 보급이 이루어졌으며(문서 선교), ② 알렌을 통한 의료 활동(의료 선교)의 결과로 언더우드와 아펜젤러 선교사의 입국이 가능할 수 있었으나, ③ 그들은 목사의 신분이 아닌 교육자로 내한하여 학교를 설립하였고(교육 선교), ④ 학생의 모집을 위해 고아원을 설립하였으며(사회복지 선교), ⑤ 1886년 종교의 자유가 보장된 이후 비로소 최초의 교회(1887년의 정동교회와 새문안교회)를 설립했다는 역사적 사실을 주목할 필요가 있다. 이 같은 사실은 바로 북한 선교를 비롯한 북방 선교와 모슬렘 선교 등 앞으로 한국 교회가 중점을 두어야 할 창의적 접근지역들에 대한 선교 전략으로서 충분히 감안할 가치가 있다고 할 수 있다. 뿐만 아니라 민족 화해와 평화 통일을 위해 한국 교회가 지향해야 할 역사적 교훈이라고 생각된다.

# 7장
# 사람의 통일을 위한 교회의 역할:
## 남북한 문화 통합의 과제를 중심으로

임성빈 교수 | 장신대 기독교와 문화

## Ⅰ. 서론

21세기 한민족의 최대 과제이자 우선적 과제는 역시 통일이다. 지금까지 우리의 통일 논의와 준비는 정치적인 면에 치중하여 왔으며 최근에는 경제적인 측면에서의 관심이 고조되고 있다. 그러나 독일 통일과 그 후유증에 대한 연구들로부터 우리는 정치와 경제를 비롯한 사회 구조적인 통일도 매우 중요하지만 사람의 마음속으로부터의 통일, 즉 '사람의 통일'[119]이 근본적으로 중요하다는 사실을 인식하게 되었다. 이러한 사실은 북한과 남한에서 모두 생활한 경험이 있는 탈북자들의 증언을 통하여서도 확인된다. 탈북자들이 예상하는 통일 후에 우리가 직면하게 될 가장 심각한 문제는 '사고방식, 가치관, 문화, 생활 습관 등의 차이에 의한 이질감'이었다.[120]

---

119) 우리는 정치적, 경제적, 군사적 측면에서의 통일이 '땅의 통일'이라면, 문화적 심리적 측면에서의 통일을 '사람의 통일'이라고 말할 수 있을 것이다.

본 소고는 '사람의 통일'을 위한 준비에 궁극적 관심을 가지며, 그러한 통일을 가능케 하는 방법적 돌파구로서의 문화 통합을 모색한다는 목적에서 착수되었다. 문화 통합을 위하여 요구되는 남과 북의 이질적 문화의 내용을 남한과 북한의 현재의 문화를 구성하는 각각의 세계관에 대한 교차 비교를 통하여 분석적으로 파악할 것이다. 남한과 북한이 분리되어 살아 온 세월이 55년에 이르고는 있지만, 아직도 유교적인 문화로 대표되는 전근대적인 문화의 측면에 있어서는 나름대로의 동질성[120]을 유지하고 있다는 분석도 가능하다. 그러나 남과 북의 문화는 근대적인 문화의 정착이 시작된 이후에 그 이질성이 강화되어 왔다고 볼 수도 있을 것이다. 본 소고에서는 남북한 문화의 이질적인 내용에 관심의 초점을 모을 것이다. 남북의 진정한 하나됨의 가능성은 동질성을 기반으로 이질적인 내용들을 통합함에 있다고 할 수 있다. 남과 북 사이의 이질성을 유발하고 강화하고 있는 문화적 요소들은 다양하다. 그러나 본 소고에서는 북한에서는 주체사상을, 남한

---

120) 전우택, "통일에 있어 민족 이질화의 내용과 극복방안", p. 1, 탈북자들과의 면담을 통한 전우택 교수의 연구에 의하면 102명의 탈북자들이 예상하는 통일 후 직면하게 될 가장 심각한 문제는 '사고방식, 가치관, 문화, 생활 습관 등의 차이에 의한 이질감'이었다. 총 응답의 24.4.%가 이것에 관한 것이었다. '통일 후 남북한의 사상과 이념의 차이와 대립'이 가장 심각한 문제가 될 것이라는 응답은 11.2%로 나타나 3위를 차지하였다. 이것은 탈북자들이 생각하기에 통일 후 직면하게 될 갈등은 정치 이념적인 것보다는 사고방식, 가치관 등의 차이에 의한 '이질감'이 훨씬 더 큰 문제라는 것이었다.

121) '장유유서'로 대표되는 유교적 문화가 여전히 북한에서도 자리하고 있음을 우리는 김정일 국방위원장과 김대중 대통령과의 만남에서 확인할 수 있었다. 내용적인 면에 있어서의 구체적인 분석은 또 다른 심층적 연구를 필요로 하겠지만 적어도 인간관계를 맺는 방법과 형식에 있어서 남과 북 사람들 사이에는 여전히 '장유유서'가 동질적인 문화로 자리하고 있다는 주장을 부인하기는 힘들 것이다.

에서는 포스트모더니즘과 소비문화를 대상으로 비교분석할 것이다. 그것은 물리적 통일 후의 과제인 '사람의 통일'이 21세기 문화 안에서 일어날 과제이기 때문이다. 또한 실제적인 통일의 완성은 기성세대가 아닌 오늘의 청장년들이 한반도의 주역이 되는 시기에 이루어질 것이라는 예측에 기인한 것이기도 하다.[122]

본 소고는 통일된 한반도의 진정한 하나됨을 위하여 요구되는 이질성의 극복에 우선적인 관심을 기울인다. 나아가 남과 북의 동질적 문화 내용도 새로운 세대에 적합한 문화로 변혁시켜야 한다는 과제와 이질적 문화를 통합하여야 한다는 문화 통합적 과제들을 성취함에 있어서 교회가 참여할 수 있는 역할을 논하기로 하겠다.

## II. 문화 통합의 모색

### 1. 세계관과 문화의 관계

사람들이 세상을 다르게 인식하는 것은 실재에 대하여 매우 다른 전제들을 가지고 있기 때문이다. 예컨대, 대부분의 전통적인 서구인들은 자신들 바깥에 존재하는 세상은 생명 없는 물질들로 이루어진 세계라고 생각한다. 그러나 남아시아인들은 그러한 세계는 실제로는 존재하지 않으며, 환상일 뿐이라고 생각한다. 이렇게 특정한 문화에 대한 믿음이나 태도의 배후에 자리한 기본적 전제[123]들을 우리는 세계관

---

122) 남북한의 이질감을 논의하기 위하여서는 반공주의에 대한 분석도 필요하다. 그러나 본 소고에서는 위에 열거한 이유들로 인하여 그 논의 범위를 주체사상과 포스트모더니즘과 소비문화로 제한하였음을 밝힌다.

이라고 부른다. 이러한 전제들은 당연한 것으로 받아들여지기 때문에 점검되지 않았을 뿐만 아니라 대부분 암시적으로 의심 없이 받아들여진다. 그러나 그것들은 마음 깊은 곳으로부터 우러나오는 감정에 의하여 강화되며, 그것에 도전하는 사람들은 심한 공격을 받게 된다.

이러한 세계관은 문화의 3차원, 즉 인식적 차원, 감정적 차원과 가치적 차원 모두에 걸쳐 기본적인 전제를 제공하며, 다음과 같은 기능을 한다. 무엇보다도 세계관은 문화의 저변에 자리한 전제들을 통합하는 기능을 한다. 즉 세계관은 그 문화의 구성원들에게 세상을 바라보는 나름대로의 정합적인 눈을 제공한다. 세계관의 성격과 그것과 문화와의 관계를 요약하면 다음과 같다.

(1) 세계관은 구성원들에게 인식론적인 토대를 제공한다. 클리포드 기어츠의 지적대로 세계관은 우리들에게 사물에 대한 인식을 조직화함으로써 일종의 사물에 대한 지도 내지는 모형을 그릴 수 있도록 하여 준다.

(2) 세계관은 우리들에게 정서적인 안정을 제공한다. 기근이나 병이나 죽음과 같은 요소들에게 나름대로의 의미를 부여하고 그것은 우리들에게 굳건한 정서적 안정감을 부여한다. 예컨대 죽음마저도 순교로 받아들일 수 있는 세계관이 그 좋은 예이다.

(3) 세계관은 우리들에게 가장 깊은 의미에서의 문화적 기준을 정당화하여 준다. 그러므로 우리 행동의 기준이 되는 모형이 된다.

(4) 또한 세계관은 우리의 문화를 통합시켜 준다. 그것은 우리의 사고와 감정과 가치들을 하나의 전반적인 구도 안에서 조직화시켜 준

---

123) Paul Hiebert, *Anthropological Insights for Missionaries*(Grand Rapids: Baker, 1985), p. 45.

다. 이러한 조직화는 우리에게 나름대로의 통일된 사물에 대한 견해를 갖게 함으로써 깊은 감정적 확신을 갖게 한다.

(5) 찰스 크래프트(Charles Kraft)가 지적하였듯이 세계관은 문화 변동을 감지토록 하여 준다. 즉 우리의 세계관은 우리들로 하여금 특정한 문화적 흐름이나 현상들을 받아들이게도 하고, 거부하게도 한다. 또한 우리가 그것들을 우리의 전반적인 체계 안으로 흡수할 수 있도록 재해석하는 역할도 하여 준다.

(6) 그러나 세계관 자체도 변화한다는 사실을 인식하여야 한다. 왜냐하면 어떠한 세계관도 그 자체로 완전히 통합되어 있는 것은 없기 때문이다. 나름대로의 작은 부적절함을 참아내다가도 어떤 특정한 한도에 이르면 새로운 세계관을 찾게 되는 시점이 곧 세계관의 변혁시점이라고 볼 수도 있다. 사실 우리는 점진적인 세계관의 변혁 속에서 살아가고 있다.[124]

여기에서 우리는 남과 북의 문화 통합의 가능성을 확인할 수 있다. 즉 남과 북의 이질성을 유지하고 있는 기본 요소인 문화가 각각의 세계관의 변혁을 통하여 변화할 수 있다는 가능성의 확인인 것이다. 이제 문제가 되는 것은 남과 북의 세계관의 변혁 작업의 시작 과정부터 남과 북의 문화 통합을 의식한 구체적 노력이 동반되어야 한다는 것이다. 본 소고의 주요 논지는 이러한 문화 통합의 과제에 교회가 적극적으로 참여할 수 있다는 것과, 또한 참여하여야 한다는 것이다.

문화 통합 과제에 있어서의 교회 참여 가능성은 모든 종류의 세계관은 나름대로 종교적 성격을 가지고 있다는 점이다. 각각의 세계관은

---

124) Ibid., pp.48-49.

그 추종자들에게 적어도 다음의 네 가지 궁극적 질문들에 대한 답들을 제공한다. 그 중 첫 번째 질문은, ① 세계의 존재 근원에 대한 물음이다. 두 번째 질문은, ② 우리는 누구인가의 물음이다. 즉 인간의 본성과 존재 의미에 대한 질문이다. 세 번째 질문은, ③ 무엇이 잘못되어있는가의 물음이다. 이것은 이 세상의 악과 왜곡되고 깨어진 삶을 우리가 어떻게 이해하고 설명할 수 있겠는가에 대한 질문이다. 네 번째 질문은, ④ 그렇다면 무엇으로 치유될 수 있는가의 물음이다. 우리의 왜곡되고 잘못된 삶이 어떻게 온전한 삶으로 회복될 수 있을 것인가에 대한 물음이다. 한 사회나 문화권의 전제를 제공하는 세계관은 나름대로 위의 질문들에 대한 답을 제공하고 있다.[125]

이제부터 우리는 남한과 북한의 사회를 세계관의 기능이라는 관점에서 분석함으로써 서로간의 차별성과 유사성을 먼저 파악하여 볼 것이다. 먼저 북한은 공식적 이데올로기인 주체사상의 세계관과 문화관을 중심으로, 남한은 포스트모더니즘과 자본주의적 소비문화를 중심으로 그 문화적 특징을 분석할 것이다.

## 2. 북한의 세계관과 문화 : 주체사상을 중심으로

### 1) 세계의 존재 근원에 대한 물음의 답으로서의 주체사상적 세계관

주체사상에 의하면 '철학은 사상적 기초를 이루는 근본 원리를 가짐으로써 당성, 계급성이 뚜렷한 사상의식으로서의 세계관을 주게 된

---

125) Robert Banks & Paul Stevens, *The Complete Book of Everyday Christianity*(IVP, 1997), p. 1137.

다.' 철학은 근본 원리를 기초로 논리 정연하고 체계화된 '과학적 세계관'을 제공함으로써 '세계에 대한 견해와 함께 세계를 대하는 관점과 입장, 세계를 인식하고 개조하는 데서 의거하여야 할 가장 일반적인 방법론'[126]을 준다. 주체사상은 기존의 종교적 세계관에 대하여 다음과 같이 비판하고 있다.

"객관적 관념론의 범주에 속하는 종교 철학은 '신'에 대한 맹목적인 신앙을 설교하는 종교를 노골적으로 합리화한다. 종교는 전지전능한 '신', '하느님'이 세계를 창조하고 인간의 운명을 지배한다고 주장한다. 종교에 의하면 사람의 운명이 '신', '하느님'에 의해서 제정된 것이며 현실 세계에서 사람이 겪는 불행과 고통은 사람이 현실 세계에 출생하기 전에 '하느님', '신'의 뜻을 어기고 저지른 죄에 대한 징벌이므로 피치 못하는 것이다. 그러므로 종교는 사람들에게 주어진 운명을 응당한 것으로 받아들이며 온갖 감성적 욕망을 버리고 '신'의 의사에 무조건적으로 순종하여야만 '신'의 용서를 받을 수 있고 죽어서 천당에 갈 수 있다고 설교한다. 원래 종교는 파괴적으로 작용하는 자연의 맹목적인 힘에 대한 무지와 공포, 특히는 착취 사회에서 사람들에게 불행과 고통을 들씌우는 사회적 힘에 대한 무지와 불안에 기초해서 발생한 현실의 왜곡되고 전도된 반영이다. 그것은 근로인민대중의 혁명의식을 마비시키고 착취제도에 순종시키기 위하여 착취계급에게 이용되어 온 사상적 억압의 도구이다."[127]

---

126) 사회과학출판사편, 『주체사상의 철학적 원리』 (서울, 백산서당, 1989), p. 73.
127) Ibid., pp. 96-97.

주체사상은 기존의 막스주의 유물론적 세계관에 대하여 나름대로
의 평가를 한다. 즉 "물질이 의식을 규정한다는 원리에 기초하여 나온
유물변증법적 세계관으로서 자본의 지배를 없애기 위한 노동계급의
이해관계로부터 출발하여 개조대상인 세계의 변화발전의 객관적 법
칙을 정확히 밝혔다는 점에서 당성과 과학성의 통일을 실현하였다"[128]
고 본다. 그러나 주체사상은 과학적인 세계관과 그 원리들은 "오직 사
람의 근본 이익으로부터 출발하여 고찰하여야 해명될 수 있다"고 주
장한다. 여기에서 사람의 근본 이익은 "자연의 구속과 사회적 예속에
서 벗어나 세계의 참다운 주인으로 되는 것"[129]을 뜻한다. 이러한 주장
은 '사람이 모든 것의 주인이며 모든 것을 결정한다는 철학적 원리에
기초하는 주체사상은 사람의 근본 이익을 실현하기 위한 근본 방도를
전면적으로 밝혀 줌으로써 세계관에서 당성과 과학성의 통일을 완전
히 실현할 수 있었다'[130]는 주체사상 특유의 '사람 위주'의 세계관에
기초하고 있다.

이러한 주체사상의 세계관은 세계의 존재 근원에 대한 물음에 대하
여서는 기존의 유물론적 세계관과 결정적인 차별성을 가지고 있지 않
은 것으로 보여진다. 즉 존재의 시원에 관한 질문에 대해서는 유물론
적 발생론을 유지하고 있는 것으로 파악된다. 주체사상에 있어서는
존재의 시원에 관한 문제보다는 현실적인 모순상황들에 대한 타개책
이 우선적인 관심으로 부각된다고 판단된다. 또한 그러한 타개책은
사람을 중심으로 한 이익을 핵심으로 하는 주체사상적 세계관을 통하

---

128) Ibid., p. 125.
129) Ibid., p. 119.
130) Ibid., pp. 125-126.

여 마련된다고 주장한다.

## 2) 우리는 누구인가에 관한 주체사상적 세계관

주체사상에 따르면 사람은 '세계의 주인으로서 특별한 지위와 역할을 차지한다.' 그것은 사람이 '자주성과 창조성, 의식성을 가진 사회적 존재'이기 때문이다. 이러한 주체사상의 인간관은 현대 부르조아 인간철학과 기존의 유물론적 노동계급의 철학에 대한 평가를 통하여 그 차별성을 인정받으려 한다. 주체사상적 관점에 따르면 현대 부르조아 인간철학은 '자본주의 제도를 유지하려는 계급적 입장으로부터 출발함으로써 세계에 대한 과학적 인식을 거부하고 인간 문제에만 매달리게 되었으며 사람의 '인격의 독자성'과 '개성의 자유'를 착취제도의 혁명적 폐절이 아니라 극단한 개인주의와 방종을 통하여 실현하려는 반동적 견해를 내놓게 되었던 것'이다.

이에 비하여 막스주의 유물론적 철학은 '현실적으로 활동하는 산 사람을 역사의 출발점으로 하였고 또한 철학적 사유의 출발점'으로 삼았다는 점에서 주체사상에 의하여 긍정적으로 평가된다. 그러나 이러한 변증법적 역사적 유물론 체계에서는 사람에 대한 견해가 아니라 물질이 일차적이라는 유물론적 원리에 기초하여 세계의 물질성을 논하는 데로부터 출발하여 전개됨으로써 '사람이 전일적으로 고찰되지 않고 측면별로 논의'된 것을 주체사상은 비판한다. 주체사상에 따르면 이러한 '전일적'이지 못한 분석은 '결국 유물론 부분에서는 사람의 의식이 물질과의 관계에서 고찰되고 사람의 활동이 사회적 운동형태에 귀속되었으며 인식론 부분에서는 사람의 의식에 세계가 반영되는 과정이 고찰되고 변증법 부분에서는 사람의 활동이 아니라 사유에 작용하는 일반적 법칙'이 혼재되어 주장되기에 이르렀다.[131] 전반적으로 주체사상은 막스주의 유물론적 철학이 '사람의 본질을 사회적 관계의 총체로 규정'한 것과 '사람을 사회적 관계 속에서 고찰하여 사람이 사회적 존재라는 것을 인정한 것'에 대하여 긍정적으로 평가한다. 그러나 곧 그러한 철학은 아직 '세계의 지배자, 개조자로서의 사람의 본질적 속성은 밝히지 못하였다'는 한계를 지적한다.[132]

그러므로 주체사상의 관심은 '사람의 활동으로부터 출발하여 사회역사적 과정을 밝히는 체계'와 '사회적 존재가 사회적 의식을 규정한다는 원리에 기초하여 전개되는 종래의 체계를 무리 없이 조화시키는 것'에 있다. 이러한 관점에서 주체사상은 '종래의 모든 철학들과는 근본적으로 달리 사람의 본질적 속성에 대한 견해를 시발적인 위치에 놓고 세계관을 전개하였다'는 자부심을 표현하고 있다.[133] 주체사상에서 주장하는 인간관을 요약하면 다음과 같다. 먼저 사람은 자주성과 창조성, 의식성을 가진 사회적 존재[134]라는 것이며 다음으로는 '사람이 모든 것의 주인이며 모든 것을 결정한다는 철학적 원리'를 확고히 근거 지은 견해라는 것이다.[135]

---

131) Ibid., p. 137.
132) Ibid., p. 152.
133) Ibid., p. 138.
134) Ibid., pp. 155, 157. 주체사상에서 사람이 사회적 존재라고 하는 이유는 첫째, '사회를 형성함으로써 자연계에서 벗어나 나와 특출한 존재로 되었다는 것'이며 둘째로는 '사람은 사회적 관계 속에서만 생존하고 발전할 수 있는 존재'이기 때문이다.
135) Ibid., p. 153.

### 3) 세상의 모순에 관한 주체사상적 세계관

주체사상은 '자본의 예속과 압박'을 기본적인 모순의 원인으로 파악한다. 그러한 기본적인 모순이 사회주의로써 일단 극복되지만 그 이후에도 '무계급사회 건설'을 위한 지속적인 노력이 필요하다고 본다.[136] 즉 모순의 원인제공자는 착취 계급이며, 사회주의의 확립으로써 가능하여지기 시작한 무계급 사회의 가능성은 '노동 계급과 농민, 도시와 농촌 사이에 존재하는 사상, 기술, 문화 분야에서의 차이'를 극복함에 달려 있다고 주장한다. 계급 없는 사회를 구조적으로 건설한다고 하더라도 특수한 사회 계층의 인텔리가 존재하면 결국 새로운 착취 계급의 형성 가능성이 존재한다는 것을 경계한다. 이러한 관점으로부터 공산주의의 높은 단계를 건설하기 위해서는 정신 노동과 육체 노동의 차이를 없애야 한다는 주장도 나온다.

이상과 같은 주체사상적 세계관은 계급 사회의 출현과 그 극복을 중심으로 한 역사관을 전개한다. 예컨대 문명은 계급 사회의 출현과 때를 같이하여 발생하였고, 그렇기 때문에 그 발전 과정은 노예사회 문명, 봉건사회 문명, 자본주의 문명을 거쳐왔다. 이러한 문명들은 예외 없이 사람에 의한 사람의 예속과 착취, 압박을 동반하였다. 계급적인 모순과 대립의 절정으로서의 자본주의 문명은 이제 사회주의와 공산주의 문명으로 대치되어야 하며 이것이 인류 문명발전의 합법칙성이라고 한다. 기본 모순이라고 할 수 있는 계급의 문제는 생산 수단과 문화적 수단의 사회주의적 제도를 요구한다.[137]

---

136) 박승덕, 『사회주의 문화 건설 이론』 (서울: 사회과학출판사편, 1985), p. 15.
137) Ibid., p. 39.

**4) 세상의 모순을 극복하는 방법론 제시로서의 주체사상적 세계관**

주체사상은 혁명 이론을 중심으로 세상의 모순성을 극복할 수 있는 세계관을 제시한다. 특별히 남과 북의 문화 통합이라는 관점에서 우리가 주목하여야 할 것은 이른바 '문화건설 이론'이 주체사상에 있어서 혁명 이론의 중요한 구성부분을 차지하고 있다는 사실이다. 주체사상은 '사회주의 문화 건설이 근로인민대중을 힘있는 사회적 존재로 키우는 사업이라는 해명에 의하여 근로인민대중이 보다 자주적이며 창조적인 존재로 발전하고 문화의 주인공으로 되는 것'[138]이 사회역사 발전의 합법칙적 과정이라고 주장한다.

문화 건설은 '사람들의 문화 지식 수준을 높여 그들을 보다 힘있는 사회적 존재로 만드는 인간개조사업'으로서 '사람들을 낡은 사상과 낙후한 문화의 구속에서 벗어나 보다 자주적이며 창조적인 사회적 존재로 만든다'는 목적을 가진다. 이와 함께 주체사상은 문화 건설을 통하여 사회개조를 추구한다. 사회개조란 '문화의 향유자인 근로인민대중에게 보다 훌륭한 문화생활 조건을 마련해 주는 사업'을 뜻한다.[139] 인간개조와 사회개조를 포괄하는 문화 건설은 주체사상의 혁명 이론이라는 맥락에서 이해되어야 한다. 주체사상은 혁명시기에 따른 과제와 모순 극복의 방법론을 다음과 같이 제시하고 있다. 그 첫 번째는 '민주주의 혁명시기'로서 '식민주의의 잔재를 없애고 근로인민대중을 봉건적 문화의 구속에서 해방하며 진보적인 민주주의 문화를 건설하기 위한 투쟁'이 요구되는 시기이다. 두 번째는 사회주의 혁명시기로서 '근로인민대중을 부르조아 반동문화의 구속으로부터 벗어나게

---

138) Ibid., p. 27.
139) Ibid., p. 16.

하며 노동 계급의 문화가 전 사회에 유일적으로 지배하도록 하기 위한 투쟁'을 요구하는 시기이다. 세 번째는 사회주의, 공산주의 건설 시기로서 '문화 분야에서 낡은 사회의 온갖 유물을 청산하고 사회주의 문화를 개화, 발전시키며 공산주의 문화를 창조하기 위한 사업이 벌어지는' 시기이다. 주체사상에 있어서 그 문화 건설 이론은 '근로인민대중의 자주 의식과 창조적 능력을 적극 발동하며 혁명적이며 인민적인 문화를 건설하는 위력한 지도적 지침이며 인민대중의 자주성이 완전히 실현되는 공산주의 사회를 일으켜 세우기 위한 강력한 무기'인 것이다.[140]

주체사상적인 관점에서 보는 문화적 가치의 판별기준은 '근로인민대중의 자주적이며 창조적인 생활의 요구'에 대한 만족여하에 달려 있다.[141]

이러한 관점에서 주체사상은 자본주의 사회의 '대중문화론'을 격렬히 비판한다. 주체사상은 자본주의 사회에 있어서의 "대중문화는 반동적 부르조아지가 근로인민대중의 자주 의식을 거세하고 창조 정신을 마비시킬 목적으로 사람들에게 속물적인 소비심리와 엽기적인 취미를 주입하는 눅거리문화"로서 "텔레비전, 라디오, 영화, 출판물 등 문화적 수단을 광범하게 동원하여 살인과 강도를 예찬하는 갱 영화, 패륜과 패덕을 설교하는 소설, 범죄를 고취하는 통속 문화잡지 등을 대량적으로 퍼뜨리고 있다"고 비판한다. 비록 대중문화를 통하여 사회가 문화적 가치의 소비에 있어서 민주화된 것처럼 선전하지만 사실

---

140) Ibid., p. 17.
141) Ibid., p. 48.
142) Ibid., p. 49.

은 '반동적 부르조아지가 자본주의 사회를 유지하는데 필요한 생활 규범과 행동 규칙, 가치 평가 기준을 근로자들에게 강요하는 문화적인 책략과 수법'에 불과하다는 것이다.[142]

이른바 주체사상적 문화 건설에서 주목되는 것은 그것이 '사람을 힘있는 존재로 키우는 사업일뿐 아니라 민족을 문명화하는 작업'이라는 주장이다. 그 이유는 '근로인민대중을 힘있는 존재로 키우는 작업과 근로인민대중의 수요를 충족시키는 사업이 민족 국가를 단위로 벌어지기 때문'이다.[143] 주체사상은 "민족을 문명화하기 위한 투쟁 과정에서 자주적이며 창조적인 민족 문화가 사람들을 문화적으로 발전된 힘있는 존재로 자라나게 할 뿐" 아니라 "민족을 문명화하는 사업을 통하여 보다 많고 다양한 문화적 재부가 창조될 때 인민대중의 문화적 수요도 원만히 충족 된다"[144]고 주장한다. 즉 "민족 문화는 나라와 민족의 독립과 번영을 담보하며 그 명맥을 이어나가게 하는 중요한 요인으로서 자주 독립 국가의 건설에 이바지한다".[145] 그러므로 주체사상은 문화건설이야말로 '나라와 민족의 번영의 필수적 요구'라고 한다. 그것이 '나라의 통일적인 발전과 민족의 공고한 단합을 담보하고 촉진하기 때문'이며, '나라의 통일과 단결이 강화되려면 정치경제적인 조건과 함께 문화적인 조건이 마련되어야' 하기 때문이다. 그러므로 주체사상에 있어서 민족문화 건설은 곧 사회주의적 민족의 문명을 창조하고 발전시키는 사업과 동일시된다. 또한 민족문화와 그 문화의 성과를 의미하는 '민족의 문명화'[146]는 민족의 물질 문명과 정신 문명

---

143) Ibid., p. 28.
144) Ibid., p. 29.
145) Ibid., p. 52.

을 이룩하는 사업으로 구체화된다.[147]

## 3. 남한의 세계관과 문화 :
### 포스트모더니즘과 자본주의적 소비문화를 중심으로

남한 사회는 지금 세기적 전환기에 처하여 있다. 근대사회를 상징하는 모더니즘도 정착되기 전에 포스트모더니즘이라고 하는 후기현대사상이 유입되어 소비문화와 함께 대중문화를 형성, 풍미하고 있으며 자라나는 세대들에게 결정적인 영향을 미치고 있다. 가정 생활에서는 여전히 유교적인 도덕에 기초한 전근대적 가치관과 교육이 강조되고 있으나, 학교생활에서는 이성에 바탕을 두면서 자율적인 삶을 지향하는 근대주의적 교육이 행하여지고 있고, 사회 생활에서는 '억압으로부터의 저항', '다원성의 추구', '전통에의 강조' 등의 삼중적 양상으로 상징되는 포스트모던적 문화가 횡행하고 있다. 이러한 문화적 혼란 및 갈등 현실은 결국 가정에서는 부모의 권위를, 학교에서는 교사의 권위를 위협하고 있다. 그것은 젊은 세대들에게 결정적인 영향력을 발휘하는 것은 포스트모던적 대중문화이기 때문이다. 대중문화의 스타들이 부모나 교사보다 젊은 세대들에게 훨씬 강력한 영향력을 미치고 있다는 사회현실이 이러한 주장을 뒷받침하여 준다.

더욱이 21세기를 맞이하여 한국 사회는 가속화되고 있는 세계화(globalization)가 동반하는 지역 주체적 문화의 상실위기와 부익부 빈익빈의 사회적 이분화의 심화 현상과 함께, 모든 것을 상품화하고

---

146) Ibid., p. 28.
147) Ibid., p. 29.

사람의 가치를 구매력으로 평가하려는 소비주의 문화에 매몰되어 가고 있다. 물론 남한 사회를 문화적인 관점에서 전체적으로 조망하고 분석하는 것은 벅찬 일이다. 그러므로 여기에서는 21세기 새로운 문화적 성향이자 북한의 문화와 가장 이질적인 측면을 부각시킨다는 의미에서, 또한 나날이 그 성격이 더욱 강화되어 가고 있다는 이유에서 포스트모던적 문화 양상과 소비문화를 남한 사회의 대표적 문화 현상으로 보고 논의를 전개하여 보기로 하겠다.

## 1) 세계의 존재 근원에 관한 물음에 대한 포스트모더니즘과 소비 문화적 세계관

포스트모더니즘과 한국인은 어떠한 관계에 있는가? 사실 한국인과 포스트모더니즘의 관계는 그리 단순하게 서술될 수 없다. 포스트모더니즘을 논의하기 위한 전제인 모더니즘은 본질적으로 서구적인 시원성을 가지고 있는 매우 서구적인 개념이기 때문이다. 모더니즘을 낳은 계몽주의는 서구인들에게 있어서는 그들의 사고의 틀을 바꾸어 놓은 결정적인 사건이다. 그러나 과연 우리 한국인과 계몽주의는 어떠한 관계에 있는가? 어떠한 의미에서 우리의 학교교육은 계몽주의의 산물이지만 대부분의 우리의 삶은 합리성과 자율성을 근본으로 하고 목표로 하는 계몽주의의 사조와는 너무도 다른 문화권 안에 자리하고 있다. 그러므로 서구인들의 자기 위기의식의 발현이자 반성이라고 할 수 있는 포스트모더니즘을 한국에 있어서의 문화적 논의에 그대로 적용하는 것에는 부적절한 면이 분명히 있다.

그러나 이러한 부적절함에도 불구하고 세계시장경제체제로서의 세계 질서의 재개편화, 즉 '세계화'라는 엄연한 현실은 우리로 하여금 포스트모더니즘을 논하지 않을 수 없도록 한다. 우리가 원하지 않는 다고 하더라도 서구 주도적인 문화 현상은 우리의 삶에 지대한 영향을 미치기 때문이다. 더욱이 통일시대의 주역이 될 우리의 청소년들에게 있어서 포스트모더니즘의 논의는 한층 더 현실적이 될 수 있을 것이다. 그들에게 있어서의 '세계화'는 현실이기 때문이다.

대체적으로 포스트모더니즘은 어떠한 사물의 '영원불변'한 요소에는 큰 관심을 두지 않으려 하면서 오히려 '순간성, 분절성, 불연속, 혼란' 따위를 전면적으로 수용하려는 경향성을 가진다.[148] 그러므로 포스트모더니즘적 세계관은 존재의 근원에 대해서는 관심이 적을 수 밖에 없다고 볼 수 있다. 이것은 21세기 자본주의 사회의 특징적 문화인 소비문화에 있어서도 마찬가지이다. 문자적인 의미에서 소비문화 (consumer culture)는 소비자 중심의 사회가 형성하는 문화를 가리키는 단어이다. 그것은 대량 생산의 흐름과 함께 상징들의 의미와 일상생활의 경험들과 관행들이 재조직된다는 것을 의미한다. 이러한 소비문화의 특징적 양상은 대중들에 의하여 소비되고 유지되고 계획되고 요구되는 일상 용품의 범위가 무척 확장된다는 것이다.

그러나 실제로는 이러한 생산물들의 극대화와 다양화는 결코 대중들의 필요에 의하여 그 양과 품목이 결정되는 것은 아니라는 점이 주목되어야 한다. 사실상 소비문화는 소비자들보다는 광고물들, 미디어 (media), 상품의 전시 기법 등에 의하여 주도되어진다. 광고와 미디어 등은 상품의 생산을 촉진하기 위하여 쉴 사이 없이 새로운 이미지와

---

148) David, Harvey, *The Condition of Postmoderninty*(Blackwell: Cambridge & Oxford, 1989), p. 70.

기호들을 창출함으로써 기존의 상품들의 용도와 함께 함의되었던 의미의 체계를 붕괴시키는 역할을 하기 때문이다. 상품의 과잉생산으로 인한 새로운 기호의 과잉생산은 그러한 기호가 가리키는 준거적 실체에 대한 탐구를 포기케 함으로써 결국 문화의 일반적인 경향을 초월적인 것이 아닌 사회의 삶 한 가운데에로 향하게 한다.[149]

이러한 포스트모더니즘과 소비문화적 문화 현상과 그 배후에 자리한 세계관의 함의는 존재의 시원에 대한 질문보다는 현실적인 모순 상황들과 그 타개에 관심을 두고 있다는 면에서 주체사상적 세계관의 관심과 구별되지 않는다. 또한 존재의 시원에 관하여 기존의 유물론적 세계관과 기본적인 맥을 같이 하는 주체사상의 세계관과 차별성을 가지지 않는 것으로 보여진다. 즉 주체사상과 포스트모더니즘, 소비문화는 초월성보다는 이 세상의 문제에 관심을 가진다는 의미에서 공통성을 가진다.

## 2) 우리는 누구인가의 물음에 관한 포스트모더니즘과 소비문화적 세계관

모더니즘의 인간 이해는 '나는 생각한다. 고로 나는 존재한다 (Cogito Ergosum)'는 말로 대표되는 이성 중심적인 인간 이해였다. 그러나 포스트모더니즘은 모더니즘이 의심 없이 수용하면서, 그 안에 안주하였던 '명확하고 분명한' 이성에 대하여서도 가차없는 비판을 가한다는 점에서 구별된다. 이성을 중심으로 한 보편성이 급격히 약

---

149) Mike Featherstone, "Consumer Culture, Postmodernism, and Global Disorder", *Religion and Global Order*(New York: Paragon House Publishers, 1991), p. 138.

화되는 포스트모던적 상황은 진리의 파편성을 강화시킴과 함께 주체로서의 개인에 대한 확신도 새로운 차원에서의 물음으로 인도한다. 예컨대 이성을 중심으로 한 보편성을 강조하는 모더니즘의 영향력이 급격히 감소 내지는 변환되는 상황이 이러한 진리의 파편화 현상을 초래하고 있다. '연결적이며 폐쇄적인 형식보다는 분열적이며 개방적인 반형식'이 '의도'보다는 '우연'이 '창조/총체화(totalization)/총합'보다는 '탈창조/해체/반명제'가, '의미론(semantics)'보다는 '수사학(rhetoric)'이, '서사(narrative)/방대한 사건(grande histoire)'보다는 '반서사(anti-narrative)/사소한 사건(petite histoire)'이 모더니즘과 대조되는 포스트모더니즘의 대표적 양상들로 지적되고 있다.[150]

그러므로 포스트모던적 상황 아래에서 인간은 기존의 이성 중심적 토대가 무너져 가는 가운데 극심한 자기 찾기를 위한 몸부림을 한다. '다원성(다양성)을 찬양'과 '권위적 억압에 대한 저항'이 포스트모던적 문화와 그 시대를 살아 가는 인간의 특징이라고 말할 수 있을 것이다.

이성 중심적 인간 이해를 넘어선 새로운 자기-찾기를 위한 여정에 들어선 포스트모던적 인간들을 강력히 유혹하는 것이 소비문화이다. 대량 생산과 대량 소비로 인하여 가능하여진다고 믿어지는 인간의 행복감의 극대화를 담보로 생산 기업의 이익을 극대화하고, 또한 소비자의 욕망을 충족시키기 위한 충분한 재생산을 위하여 요구되는 막대한 자본의 축적으로 구성되는 것이 소비문화의 연결고리이다. 어떤

---

150) Harvey, op. cit., p. 44.

이들은 근대주의로부터 시작된 이러한 소비주의(consumerism)의 물결은 현대인에게 종교의 의미와 효용성을 상실하도록 하는 역할을 하였다고 주장한다. 그리하여 현대를 탈종교의 시대라고도 하였다. 왜냐하면 소비주의 및 소비문화는 현대인들에게 대체종교로서의 역할을 하고 있다고 볼 수 있기 때문이다. 사실 소비문화가 창조해내는 기호들, 이미지들과 상징들의 광범위한 연결망은 현대인들에게 일종의 신성한 것으로서의 역할까지 하고 있다. 물론 그것들이 하나의 체계적인 신념 체계를 구성하는 것은 아니지만, 사람들이 특정한 선택을 하는 데 있어서 결정적인 영향력을 끼치는 것은 사실이다. 생각하므로 존재한다고 하던 인간은 이제 '나는 소비한다. 고로 나는 존재한다'는 소비중심의 인간 유형으로 변화하고 있다.

이러한 포스트모던적이며 소비중심적인 인간 이해는 자주성과 창조성과 의식성을 특징으로 하는 주체사상의 인간 이해와 현격한 대조를 이룬다. 인간의 주체성을 의식성을 중심으로 강조한다는 측면에서 주체사상의 인간 이해는 매우 근대주의적이다. 또한 당과 국가, 궁극적으로는 수령이 인민대중의 문화적 가치를 '올바른 관점으로 교양하는'[151] 역할을 인정한다는 점에서 본다면 주체사상적 인간 이해는 기성의 권위를 억압으로 판단하며 저항하는 포스트모던적 인간 이해와 상반된다고 볼 수 있다. 그러나 '종래의 모든 철학들과는 근본적으로 달리 사람의 본질적 속성에 대한 견해를 시발적인 위치에 넣고 세계관을 전개한' 주체사상의 관점에서 본다면 포스트모더니즘과 소비문화의 영향 아래 있는 인간은 개인주의적 방종과 소비적 쾌락에 물든

---

151) 박승덕, op. cit,. p. 48.

'퇴폐적 인간'으로 보일 것이다.

### 3) 세상의 모순에 대한 포스트모더니즘과 소비문화적 세계관

미쉘 푸코(Michel Foucault)와 코넬 웨스트(Cornel West) 등은 사상이나 텍스트, 이론들과 언어의 사용 등으로 구성되는 담론들(discourses)은 그 자체가 일종의 실천의 성격을 띠고 있다는 점을 간파하였다. 예컨대 백인 우월주의에 기초한 인종 차별주의의 예에서 관찰되듯이 인종 차별주의는 단순한 관습이 아니라, 사상, 텍스트, 이론 나아가 언어의 사용 등에 의하여 더욱 강화되어 간다는 것이다. 인간사회의 억압들이 이러한 담론들에 의하여 매우 교묘하게 조정되고 있음을 간파한 것은 포스트모더니스트들의 독특한 공헌 중 하나이다. 또한 억압(oppression)이 담론들의 형태로만 이루어지는 것이 아니고 담론적인 억압이 유지될 수 있도록 장을 마련하여 주는 보다 '비담론적인 것들(extra-discursive affairs)', 예컨대 사회제도, 계급구조, 경제적 필요와 제도적 기구들의 존재에 의하여 가능하여진다는 관찰 역시 포스트모더니스트들의 특징적 주장이다.[152]

이러한 포스트모더니스트들의 관찰과 주장은 우리를 둘러싸고 있는 담론과 비담론적인 구조들을 '의심의 해석학'으로 바라보게 하며, 정치적으로는 억압적인 권위로부터의 해방(emancipation)을 추구하는 매우 저항적인 행동을 유발토록 한다. 이러한 포스트모던적 세계관은 자본주의 사회에 대한 구조적 비판이라는 측면에서 주체사상과

---

152) Mark K. Taylor, *Remembering Esperanza: A Cultural-Political Theology for North American Praxis*(Maryknoll, New York: Orbis Books, 1990), pp. 37-38.

그 맥을 어느 정도 같이 한다고 볼 수 있다. 그러나 주체사상의 수령 중심적이며 목적론적인 세계관 역시 포스트모던적 세계관에 따르면 또 다른 억압의 담론과 구조로서 이해될 것이다. 이와는 달리 주체사상의 세계관에서 본다면 포스트모던적 세계관은 공산주의적 이상세계 건설을 위한 현재의 모순 극복의 단계로서 필수적인 당과 수령의 지도를 간과하고 있는 관념적이며 이상적인 세계관이라고 비판할 수 있을 것이다.

소비문화적 관점에 따른다면 이 세상의 우선적 모순은 정의롭지 못한 자원 배분과 왜곡된 시장구조에 따라 인간으로서 마땅히 향유하여야 할 물질적 욕망을 충족시키지 못하고 산다는 것이다. 이러한 관점에서 본다면 주체사상에 의하여 추구되는 사회는 인간의 물질적 욕망보다는 필요의 충족에 급급한 사회일 것이다. 집단적 생산양식의 모순인 생산성의 한계는 곧 정의로운 자원 배분마저 위협하게 될 것이며, 재화의 부족에 따른 시장 구조의 왜곡은 그에 뒤따르는 너무도 자연스러운 현상이 되고 말 것이다. 결국 주체사상적 사회에서의 인간은 소비를 통한 욕망 충족이 만성적으로 결핍한 상태에 놓여 있게 되리라는 것이 소비문화적 관점에서의 비판일 것이다. 이에 비하여 주체사상적 관점에서 소비문화적 세계관은 인간으로서의 자주성과 창조성과 의식성을 부정하는 타락성의 상징으로 간주될 것이다.

**4) 세상의 모순을 극복하는 방법에 대한 포스트모더니즘과 소비문화적 세계관**

억압을 파생하는 권위적 획일성에 저항하여 포스트모더니즘은 상대성과 다원성을 강조한다. 이러한 포스트모더니즘의 양상은 전통적으로 관용(tolerance)을 주요한 덕으로 표방하여 왔던 서구의 자유주의에 더욱 강력한 자극을 주었다. 그리하여 이전에는 자신의 주도권이 은연 중 전제된 가운데 다른 이들을(others) 관용하였던 자세에서, 이제는 어떠한 형태의 특권도 허락하지 않는다는 의미에서의 다원주의(pluralism)가 주창되기에 이르렀다. 근대주의적 관점으로는 수용하기가 무척 어려워 보이는 신세대들의 '튀는 문화'는 바로 이러한 다원성에 기초한 다양성을 추구하는 포스트모더니즘의 표피적 현상이다. 서태지를 비롯한 대중문화 스타들의 형형색색의 가발과 옷차림은 이러한 다양성 추구의 구체화이다.

동시에 상대성과 다원성에 대한 포스트모더니즘의 강조는 그러한 것들을 인정하지 아니하는 현존의 질서(status-quo)의 억압성에 대한 강렬한 저항을 유도한다. 우리가 60년대 말에 미국과 불란서 등지에서 목격하였던 체제저항운동이 이러한 사조의 성격을 엿볼 수 있는 좋은 예가 될 것이다. 이러한 의미에서 포스트모더니즘이 담지하고 있는 주요한 모순 극복의 과제와 과정은 '억압에 대한 저항성 (Resistance to Domination)'이라고 말할 수 있다.

예컨대 대중문화 스타들에 대한 신세대들의 열광에는 그들의 노래말과 의상 스타일 모두에 함축되어 있는 기성의 권위에 대한 저항성이 일정 역할을 하고 있다고 볼 수 있다. 물론 모더니즘에서도 기존의 권위 질서에 대한 저항이 발견되는 것은 사실이지만 포스트모더니즘에서의 그것은 보다 시원적(genealogical)이라는 점에서 구별된다.

포스트모던적 문화 상황 속에서 소비문화는 철저히 파편적인 것이고 어떠한 기존의 이데올로기의 틀에도 정합적으로 들어맞지 않도록 항상 재조정되고 있다. 이러한 문화 속에서의 개인들은 상품을 선택하는 행위에 있어서 특이한 양상을 나타내게 된다. 예컨대 비공리주의적인(non-utilitarian) 태도를 취하는 것이 좋은 예이다. 즉 전통적인 의미에서 상품 선택을 좌우하였던 공리주의적 성향보다는 소유자의 개성이 발현될 수 있는 특정한 양식적 표현이 중요시되어진다.[153] 그러므로 이러한 문화 속에서는 인격(virtue)의 형성보다는 개성(personality)의 발현이 더욱 강조된다.[154]

이러한 개성화, 개인주의화의 특징들과 함께 소비문화는 계급 간, 남녀 간, 어른과 어린이 혹은 청소년 간의 권위적인 계층질서를 파괴하는 기능을 하기도 한다. 전통적으로 발언권이 약하였던 집단들도 구매력이라는 힘으로써 어엿한 사회 구성원으로서의 기능을 인정받게 되는 현상이 그것이다. 이러한 대중 소비를 전제로 하는 소비문화는 기능적으로 민주주의를 가능하게 하는 측면이 있다. 이때 나타나는 문화적 양상은 특정한 사회적 집단에 대한 귀속감이나 몰입의 현상과 동시에 개인간의 차별이나 다른 집단 구성원과의 구별이 강조된다는 것이다.[155] 이른바 X-세대, Y-세대, 미시족 등의 문화집단화도 소비를 촉진하려는 소비문화 일반의 현상과 이러한 의미에서 밀접한 연관성을 띠고 있는 것이다.

대량 생산과 대량 소비로 인하여 가능하다고 믿어지는 인간의 행복감의 극대화를 담보로 생산 기업의 이익을 극대화하고, 또한 소비자

---

153) Mike Featherstone, "Consumer Culture, Postmodernism, and Global Disorder", *Religion and Global Order*(New York: Paragon House Publishers, 1991), p. 138.
154) Ibid., p. 139.
155) Ibid.

의 욕망을 충족시키기 위한 충분한 재생산을 위하여 요구되는 막대한 자본의 축적으로 구성되는 것이 소비문화의 연결고리이다.

어떤 이들은 근대주의로부터 시작된 이러한 소비주의(consumerism)의 물결은 현대인에게 종교의 의미와 효용성을 상실하도록 하는 역할을 하였다고 주장한다. 그리하여 현대를 탈종교의 시대라고도 하였다. 왜냐하면 소비문화는 현대인들에게 대체종교로서의 역할을 하고 있다고 볼 수 있기 때문이다. 소비문화가 창조해내는 기호들, 이미지들과 상징들의 광범위한 연결망은 현대인들에게 일종의 신성한 것으로서의 역할을 하고 있기 때문이다. 물론 그것들이 하나의 체계적인 신념 체계를 구성하는 것은 아니지만, 사람들이 특정한 선택을 하는 데에 있어서 결정적인 영향력을 끼치는 것은 사실이다. 이러한 경향성은 이른바 지식 정보화 사회로 일컬어지는 21세기에는 더욱 뚜렷해질 것이다.

주체사상적 세계관에서 본다면 포스트모더니즘은 결국 소비문화와 결탁하여 퇴폐적인 자본주의적 문화를 재생산하는 도구로 전락함으로써 사회의 근본적 혁명을 방해하는 역할을 한다고 비판할 것이다. 이와는 대조적으로 포스트모더니즘과 소비문화의 세계관은 주체사상이 인간의 근본적 다양성을 부정하고 근대주의적 획일성으로 회귀하려는 시대착오적 세계관이자 문화론이라는 비판을 할 수 있을 것이다.

## III. 문화 통합을 위한 교회의 역할

### 1. 통합적 세계관의 제시

기독교는 한국 사회의 근대화 과정에서 나름대로의 영향력을 발휘하였다. 그것은 곧 기독교의 대사회적 지도력을 확보하여 주는 기초가 되기도 하였다. 그러나 오늘날에 이르러 남한 사회 안에서의 교회의 영향력과 지도력은 점점 약해지고 있다. 교회가 사회 통합적인 순기능을 담당하기보다는 오히려 갈등 조장의 역기능을 하고 있다는 극단적인 평가마저 등장하고 있는 실정이다. 이러한 상황 속에서 교회가 남과 북의 하나됨을 위한 문화 통합 과제에 일정한 역할을 감당한다는 것은 그렇게 쉬운 일이 아니다. 교회는 남한 사회의 사회 통합뿐만 아니라 남과 북을 아우르는 문화 통합의 사역에 참여하기 위하여서는 교회와 사회의 접촉점이라고 할 수 있는 문화에 대하여 확고한 입장과 태도를 취하여야 할 것이다.

이러한 현실 속에서 가장 우선적으로 요청되는 것이 기독교적 문화관의 확립이다. 기독교적 문화관의 확립은 기독교적 세계관과 가치관을 전제로 한다.[156]

한국 교회는 기독교적 문화관의 확립을 통하여 문화적 수용력과 변혁능력을 배양시킬 수 있다. 기독교적 문화관의 정립은 사랑과 정의에 기초한 한국 사회의 문화 통합을 위한 한국 기독교의 시대적 과제

---

156) David J. Hesselgrave, *Communicating Christ Cross Culturally: An Introduction to Missionary Communication*(Zondervan Publishing House: Grand Rapids Michigan, 1991), p. 103.

이다. 여기에서 우리가 기억하여야 할 일은 기독교적 세계관은 기본적으로 성경의 이야기를 통하여 제공된다는 것이다.

### 1) 세계의 존재근원에 대한 성경적 세계관

성경은 먼저 우리 자신의 존재와 본성에 대한 질문을 창조 이야기를 통하여 답하여 준다. 나아가 창조의 이야기는 우리 인간들뿐만이 아닌 세상의 창조와 그 의미에 대하여서도 말하여 준다. 성경은 하나님의 창조의 선함을 확인하여 준다. "하나님이 그 지으신 모든 것을 보시니 보시기에 심히 좋았더라" 성경은 먼저 물질 세상이 하나님에 의하여 창조되었고, 그것을 보시고 하나님께서 좋아하셨다는 사실을 증거하고 있다. 이것은 이 세상의 근본적인 가능성과 소망을 예시하여 준다.

이러한 성경적 세계관은 주체사상과 포스트모더니즘과 소비문화의 공통된 특징인 존재의 시원에 관한 관심의 결여에 따라 상실된 초월성을 회복하여 준다. 존재의 초월성에 대한 관심은 사람이나 자연을 대상, 즉 수단화하려는 경향을 경계하고, 그것들의 근원적 가치를 담보하여 준다는데 의미가 있다. 동시에 초월성이 담보하는 세상적인 것들의 상대화, 즉 이 세상의 어떤 것도 절대화 될 수 없다는 함의는 포스트모더니즘이 지향하는 억압적인 권위로부터의 해방보다 더욱 근본적인 해방을 위한 노력도 가능케 하여 줄 수 있다. 이점에 있어서는 마틴 루터 킹 목사나 테레사 수녀 같은 이들이 좋은 모범을 제공하고 있다. 예컨대 주체사상에 따른다면 당과 수령의 지도에 따르지 않는 근로인민대중의 사회 정치적 생명은 존재의미가 없을 것이다. 또한 소비로써 자신의 존재를 확인하려는 소비문화의 허위성도 성경의 세계관이 제공하는 초월성의 회복에 의하여 극복될 수 있을 것이다. 또한 물질의 초월성 회복이 이 세상에 대한 포기를 의미하는 것이 아니라는 사실도 '창조의 선함'에 관한 세계관으로 확증된다.

## 2) 우리는 누구인가에 관한 성경적 세계관

성경의 창조 이야기는 하나님의 관심과 섭리의 대상이 온 우주임을 증거한다. 또한 인간은 우주적인 관리를 위임받은 청지기라는 것이다. 즉 성경은 우리가 누구인가를 묻는 두 번째 질문에도 분명한 답을 하여 준다. 이러한 창조에 대한 증거를 통하여 우리는 기독교 문화관의 관심 영역과 기본적 태도를 추론할 수 있다. 즉 하나님이 존재하는 모든 것을 창조하셨기 때문에 이 세상의 어떤 것도 그의 주권적 질서 밖에 존재하는 것은 없다. 모든 창조는 하나님의 거룩한 덮개(sacred canopy)아래 놓여 있는 것이다. 그 덮개는 매우 넓어서 모든 사회적 삶과 정치, 경제, 가정과 개인적인 삶과 우리의 자연과의 관계성을 포괄한다. 그러므로 문화는 하나님의 거룩하신 주권과 질서 안에 있는 것이다. 이른바 성과 속을 이분법적으로 구별하는 것은 불가능하다. 신앙과 문화는 결코 분리되는 것이 아니다. 문화에 대한 신앙적 삶의 중요성을 새삼 강조하여야 한다. 결론적으로 인간은 우주적인 청지기라는 것이다.

이러한 '우주적인 청지기'로서의 성경적 세계관은 '사람이 모든 것의 주인이며 모든 것을 결정한다는 철학적 원리'를 내세우는 주체사상의 대담함이 함의하는 근대주의적 환상과 '억압에 대한 저항'을 '다원주의'로써 대항하다가 '소비문화'에 매몰되어 가는 포스트모더니즘적 소비문화의 무책임성을 극복할 수 있는 근거를 제공하여 줄 수 있다. 즉 인간의 가능성과 책임성을 '우주적'인 범위에서 확증하여 주며, 동시에 그 한계를 '청지기'라는 역할로 분명히 하여 줄 수 있을 것이다.

### 3) 세상의 모순에 관한 성경적 세계관

성경은 '선악과'로 상징되는 타락 사건을 통하여 하나님 없이, 하나님 같이 되고자 하는 인간의 자기 중심성이 타락과 그로 인한 죄의 핵심에 자리함을 증거함으로써 세 번째의 질문에도 답하여 준다. 이러한 성경적 세계관을 통하여 우리는 하나님이 보시기에 좋았던 세상 역시 이제는 하나님 중심적이 아닌 인간의 '육신의 정욕'과 '안목의 정욕'과 '이생의 자랑'을 추구하기 위한 도구로 왜곡된 현실을 인식하게 된다. 즉 성경은 인간과 하나님과의 관계 왜곡이 곧 인간과 그 자신과의 소외, 인간과 그 이웃과의 소외, 나아가 자연과의 소외와 연계되고 있음을 밝히고 있다.

성경적 세계관은 인간 사회의 모순이 주체사상에서 파악하는 근본 모순인 계급적 이해 관계의 왜곡 구조나 포스트모더니즘에서 파악하는 억압의 구조보다 더욱 깊은 차원에 자리하고 있음을 인식하게 한다. 그러므로 특정한 개인, 특정 집단이나 구조만을 모순의 원인으로 대상화하고 악마화하려는 환원주의적 유혹에 우리가 빠지지 않도록 도와 준다. 이와 동시에 인간자신의 개인적이며 관계적인 죄성을 함께 담보하는 성경적 세계관은 기존의 질서(status-quo)안에 비판 없이 안주하는 것도 용납하지 않을 것이다.

## 4) 세상의 모순을 극복하는 과제와 과정에 관한 성경적 세계관

그러나 성경은 인간과 세상이 죄에 빠져 있을 때조차도 하나님의 은혜는 지속되고 있음을 증거한다. 하나님의 노아, 아브라함, 모세, 선지자들과의 언약(covenant)은 인간의 죄에도 불구하고 하나님께서는 인간뿐만 아니라 동물을 포함한 이 세상의 구원을 원하시며, 동시에 하나님과 인간의 언약의 영역은 삶, 즉 문화의 모든 측면에 이르고 있음을 확인할 수 있다. 이러한 치유는 예수 그리스도의 사역에서 그 절정에 이른다.

이러한 성경적 세계관은 남과 북의 세계관의 차이에서 발생하는 문화의 차이를 그대로 인정하면서도 동시에 상대화함으로써 새로운 차원으로의 문화 통합을 지향하는 데에 도움을 줄 수 있다. 즉 남과 북의 이질적 문화의 만남과 대화가 가능하다는 것이다. 이러한 대화와 만남은 남과 북의 세계관과 문화의 상대화를 통하여 가능하여진다. 자신의 세계관과 문화를 상대화할 수 있는 것은 '은혜'를 올바로 인식하였을 때 가능하다. 우리가 서로에게서 티를 찾아내려고 애쓰는 태도는 자신의 문화만을 옳은 것으로 절대화하고 상대방의 문화는 열등하며 그릇된 것으로 판단하는 율법적인 태도에서 비롯된 것으로서, 은혜와는 상반되는 삶의 태도이다. 50 여년 동안의 헤어짐으로 인하여 이질화된 남과 북의 세계관과 문화는 모두 완전한 것이 아니며, 동시에 나름대로의 가능성을 소유하고 있다는 태도가 우리에게 필요하다. 더욱 나은 문화로의 통합에는 각각의 문화 안에 내재한 긍정적인 요소를 지향하고, 부정적인 요소는 배제하려는 의도적인 작업이 필요하다.

사람 중심의 사회 개혁을 주창하는 주체사상이 빠져들기 쉬운 인간 중심의 세계관과 문화는 언약(covenant)의 대상으로서의 우주를 말하여 주는 성경적 세계관에 의하여 통전적인 성격을 회복할 수 있을 것이다. 동시에 욕망 충족적 소비와 쾌락 추구에 치중하기 쉬운 소비 문화적 세계관과 문화는 우주적 책임을 강조하는 성경적 세계관에 의하여 사회와 민족과 세계를 사회윤리적으로도 의식하는 세계관과 문화로 지향될 수 있을 것이다.

## 2. 문화 통합에 기준이 되는 문화적 가치관의 제시

성경이 증거하는 기독교적 세계관은 다음과 같은 가치관을 제시하여 줌으로써 남북한 문화 통합의 기준을 제공할 수 있을 것이다.

### 1) 인간의 존엄성

"하나님이 가라사대 우리의 형상을 따라 우리의 모양대로 우리가 사람을 만들고"(창 1:26)

인간의 가치에 그 초점을 두는 인간의 존엄성은 기독교적 문화관의 핵심적인 부분이다. 하나님의 형상(Imago Dei)대로 창조된 인간이기에 우리는 많은 피조물 가운데에서도 특별한 가치와 중요성을 부여받았다. 인간이 창조주의 형상을 따라 지음 받았다는 사실은 모든 인간이 본질적인 존엄성을 갖고 태어났음을 주장하는 신성한 증거가 된다. 인간 생명의 신성함은 우리가 다른 사람들을 어떻게 대하여야 하는가를 말하여 주기도 한다. 모든 인간관계는 존엄성을 고양하는 목적으로 진행되어야 하며, 적어도 다른 사람의 존엄성이나 우리 자신의 그것을 해치거나 축소시키는 것을 의도하여서는 안 된다. 그런 의미에서 특정한 정치사회적 이데올로기나 구매력의 소지 여부에 관계없이 모든 인간들의 존엄성을 존중하는 기독교적 가치관은 남북 문화 통합의 주요한 기준을 수립함에 공헌할 수 있을 것이다.

### 2) 사랑과 정의

"사람아 주께서 선한 것이 무엇임을 네게 보이셨나니 여호와께서 네게 구하시는 것이 오직 공의를 행하며 인자를 사랑하며 겸손히 네 하나님과 함께 행하는 것이 아니냐"(미 6:8)

"선생님이여 율법 중에 어느 계명이 크니이까 예수께서 가라사대 네 마음을 다하고 목숨을 다하고 뜻을 다하여 주 너의 하나님을 사랑하라 하셨으니 이것이 크고 첫째 되는 계명이요 둘째는 그와 같으니 네 이웃을 네 몸과 같이 사랑하라 하셨으니 이 두 계명이 온 율법과 선지자의 강령이니라"(마 22:36-40)

만약 신앙인의 소명이 이웃과 공동체(인간과 비인간의 세계를 포괄하는)를 섬기는 것이라는 점을 확신한다면, 사랑과 정의는 이러한 섬김이 기독교적 문화가 의미하고 요구하는 규범들이라고 말할 수 있다. 과연 우리의 문화 한 가운데에서 사랑과 정의를 행한다는 것은 무엇을 의미하는가?

그리스도인의 사랑과 그것의 삶으로의 적용이 뜻하는 바는 예수님의 생애와 가르침에서 그 전형이 발견된다. 예수님의 삶은 이기심을 극복한 자기 희생적인 사랑의 전형인 아가페 사랑을 우리에게 보여 준다. 그 사랑은 자기 자신의 필요를 포기하면서까지 이웃의 유익을 위하여 섬기는 삶이었다. 그 사랑이 품는 영역은 무한정 넓고 또한 무조건적이어서 예수님은 죄인들과 약한 자들과 병든 자들과 사회적으로 인정받지 못하는 모든 사람들에게 그의 긍휼을 나타내고 또한 선포하였다. 그의 삶은 인류를 향한 하나님의 끝없는 무조건적인 사랑을 반영한 것으로 보여질 수 있다. 예수님의 사랑이 자기 중심성을 극복한 자기 희생적인 사랑이었다는 사실은 인류의 구원을 위한 십자가의 죽으심으로 확증되었다.

그러나 그러한 사랑이 문화의 영역에서도 실제적으로 구체화될 수 있을까? 라인홀드 니버와 같은 이른바 기독교 현실주의자들은 매우 왜곡된 사회적 구조 안에서 그 사랑을 직접적으로(directly) 적용하는 것은 불가능하다고 주장한 바 있다. 결국은 이웃의 유익을 구함이 사랑의 목적이기에 정의를 통하여 간접적으로(indirectly) 그 영향력을 모색하여야 한다는 것이다. 무조건적인 이웃의 유익을 구하는 사랑은 조건적으로 이웃의 유익을 모색하는 정의로 전환되어야 한다. '실제'의 세계에서 사랑은 죄와 악, 또한 상호 배타적이며 동시에 상호 경쟁적인 주장들과 부딪히기 때문이다. 그러므로 이웃의 유익을 위하여 섬기는 삶은 결국 우리에게 정의로운 삶을 요구한다.

이러한 신앙적 사랑과 정의의 가치관은 공동체를 위한 사회정치적 생명을 귀중히 여기는 주체사상적 문화관의 공동체성을 높이 평가한다. 그러나 그것의 수령 중심성을 상대화하고 당파성을 극복하고 그 사랑 실천의 영역과 정의 실천의 범위를 확대하는 데에 도움을 줄 수 있다. 동시에 개인주의적 욕망 충족을 통한 자아 실현으로 내달을 수 있는 포스트모던적 소비주의 문화의 치명적인 약점인 사회윤리성을 공동체적 사랑과 정의로써 지양함으로써 남북 문화 통합에 도움이 될 수 있을 것이다.

### 3) 생명 중심의 생태학과 공동선

교회의 이 세상에 대한 관심은 예수께서 전파한 '하나님의 나라' 라는 개념에서 집약된다. '하나님의 나라' 는 하나님의 뜻에 의하여 통치되는 영역을 의미하며, 그것은 우리 가운데 있는 것이다. 예수 그리스도의 중심 메시지는 하나님 나라였다. 하나님의 나라의 핵심은 하나님께서 피조 세계 속에서 지속적으로 역사하시며, 결국에는 역사 안에서 이 세상을 구원하신다는 내용에 있다. 하나님의 나라는 하늘에서와 같이 이 땅에서도 이루어져야 한다. 그러므로 하나님 나라는 개인과 사회적인 차원에서의 평화, 정의, 자유, 건강 등과도 관계가 있는 것이다.[157] 또한 하나님의 나라는 하나님의 뜻대로 통치되는 영역을 의미한다. 그러므로 하나님께 영광을 돌리며, 이웃 사랑하며 살아가는 공동체로서의 성숙한 변혁 운동이 하나님의 나라 운동의 핵심이 된다. 하나님께서는 자신의 삼위일체적 존재하심과 역사로서 우리에게 하나님 나라의 본질적 모습을 나타내 주셨다. 그러므로 성부, 성자, 성령 간의 교제로 이루어지는 삼위일체 하나님의 존재하심과 역사하심은 하나님 나라 공동체의 표본이다. 성부, 성자, 성령님 되신 하나님이 사랑과 교제 안에서 하나이심을 본받아 서로 간의 차이와 그에 따른 다양성을 사랑과 교제로 극복하여 하나되는 삶이 우리 문화 안에서 증거되어야 할 것이다.

---

157) Paul Hiebert, op. cit., p. 18.

이러한 하나님 나라 개념은 진정으로 하나되는 남북 통일됨의 작업에 참여하는 신앙인들에게 그 당위성과 참여 범위와 바람직한 참여 태도를 제시하여 준다. 그러나 그것은 매우 신학적인 개념으로서 많은 이들이 비그리스도인들로 구성되어 있는 남과 북의 문화 통합 작업에 직접적으로 적용하기에는 어려움이 있다. 이때 사회윤리적인 차원에서 우리가 차용할 수 있는 것이 '공동선(common good)'[158]의 개념이다. 이 사상에 따르면 사람들은 궁극적인 목적되시는 "하나님께로 정하여져 있다(ordained to God)"고 한다. 각각의 사람은 하나님, 즉 신적인 초월성의 전체라고 할 수 있는 위대한 선인 공동선과 관계되어 있다. 그러므로 우리의 행동은 모두가 인간과 하나님 간의 연합을 궁극적인 목표로 하여야 한다. 우리가 추구하는 선들 중 일부는 공동적인 것이고 일부는 사적인 것이다. 공동선은 사회적이고 관계적이다. 그것은 본질적으로 선하다. 즉, 그것 자체로서 선한 것이다. 이에 비하여 사적인 선들은(private goods) 도구적으로 선하다. 그 자체로서가 아닌 어떤 다른 유익을 위한 것이다. 그것들은 인간과 세계의 공동선에 보조적인 역할을 할 때만 선으로 적합하다. 돈, 일용품, 그리고 서비스 등 대부분의 경제적인 물품들은 사적이고 도구적인 것으로

---

158) David A. Krueger, *Keeping Faith at Work: The Christian in the Workplace*(Abingdon Press, Nashville, 1994), p. 65, 일반적으로 공동선의 개념은 로마 가톨릭 윤리의 유산으로 알려져 있다. 가장 대표적인 학자는 토마스 아퀴나스이며 자연법 전통으로 이어져 내려오던 계보가 20세기에는 쟈크 마르탱(Jacques Maritain)으로 연결되고 있다. 그러나 여기에서는 첫째 '사람의 통일'을 위한 교회의 사회윤리적 차원에서의 공헌을 논한다는 차원에서 넓은 의미에서의 교회의 유산으로서의 공동선이라는 이유와 두 번째로는 종교개혁 이전의 신학자인 토마스 아퀴나스와 같은 이들의 사상을 로마 가톨릭의 전유물로 방기하여서는 안 된다는 이유에서 '공동선'의 개념을 차용하였다.

분류된다. 그것들은 그것 자체로서 선한 것이 아니라 다른 것들의 유익을 위해서만이 선하다. 예컨대 음식은 생명을 지속시킨다. 그러나 과다한 음식은 폭식하게 되고 건강을 잃게 한다. 돈은 생활에 필요한 다른 것들인 주택, 의복, 교육을 확보하여 인간의 복지를 지속시킨다. 그러나 과다한 돈은 탐욕, 사치 생활, 그리고 자아 몰두에 빠지게 할 수 있다.

공동체의 선은 개인의 본질적인 인권을 소중히 할 뿐 아니라 사람들로 하여금 자신들보다도 이웃, 사회, 그리고 세상을 향하도록, 그리고 하나님을 향한 선을 모색하여야 한다고 촉구한다. 공동선은 각 사람들이 자아 실현과 완성에 도달하도록 도와 주는 모든 사회적 선들을 포함한다. 공동선은 인간의 우선성과 남녀의 존엄성과 권리의 우선성을 주장할 뿐만 아니라 가장 큰 전체의 일부분이 되는 우리 사회의 본질과 우리 자신보다 더 큰 목적들을 추구하는 우리의 운명을 우선적으로 주장하고 있다. 사회는 개인적 선들, 이익들, 그리고 인격적인 선택들이 단순히 합쳐진 집합체를 넘어선다. 또한 그것은 뇌물을 받으려고 경쟁하는 각 집단을 포함하여 특별한 이익들을 추구하는 불안정한 집합체를 넘어선다. 오히려 정확히 정돈된 사회(그리고 생태계)에서 부분적인 것들은 완전한 – 사회의 공동선, 우주, 그리고 신적인 선 – 하나님의 더욱 큰 선을 위해 작용한다.[159]

공동선의 개념은 기독교인들로 하여금 주체사상이 빠져들기 쉬운 극단적인 전체주의와 포스트모던적 소비문화의 경향성인 철저한 개인주의를 극복할 수 있게 하는 하나의 돌파구를 제공하여 준다. 아주

---

159) Ibid., pp. 66-68.

넓은 의미에서 본다면 공동선이란 모든 피조 세계를 위한 선으로서 이해될 수 있다. 그러므로 공동선이란 단지 인간 생명만이 아닌 모든 생명의 선함을 추구한다는 의미에서 생태학적인 의미를 갖는다. 공동선은 인간과 자연의 조화를 목표로 하여야 한다. '공동선'은 우리의 행위가 우리 자신들과 다른 사람, 다른 종(species) 나아가 우리가 참여하고 있는 전체 생태계에 미치는 영향력에 의하여 판단되어야 함을 말함으로써 '사람 중심'의 주체사상과 '욕망 중심'의 포스트모던적 소비문화를 극복한다.

## IV. 남북한 문화 통합을 위한 교회의 역할

남한의 경우에 소비문화의 확산으로 말미암아 이른바 하층 계급을 이루었던 사람들이 보다 평등한 삶을 누리게 되었다는 것도 무시할 수는 없는 사실이다. 그러나 기본적인 사회, 경제적 삶의 정황을 좌우한다고 보여지는 소비문화에 대한 분석은 21세기 사회에서의 인간의 가치는 구매력에 의하여 결정될지도 모른다는 불안감을 안겨 주었다. 또한 인간의 향락의 극대화를 담보할 수 있는 재생산의 다양화, 대량화를 위한 자본의 축적에 대한 욕망은 결국에는 인간의 기본적인 삶의 필요를 위한 경제가 아닌, 자본의 축적 그 자체를 목적으로 하는 매우 소비적인 경제 구조를 갖게 함으로써 생태계의 파괴에도 결정적인 영향력을 미칠 것이라는 불안한 전망도 갖게 하고 있다.

무엇보다도 거미줄과 같이 인간의 삶의 기본 정황을 누비고 있는 소비문화의 상업주의적 기호 체계는 일종의 대체종교로서 기존의 전통적 종교의 기호들을 상업주의화 내지는 무력화시키고 있다는 점이 근본적인 도전이라고 지적할 수 있을 것이다. 이제는 많은 사람들이 더 이상 이상적인 그 나라를 기다리기보다는 풍요한 이 땅의 나라를 위하여 살고 있는 지경에 이르렀다. 이렇게 초월성을 상실한 소비문화와 '다원성의 추구' 와 '억압에의 저항' 으로 상징되는 포스트모더니즘의 양상들이 더욱 어우러져 나타날 21세기적 삶의 정황은 지금까지 우리가 경험하였던 것과는 비교할 수 없는 새로운 도전으로 우리에게 다가 오고 있다.

북한에서 주창하는 주체사상은 사회의 외면과 학대 속에서 아무런 희망 없이 살아가던 절대다수의 소외 빈민층에게는 매우 매력적으로 들리는 소식이 될 수도 있다. '당신은 역사의 주체인 인민대중인 것으로 하여 모든 것의 주인이며, 모든 것을 결정하는 힘있는 존재라고 하는 것만큼 기쁜 소식이 있을까?'[160)]

그러나 대중은 혁명과 건설에서 저절로 주위의 지위를 차지하고 주인의 역할을 하는 것이 아니라 반드시 당의 영도, 수령의 영도라 일컬어지는 지도가 결합될 때에만 가능하다. 따라서 인민대중이 혁명과 건설의 주인이 되려면 혁명의 참모부인 당의 영도를 받아야 하며, 당이 혁명의 참모부로서의 역할을 원만히 수행하자면 수령의 영도를 받아야 한다. 결국 사람이 모든 것의 주인이며 모든 것을 결정한다는 철학적 원리에서 출발한 주체사상은 수령이 혁명과 건설에서 절대적 지위를 차지하고 결정적 역할을 한다는 '혁명적 수령관' 으로 결론 짓는다는 사실을 우리는 간과할 수 없다.

이러한 모순은 주체사상에 기초한 의식과 실제적 삶 사이에 심각한

---

160) 김명세, "문화적 관점에서의 체제 통합적인 통일 준비", 임성빈, 『통합적인 통일과 그리스도인들의 과제』 (서울: 장로회신학대학교 출판부, 1999), p. 190.

괴리를 낳는다. 예컨대 북한 주민들은 끊임없이 주체사상을 교양으로 하여 '사람이 모든 것의 주인이며 모든 것을 결정한다' 는 의식을 잠재적으로 갖고 있다고 한다. 하지만 그 주인이 바로 당신인가 라는 질문은 한 번도 해보지 않은 채 살아 왔다는 것이다. 인민 대중 위에 있는 수령에 의하여 이미 '내가' 혁명과 건설에서 주인이 아니라는 사실을 간과했던 것이다. 모든 것의 주인이라는 주관적 독선으로 인하여 북한 주민들은 의식 속에만 높여져 있는 자기의 존엄을 자기의 인격으로 착각하고 있으며, 이것은 그들에게 허영과 무의미한 자존심을 남발하게 하고 있는 것이다.[161]

결국 자기 운명의 주인이라는 잠재의식과 자유경쟁 능력을 갖고 있지 못한 현실 간의 괴리가 북한 주민들로 하여금 자유민주주의 체제와의 만남과 조화로운 적응에 결정적인 걸림돌로 작용할 것이라는 점이 예상된다.[162]

이제 우리가 추구하여야 할 문화 통합의 구체적 방향성과 내용은 남과 북의 자체모순과 서로간의 괴리를 극복할 수 있는 그것이 되어야 할 것이다. 즉 진정한 자기-찾기를 위한 몸부림이 소비문화의 구조 속에서 욕망에 의한 소비로 일탈되어 가는 남한의 문화를 극복하고, 사람 중심을 주창하는 주체사상의 목적이 수령 중심과 허영적 자존심으로 결말지어지고 있는 북한의 문화를 극복할 수 있는 방향성이 제시되어야 한다. 남과 북의 하나됨을 위하여서는 정치적, 경제적, 법적 통합 등이 무엇보다도 요구된다. 그러나 남과 북의 진정한 하나됨은 역시 '사람의 통일' 에서 좌우된다. '사람의 통일' 은 그 세계관과 문화

---

161) Ibid., p. 190.
162) Ibid., p. 191.

관에 있어서의 조화로운 통합적 만남을 전제로 한다. 이러한 의미에서 정치적 능력과 경제적 힘보다는 만물을 하나되게 하는 화해의 그리스도를 주로 섬기는 교회가 담당하여야 할 통일의 몫은 무엇보다도 문화 통합을 위한 공헌에 있다는 것이 본 소고의 핵심적 논지임을 다시 한번 강조하는 바이다.

남과 북의 진정한 하나됨을 위한 교회의 우선적 작업은 성경적 세계관과 문화관으로서 '사람의 통일'을 위한 문화 통합 작업에 참여하여 그 통합 작업의 목적과 방향성을 제시함에 있다.